金色的收获

——2011年社会实践活动成果汇编

主编　余嘉强

编委（按姓氏笔画为序）

吴　结　余嘉强　胡小军　温艳艳

谢炜聪　蔡　永　谭　琳

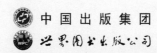

中国出版集团

世界图书出版公司

图书在版编目（CIP）数据

金色的收获——2011年社会实践活动成果汇编/
余嘉强主编. —广州：世界图书出版广东有限公司，
2012.1

ISBN 978-7-5100-4368-0

Ⅰ.①金… Ⅱ.①余… Ⅲ.①大学生—社会实
践—广东省—2011—文集 Ⅳ.①G642.45-53

中国版本图书馆CIP数据核字（2012）第005685号

金色的收获——2011年社会实践活动成果汇编

策划编辑：卢家彬

责任编辑：程 静

出版发行：世界图书出版广东有限公司

（广州市新港西路大江冲25号 邮编：510300）

电　话：020-84451969 84459539

http：//www.gdst.com.cn E-mail：pub@gdst.com.cn

经　销：各地新华书店

印　刷：广东省农垦总局印刷厂

版　次：2011年12月第1版 2011年12月第1次印刷

开　本：880mm×1230mm 1/32

字　数：200千

印　张：9.625

ISBN 978-7-5100-4368-0/G·1017

定　价：30.00元

咨询、投稿：020-84460251 gzlzw@126.com

序

  阳光和煦，微风轻柔，褪去夏的炽热，披上秋的爽朗，在这个浸透了智慧与收获的金色季节里，一颗反映新时期大学生深入基层，践行所学，展示奋发向上精神面貌的硕果——《金色的收获——2011年社会实践活动成果汇编》呈现在各位读者面前了。

  社会实践是大学生"受教育、长才干、做贡献"的有效途径，是大学生报效祖国、服务社会的重要载体，是大学生就业见习、创新创业的良好时机。广东理工职业学院历来高度重视大学生社会实践活动，不断创新形式、扩充内容，有效地推动社会实践活动走向制度化、项目化、基地化、课程化，打造出具有我院特色的实践育人品牌。自2006年以来，我院社会实践服务队连续5年荣获"广东省大中专学生志愿者暑期'三下乡'社会实践活动优秀团队"，2010年我院荣获"广东省大中专学生志愿者暑期'三下乡'社会实践活动先进单位"荣誉称号。

  2011年，我院开展了以"高举团旗跟党走，深入实践谋幸福"为主题的大学生暑期"三下乡"社会实践活动，各级团组织集中组织了12支共429人的实践团队，同时学院还大力引导广大同学返乡自行实践，共有2000多名学生积极投身暑期社会实践活动，这是建校以来规模最大，参与人数最多的暑期社会实践活动。围绕活动主题，同学们深入基层，根据地方经济社会发展的实际需要，广泛开展"十二五"规划和践行《珠江三角洲地区改革发展规划纲要（2008—2020）》宣讲和调研、科技支农、教育帮扶、文化宣传、法律援助、环保宣传、实践服务、追寻红色足迹、关爱农民工子女、社会管理创新等活动。同学们在活动中倾情奉献，身体力行实践党的理论创新成果，积极投身推动科学发展、促进社会和谐的伟大实践，用热火青春谱写了一曲曲社会实践的赞歌，得到了人民群众的广泛好评，受到了社会各界的一致肯定。

2011年10月，我院的《实践求知，行动报国——广东理工职业学院暑期"三下乡"社会实践活动纪实》在广东省教育厅组织开展的2011年广东高校文化建设优秀成果评选活动中荣获三等奖。此次获奖是对我院近年来不断建设发展繁荣校园文化，精心组织社会实践活动的充分肯定。学院将继续开拓社会实践新载体、新形式，为大学生成长成才营造良好环境。

为汇聚今年社会实践活动成果，提升社会实践活动的影响力，学院及时将大学生在社会实践活动中的付出、收获和感悟汇编成书出版，将这份美好的记忆载入我院教育事业发展史册，让这份永恒的感动寄存广大师生的心间，让青春闪光，让激情飞扬！

余嘉强

2011年11月

目　录

理　论

在广东理工职业学院2011年暑期"三下乡"
社会实践活动出发仪式上的讲话

余嘉强

2011年7月18日

亲爱的同学们、老师们：

大家上午好！

今天，广东理工职业学院2011年暑期文化科技卫生"三下乡"社会实践活动出发仪式在这里隆重举行，我谨代表学院，向即将奔赴各地开展社会实践服务活动的同学们、老师们致以亲切的慰问！

社会实践活动是大学生步入社会前的试水石，它注重实践育人，主张知行结合，是对大学生知识和能力的检阅。在新形势下，社会实践活动是开展大学生素质教育的重要载体，是高校思想政治教育的生动课堂，是引导大学生在实践中成长成才的重要途径。大学生只有贴近基层，贴近群众，贴近实际，深入了解我国经济社会发展现状，才能不断加强责任感和使命感，增强学习的动力，真正做到坚持学习书本知识与投身社会实践的统一。

为贯彻落实胡锦涛总书记向青年学生发出的"向实践学习、向人民群众学习"的号召，引导广大青年学生主动深入基层砥砺品质，密切联系群众锤炼作风，积极投身实践增长才干，以实际行动纪念中国共产党成立90周年，在实践中学党史、知党情，进一步坚定跟党走中国特色社会主义道路的理想信念，为"加快转型升级，建设幸福广东"做出积极贡献。我院按照省委宣传部、省文明办、团省委、省教育厅、省学联《关于开展2011年广东大中专学生志愿者暑期文化科技卫生"三下乡"社会实践活动的通知》精神，组织了12支实践服务队，共有429位同学和22名指导老师参加，分赴中山、珠海、肇庆、韶关、清远、惠州、南海、陆丰、海丰、广州市白云区等地。结合专业特点和地方经济社会发展的实际需要，以纪念建党90周年、"幸福广东，青年先锋"、"千团联千村，扶贫促开发"和社会管理创新为主线，广泛开展"追寻红色足迹"实践服务、"十二五"规划和践行《珠江三角洲地区改革发展规划纲要》宣讲和调研、科技支农、教育帮扶、文化宣传、法律援助、环保宣传、关爱农民工子女、社会管理创新等活动。其中，计算机技术系"携手科技，共建幸福"IT实践团队入选广东省大中专学生志愿者暑期"三下乡"社会实践重点团队。其余学生回生源地或在校区周边自行作社会调查，"三下乡"社会实践活动覆盖了全体学生。

同学们要以胡锦涛"七一"讲话精神为指导，积极投身暑期"三下乡"社会实践活动，坚持理论与实践相结合、课堂与社会相结合、感知与体验相结合，真正实现"受教育、长才干、做贡献"。在大家即将启程之际，我对今年的暑期社会实践活动提四点希望和要求：

第一，深入群众，虚心学习。人民群众是历史的创造者，同学们在实践活动中要深入群众，主动地向他们学习，虚心学习他们勤劳质朴、脚踏实地、坚韧顽强的优良品质，与群众建立感情。在实践中熏陶思想、充实生活、提升道德、增长才干。

第二，遵守纪律，注意安全。希望同学们在实践过程中计划周详，准备充分，遵守纪律，听从指挥，与实践地接收单位和学校有关部门保持密切畅通的联系，确保实践活动安全顺利开展。

第三，不怕吃苦，克服困难。社会实践活动是对大学生意志和行动的考验，希望同学们在艰苦环境中锤炼自我，完善自我，超越自我。团队成员之间要互相帮助，互相学习，团结一心，努力用自己的智慧和汗水换取丰硕成果。

第四，希望大家无论身处何处，都要发扬广东理工职业学院的优良校风，自觉维护学校的声誉，以实际行动展现我院师生积极进取、健康向上的精神风貌，为学校增光添彩！

最后，预祝我院2011年大学生暑期"三下乡"社会实践活动取得圆满成功！

谢谢大家！

在广东理工职业学院2011年暑期"三下乡"社会实践活动总结表彰大会上的讲话

余嘉强

2011年10月

亲爱的同学们、老师们：

下午好！

今天，我们在这里隆重举行广东理工职业学院2011年暑期"三下乡"社会实践活动总结表彰大会，汇报成果，总结经验，评先奖优。在此，我谨代表学院，向在暑期"三下乡"社会实践活动中付出辛劳、做出贡献的同学们、老师们表示诚挚的问候，向获得表彰的先进集体和先进个人表示热烈祝贺！

自2005年建校以来，我院连续6年开展暑期"三下乡"社会实践活动。我们坚持紧扣时代主题，以提升综合素质、促进全面发展为目标，以了解社会、服务社会为主要内容，紧密结合学院学科优势、地方发展需求和学生成长需要，组织学生深入农村、深入基层、深入地方企业，针对地方经济建设和社会发展中的热点、难点，开展社会服务和调查研究。同学们用热情参与和全程投入表现了当代大学生的青春活力，用所学专业知识帮助基层解决实际问题，展现了广东理工学子的精神风貌，实现了大学生步入社会前的预演。通过"三下乡"活动，同学们对国情、社情、农情、民情有了切身体会，增进了与人民群众的感情，增强了社会责任感。同学们撰写的高质量社会实践报告和调研文章，为政府、社会及企事业单位提供了政策建议和决策参考，获得肯定与好评。今年，恰逢中国共产党建党

90周年，我院以"高举团旗跟党走，深入实践谋幸福"为主题，集中组织了12支实践团队，共计429位同学和22名指导老师参加。除集中组队外，学院还大力倡导学生返乡参加社会实践，得到了2000多名学生的积极响应。参加社会实践是大学生成长的必由之路，已成为我院学生的共识。我院的"三下乡"社会实践活动取得了丰硕的成果，有600多位同学提交社会调研报告及心得体会文章，《实践求知，行动报国——广东理工职业学院暑期"三下乡"社会实践活动实记》荣获2011年广东高校文化建设优秀成果评选三等奖……

同学们、老师们，我院暑期"三下乡"社会实践活动已结出累累硕果，实践成果只有总结宣传、交流分享，才能产生教育的最大效应。为进一步推进此项工作，借此机会我谈几点思考：

一、深刻认识社会实践在素质教育中的作用和地位

《国家中长期教育改革和发展规划纲要（2010—2020）》指出："坚持以人为本、全面实施素质教育是教育改革发展的战略主题"。全面实施素质教育，就要着力提高学生服务国家服务人民的社会责任感、勇于探索的创新精神和善于解决问题的实践能力；要以课堂教学为主渠道，以社会实践为重要载体，以政府、学校、社会、家庭紧密结合为手段，形成推进素质教育的良好环境和有效机制，从而实现育人目标。为培养全面发展的社会主义建设者和接班人，全面实施素质教育，我们在教育过程中应进一步重视社会实践，把社会实践纳入教学体系，从政策和经费上支持社会实践活动的开展。

二、结合社会需要和专业特色开展调查研究

社会实践是学习方式的一种。在实践过程中，学生通过课堂所学理论指导实践，尝试运用专业知识解决实际问题，从而达到巩固所学知识的目的。要将社会实践做实、做深，实践主题须紧密结合社会需要，实践内容须与学生所学专业密切相关，事先应做好详细

计划。各系（部）要进一步广泛调动专任教师指导学生开展社会实践，指导学生以实践为基础开展研究与创新，不断提高调查研究的水平。

三、通过各种方式让更多学生参与社会实践

近年来，为让更多的学生参与学院集中组织的社会实践，我们加大了集中组队开展社会实践活动的工作力度。各系（部）、各相关部门应将社会实践视为大学生培养的必备环节、青年成长的必由之路看待，与企业、社会、政府部门多联系、多沟通，与之共建实践实习基地，不断扩大集中开展社会实践的组织规模；各系（部）应充分用好实习实训基地、大学生创业就业见习基地、学生创新团队、各类学业学术竞赛等资源，给学生布置具体可行的实践任务，要求完成一定的实践时间、提交一定的实践成果，让学生参加实践成为与课堂学习一样的常态。

同学们，老师们，社会实践是大学生奉献社会、报效国家的有效载体，是大学生参与和谐社会建设的重要方式，是素质教育的内在要求，也是学生在实践中创先争优的重要载体。希望你们牢记当代青年的责任与使命，以更加饱满的热情汲取知识的营养，以更加主动的姿态投身实践的熔炉，在大学学习生活中谱写出更加辉煌的青春乐章！

谢谢大家！

青春先锋　幸福东升

——2011年东升"三下乡"社会实践服务队工作总结

2011年是"十二五"发展规划的开局之年，也是建党90周年。为引导我院广大青年学生深入基层，在服务"加快转型升级，建设幸福广东"中成长成才，为广东扶贫开发贡献青春和力量，根据省委宣传部、省文明办、团省委、省教育厅、省学联联合下发的《关于开展2011年广东大中专学生志愿者暑期文化科技卫生"三下乡"社会实践活动的通知》精神，我院团委组织开展了以"高举团旗跟党走，深入基层谋幸福"为主题的大学生科技、文化、卫生"三下乡"社会实践活动。

在学院领导和中山市东升镇团委的大力支持下，2011年7月18日至22日，我院团委赴东升社会实践服务队一行23人在团委指导老师谭琳的带领下，秉承"团结、互助、友爱、奉献"的志愿服务精神，在中山市东升镇开展了为期5天的社会实践活动。

一、精心部署，运筹帷幄

凡事预则立，不预则废。每组织一项活动，都要未雨绸缪。只有运筹帷幄，方能决胜千里。为确保此次暑期"三下乡"社会实践活动顺利开展，我们集思广益，精心部署，各项工作做到有条不紊。实践前期，我们做好了充分的准备工作，精心挑选成员，明确分工；做好培训与团队建设，提前策划活动项目，普及服务意识，紧密与东升镇政府相关部门联系，确保实践活动能够顺利开展。

（一）明确分工，各司其职

参加本次东升社会实践活动的同学分别来自不同的系别、不同的学生机构，他们是通过层层选拔，脱颖而出的优秀学生干部。活动前，我们根据成员的优点和特长，分成了调研组、通讯组、综合组和活动组四个组，并明确了每个小组的工作职责。调研组负责对当地居民生活、产业发展等情况进行调查；通讯组负责对本次活动跟踪报道以及撰写总结报告；综合组负责活动大小事宜的安排、通知，以及准备各项活动所需物资及场地；活动组主要负责活动项目的策划。各组成员在活动中都尽心尽责，恪尽职守，在完成分内工作的同时，还积极主动协助其他小组完成本次活动任务。同学们团队意识强烈，合作精神浓厚，为本次实践活动的顺利开展做好成功的铺垫。

（二）团队培训，力求专业

活动前，队员们通过不同渠道对东升镇的情况进行了初步了解，并多次组织开会讨论活动开展中可能会遇到的问题，同时也提出了相应的解决方法以及应该注意的事项。此外，为了使得实践队成员更快地融为一体，增进彼此之间的认识及感情，活动前我们开展了素质拓展培训。此次培训活动拓展了同学们对团队协作的高度认识，强化了同学们之间的凝聚力与归属感，为社会实践活动的开展奠定了雄厚的团队实力基础，使得同学们的服务奉献意识在趋向专业化、一体化的同时，也呈现多元化、个性化。

（三）纪律严明，注重安全

活动前，实践队策划小组将本次活动的安全注意及纪律要求事项罗列成文，发到各位参与实践的成员手中，并要求各位成员熟记各项事宜。实践队的指导老师和主要负责人对活动中的安全问题进行了反复强调，指出"安全第一"的原则，要求队员们遵守纪律，规范言行，为实践活动的顺利、安全、高效率开展下了足够的功夫。

二、实践求知，热情奉献

在为期5天的活动中，我们东升队开展了多项为当地居民服务的活动，活动项目丰富、形式多样，具有实际意义。在活动开展过程中，同学们热情高涨、无私奉献，体现了当代大学生朝气蓬勃的良好精神面貌，并得到当地政府高度赞誉以及居民的广泛好评。同学们在快乐奉献中不仅为当地居民带来方便以及收获，更为重要的一点是积累了丰富的人生经验以及社会经历，充实了自己的生活与思想。

（一）暑期快乐辅导

在东升镇团委和东升镇高级中学的大力支持下，东升社会实践队面向当地的在校学生进行了为期3天的暑期快乐辅导，并以"承包责任制"的创新形式，安排每两位队员负责辅导一名同学，帮助学生解决学习上的困难，同时帮助学生增长课外知识以及见闻，拓宽其思维、增强其学习能力。此次活动顺利为13个中学学子辅导了学业，得到同学们和家长们的认可，同时也锻炼了实践队成员的交流沟通能力，使得实践队成员们的专业知识学以致用，将理论知识付诸实践，其中体现了同学们经世致用的学院精神。

（二）爱心慰问，关怀到家

东升实践队秉承服务至上的奉献精神，致力于为当地居民带来最实际的帮助。他们分别走进东升镇5户困难家庭，为他们送上大米、花生油等生活必需品，同时也传达了东升镇政府和广东理工职业学院对他们的关怀和祝福，鼓励他们勇敢地面对生活中的困难和挑战，不要失去对生活的信心。此项活动，使得实践队成员们深入了解基层人民生活的疾苦与困扰，从中学会珍惜现有的幸福生活，学会关心社会上有需要的人，培养了社会同情心与责任感。

东升实践队还前往镇敬老院开展"快乐夕阳红"志愿服务活动。队员们为老人们送上水果和零食，表演精心编排的节目，教授手指操、折千纸鹤等，为老人们带来无限欢乐。此项活动让同学们在展示才华，增强沟通的同时，也给老人带来了温暖和祝福。

（三）清扫卫生死角，共建文明社区

为改善社区居民的生活环境，共建和谐文明新社区，东升实践队走进东升镇裕民社区，开展了大清洁活动，清扫了裕民社区内的卫生死角和乱张贴的广告纸和宣传标语，为裕民社区建设"文明社区"贡献出微薄的力量。活动中，实践队成员吃苦耐劳、认真细心、相互协作，深化了义务奉献的意识。

（四）深入调研宣传，共建幸福东升

实践队在壹加壹商场附近进行了"关于东升人民幸福指数的调查"活动，了解到东升人民的幸福指数是较高的，很多热心居民也为建设幸福东升提出了宝贵的意见。同时也帮助东升镇消防队宣传了消防、普法知识。这次调研宣传活动有助于队员们学习东升镇政府的行政理念与经验，有助于提高队员们的学习和研究能力，也能为东升镇的进一步发展提供实时的数据和有效的建议。

（五）参观当地特色产业基地

东升实践队在东升镇团委的引导下，参观了当地龙头企业——隆成日用制品有限公司，以及当地特色农副产品脆肉鲩的养殖基地，并开展了"特色农副产品脆肉鲩的发展"的主题调研。在参观过程中，队员们详细了解到隆成公司的经营理念、管理模式、环保举措以及各种日用化工品的生产工序等。此次参观活动使得队员们对农副行业以及日用化工行业有了直观的认识，对今后进入社会就业起到积极的引导作用。

三、总结经验，深化认识

本次社会实践，是大学生重要的一门学习课程，也将是每位队员人生中的一笔巨大财富。在此过程中，队员们增长了才干，提高了思想，深化了认识，强化了责任感，在锻炼的同时，更加明确自我定位，提升综合能力。现将本次活动经验总结如下：

（一）统一思想，责任当先

通过参加社会实践活动，同学们的思想层次有了相当程度的提高，思想境界得到进一步的深化，思想觉悟得到更深层次的升华。此次活动，使得同学们站在一个新的角度重新定位以及思考自己的人生、生活、学习、目标，从此对自己有一个更深刻的认识。同时也增强了同学们的社会责任意识，深化了同学们对社会的了解，使其领悟到自己身上肩负着重大历史使命。

（二）增长才干，发现不足

社会实践给同学们提供了一个实践社会知识和展示自我的舞台。同学们在做问卷调查、街头宣传消防安全知识、为敬老院的老人表演节目的过程中，锻炼了组织策划能力、分工协作能力、交际沟通能力，同时也发现了自身的不足，并加以改正，使得同学们更有激情面对往后的学习、生活、工作。

（三）发扬优良作风，体现专业特色

本次社会实践活动，充分体现了当代大学生的青春活力与昂扬向上的精神风貌，锻炼了同学们吃苦耐劳、自强不息、任劳任怨的毅力。实践队秉承学院"自强立德，经世致用"的校训，在实践中发扬学校的优良作风，秉承中华优良传统精神，追求进步，刻苦求知，勤于实践，不断将自己塑造成一个全面发展的新青年。本次实践队的成员精神风貌良好，纪律严明，思想觉悟高，专业技能优越，成就了一支专业特色凸显的实践队伍。同时体现了我院学生干部积极奉献，乐于奉献的志愿服务精神。

本次社会实践，是同学们人生路途中具有深刻意义的里程碑。途中，收获了友谊、知识、技能、才干。今后，我们将会在各自的人生海洋中，继往开来，扬帆远航。

挥洒激扬青春，展现理工风采

——2011年横栏"三下乡"社会实践团服务总结

为深入贯彻党的十七届五中全会、省委十届八次全会和共青团十六届四中全会精神，引导我院青年学生深入学习实践科学发展观，培养大学生的创新意识、实践能力、创造能力和实干精神，根据《关于开展"幸福广东·青年先锋"——广东大中专学生主题社会实践活动的通知》（团粤联发〔2011〕7号）要求，促进我院学生全面和谐发展，切实做到理论和实践相结合，我院精心组建了中山市横栏镇"三下乡"社会实践服务团，由校团委方晓老师带领经过层层选拔的26名优秀队员来到横栏镇与仲恺农业工程学院的师生开展了为期5天的暑期"三下乡"社会实践服务活动。

横栏"三下乡"社会实践服务队是由我院26名学生自愿组成的团队，他们都是多才多艺的莘莘学子，坚定而多变，稳重而活泼；他们都是挺拔矫健的热血青年，执著而冷静，勇敢而审慎；他们都是意气风发的时代骄子，自信而真诚，团结而自强。在此次社会实践服务活动中，实践团队队员谨记校训"自强立德，经世致用"，深入基层，服务群众，参观学习农业现代化和企业管理，关注困难家庭儿童，探访慰问孤寡老人，宣传卫生和安全知识，开展文艺义演等主题社会实践活动。本次活动受到横栏镇政府以及横东村的大力支持和一致好评，并通过电视台和微博进行了宣传报告。

一、运筹帷幄，全面策划

工欲善其事，必先利其器。为确保此次暑期"三下乡"实践活动的顺利展开和进行，从策划到实践，我们精心部署，带队队长对队员们进行了工作安排和活动进程的大致规划。本着队员自愿的原则，在合作的基础上，采取工作组建方式。分为4个小分组：综合组、常务流动组、通讯调研组以及活动组。其中综合组和常务流动组负责团队"三下乡"社会实践活动的一线工作，包括后勤服务和安全卫生，主要负责协调各队各组之间的关系；活动组主要负责团队的文艺表演；调研通讯组主要负责调研的开展及即席通讯。

在这一期间，横栏实践团队也紧张有序地展开了提前培训。培训期间，我团队注意培养本团队队员的纪律以及团队意识。良好的纪律是确保活动顺利展开的前提和基础。没有纪律就没有了一切。只有在保证纪律的基础上，才能保证活动的顺利进行，否则，一切都是空中楼阁。队员们与兄弟队东升实践队、经管系实践队共同参加了户外素质拓展培训，通过此次的培训提高队员的团队意识和提升了凝聚力，增进队员们的合作默契。在培训期间，队员们积极准备教案以及关于横栏镇的各种资料。此外，还在开会、节目排练等过程中，共同查漏补缺，不断提高，在各种问题上互相交流意见，增进感情，加强团结。

二、满怀热情，投身实践

7月19日上午，在校团委方晓老师的带领下，实践团到达横栏镇横栏中学，并在横栏中学会议室举行了简单而隆重的活动欢迎仪式。

当日，横栏镇委、镇教办、团委等负责人以及60多名师生齐聚一堂。镇委委员覃丽坚首先为活动致欢迎辞，对2所高校的大学生们深入横栏镇开展形式多样的社会活动以及关注横栏镇的文化发展，情系教育，爱心助学，无私奉献的崇高精神表示热烈的欢迎和衷心的感谢。副镇长刘彦宁为我们介绍了横栏镇近几年的经济发展概况，并希望这次活动能为在校的大学生搭建广阔的社会实践平台，在服务大学生成长成才的同时，也能促进横栏镇的经济、社会和文化发展。

（一）参观调研之行

为深入了解横栏，我们展开了一系列参观调研活动。在横栏镇团委及领导的带领陪同下，我们参观了三沙花木基地、大志·一川灯饰公司、乐美达集团童车系列、水印江南旅游项目等，同时开展关于三沙花木基地未来发展方向主题调研活动。整个过程中都有相关人员为同学们介绍、讲解，并热情地回答同学们提出的问题，积极配合同学们完成各项调研工作。同学们开阔了视野、增长了见识，获益良多。

为构建和谐文明横栏，实践队到横东村进行了宣传卫生安全知识的活动，并对此开展调研。在宣传调研现场，队员们分为2组：一组为卫生活动组负责清扫横东村内的街道卫生和乱粘贴的广告纸和宣传标语，另一组调研宣传组开展宣传调研活动，简单而有趣味的传单带给村民简洁明了的基本卫生安全知识。发放调研问卷、访谈并收集资料，不仅锻炼了同学们的社会实践能力，还让村民了解到保持良好卫生的重要性。

（二）敬老院服务之行

走进横栏镇康乐社会中心敬老院的会厅，会厅中两鬓斑白的老人们慢慢地走向自己的座位，一些行动不是很方便的还要拄着拐杖行走。同学们的内心顿感生命的脆弱，但也从另一方面深深敬佩生命的顽强。这些孤寡老人，当年也许是那么的有活力，那么的意气风发。但如今，他们也只能在敬老院安享晚年。无论归于何种原因使两鬓斑白的老人家呆在敬老院，但有一点是可以确定的，他们都需要社会的帮助，而实践队每个同学都在这里尽自己最大所能给他们帮助，给他们排解孤单，带来欢乐。万水千山总是情，聚散也有天注定，不怨天不怨命，但求有山水共作证……

（三）快乐暑期夏令营

"绿色暑假，缤纷文化"2011年快乐暑期活动在镇政府会堂拉开序幕，这群可爱的小朋友有的来自特困家庭，有的是外来工子弟。简单的启动仪式之后，我们精心策划了各种拓展游戏，看到小朋友们的主动参与，同学们也乐于其中。单纯而有活力的童年生活正属于他们，谁也没有权利去剥夺。

通过这些寓教于乐的活动，丰富了小朋友们的暑期生活，令他们过一个欢乐又有收获的暑假。在暑假中收获快乐、收获知识、收获朋友，有一个应有的童年生活。

（四）工作汇报会与篮球联谊赛

工作汇报会在横栏中学会议室隆重召开，我院横栏服务团和仲恺农业工程学院服务团全体成员及横栏镇领导、4名青年团干代表一同出席了此次汇报会。在观看完两校的活动展示之后，方晓老师、黄芝雄队长及仲恺服务队代表就此次"三下乡"活动分别作了详细的工作汇报。汇报得到横栏镇领导和在场嘉宾的一致肯定和好评，并对同学们表达了殷殷期盼。随后两院学生与青年创意团干的交流把汇报会气氛推到了高潮。最后，方晓老师代表我校与当地团委互赠锦旗，并合影留念。

在仲恺农业工程学院大学生的盛情邀请下，实践队在横栏中学篮球场举行了一场别开生面的篮球友谊赛，篮球赛不仅增进了两校大学生之间的友谊，而且充分展示了当代大学生的风采。篮球友谊赛为此次"三下乡"活动画上圆满句号。

三、整理材料，总结经验

（一）心得体会

短短的5天所得到的是人生路上难得的一笔财富。生活就是这样，有耕耘才会有收获，耕耘越多，收获越多。人生路上充满了无数荆棘和难以想象的困难，只有用积极的心态和切实的行动披荆斩棘，才能克服一切困难。

　　短短的5天是永远的思念和不舍，同一片蓝天下，我们相遇、相识、相知；在同一片屋檐下，我们一起走过，我们以兄弟姐妹相称。

　　短短的5天我们没有时间去怨天尤人，我们要珍惜我们已经拥有的一切；要主动承担建设社会主义的重任；要找准自己的位置，激发对生活的热情；要把学习和成才当作头等大事，利用理工这个平台，发扬理工精神；要勇于开拓创新、不断进取，在学习和实践中不断成长；要用我们所学的理论知识和拼搏精神，去展示新世纪大学生的风采，去为新农村建设贡献自己的青春和力量。

　　（二）缺点与不足

　　活动虽已圆满结束，但仍存在我们做得不足，需要改善之处。首先体现在此次活动的初步计划上，由于对具体条件了解不够充分，过高估计自身的实力，以至于部分活动不能按计划进行，这也给工作带来了一定的被动性，影响了整个实践活动的顺利开展。其次体现在此次活动的整体深度不够，大部分的工作只能停留在一个比较浅的层次，当然这有一定的客观原因，就是我们掌握的知识还不够，但另一个主要的原因就是没有准备充分的资料，以至临阵时无据可查。但无论好的经验还是不足之处，都将对以后的暑期"三下乡"社会实践活动的发展起到积极推动的作用，我们将会以此为导航，做得更好，学得更多。

携手科技，共建幸福

——计算机技术系2011年暑期"三下乡"
社会实践活动总结

为进一步贯彻落实团中央有关大学生"三下乡"的批示精神，积极践行"科学发展观"的重要理论和《珠江三角洲地区改革发展规划纲要（2008—2020）》的思想，在服务"加快转型升级，建设幸福广东"中成长成才，同时发挥当代大学生的先进性作用，2011年7月18日至23日，广东理工职业学院计算机技术系组织了一支"携手科技，共建幸福""三下乡"社会实践团队赴广州白云区太和镇永兴村开展为期6天的暑假"三下乡"社会实践活动。实践团队由陈吉生老师带队，实践团队成员由我系14位经过层层筛选、脱颖而出的优秀大学生代表组成。

永兴村位于广州市白云区太和镇，毗邻广州市区，占地面积13.6平方公里，本地人口约7600人，外来人口约50000人，共由23个自然村组成，有19个经济社，外来企业约350家，是一个以集体经济为主的社会主义新农村，当地村民年均收入约15000元，生活水平较高。永兴村在经济、教育、卫生、精神文明建设等方面都取得丰硕的成果，实践团队的队员们来到永兴村深切感受到社会主义新农村的崭新面貌和飞速发展，在社会实践的过程中，他们开展电脑义务维修、科普知识宣传、计算机普及使用情况调研、关爱外来工子女、文艺演出等一系列的活动，锻炼自我，服务当地群众。本次活动具体总结如下：

一、领导高度重视，精密部署，保障有力

本次"三下乡"社会实践活动得到各级领导的高度重视和大力支

持，学院余嘉强副院长十分重视本次活动的筹备情况，给予了热切关注和支持。学院团委对本次活动给予直接的指导和帮助。我系领导更是高度重视活动的组织策划工作，2011年以来多次召开会议对暑期"三下乡"活动进行部署，系党总支吴楚光副书记多次联系下乡地点，并亲自带领辅导员和学生干部到实地了解情况，为"三下乡"活动的顺利开展做了大量准备工作，下乡期间，吴楚光书记也多次看望实践队的成员们，并对活动进行具体的指导。虽然我系2011年是首次开展暑期"三下乡"社会实践活动，面临着较多的困难，但在各级领导的关心和大力支持下，活动顺利地策划，并成功地开展。

我系对本次"三下乡"活动进行了周密的策划，在乘车方案、食宿安排和具体的日程安排等方面作了严密的计划，同时，面向全系进行团队成员的选拔，挑选出14名全面发展的优秀成员，并对他们进行了认真的培训，让他们在活动当中发挥更大的作用。

二、活动主题突出，活动内容丰富，注重实效

我系本次"三下乡"活动紧紧围绕着"携手科技，共建幸福"的活动主题，以建设社会主义新农村及建设幸福广东的思想为指导，通过结合计算机专业的科学技术，为当地群众提供力所能及的服务，同时开展形式多样的精神文化活动，丰富当地群众的精神生活，这些活动都结合当地群众的实际需求来开展，有一定的实质意义，受到当地群众的热情欢迎和高度赞赏。本次活动的主要内容有：

（一）听取永兴村关于"实践科学发展观"和建设社会主义新农村报告座谈会

7月18日早上8点，迎着蒙蒙细雨，实践团队的队员们搬着行李向下乡地点出发。经过3个多小时的路程，实践队到达目的地——永兴村的永兴小学。安排好住宿之后，下午4点，实践团队成员们在我系党总支吴楚光副书记的带领下来到永兴村村委会，受到永兴村党

总支徐国强副书记的热情接待。徐书记与实践团队成员们进行了亲切的座谈，向大家详细地介绍了永兴村在实践科学发展观的具体措施和建设社会主义新农村的成果，重点展现了永兴村在精神文明建设方面的重要成绩。徐书记在座谈会上还向实践团队成员们赠送《广州市白云区太和镇永兴村村民委员会自治章程》等材料，通过对材料的学习让实践队成员们对社会主义新农村有进一步的认识。

（二）为永兴小学爱心捐书

我系实践团队成员们在学校毕业生离校之际开展爱心募捐活动，倡议2011届毕业生离校前将弃而不用的书籍捐赠出来，实践队的成员们根据永兴小学的实际需要，从募捐来的书中挑选出一部分有关电脑知识以及其他有意义的书籍，并将这一批书籍捐赠给永兴小学。

（三）电脑义务维修活动

7月19日至20日，我系"三下乡"社会实践团队的成员们结合自己的专业特长，开展了电脑义务维修活动。实践团队的成员以小分队的形式，通过上门服务和现场设点维修的方式，为村民们提供了电脑硬件问题检测、系统软件安装及更新、杀毒、电脑组装等服务，并为村民们进行了有关电脑知识的答疑。在2天的电脑义务维修活动期间，为当地村民维修电脑共计20多台。

（四）科普知识宣传活动

在火热地进行义务维修的同时，宣传人员采用宣传海报和派发传单的形式，为当地的村民们宣传电脑知识以及地震、火灾等灾难紧急逃生方法等科普知识。该活动得到村民们的热情支持和一致好评，许多村民围着负责宣传的同学询问，一位大叔在拿到关于地震紧急逃生的传单欣喜地说："我们太急需这些知识了，我想带多一些回去，给我的家人和周围的朋友，让他们都了解这些知识。"得到村民们的肯定，实践团队成员们脸上都露出了喜悦的笑容，炎炎夏日，即使辛苦，大家仍热情高涨地为村民服务。整个活动共计派发了宣传资料300多份。

（五）农村计算机普及与使用情况调研

我系实践队的成员们结合自己专业特色，开展农村计算机普及与使用情况调研。队员们通过走访村民和发放调查问卷的形式开展调研，深入了解农村电脑的普及、电脑的用途、村民的电脑知识水平等情况。这次活动共发放了调查问卷200份并全部收回，实践队员们在活动结束后认真地统计了调查问卷的数据，并撰写了3000字以上的调研报告，并提出不少对当地切实有用的建议，强化电脑在农村发挥更大的作用。

（六）关爱外来工子女活动

永兴村有300多家外来企业，共有外来人口50000多人，有着庞大的外来工群体，由于很多外来工平时忙于上班，外来工子女暑假期间多无人照看。我系实践团队的同学在开展"三下乡"活动中，特别关注外来工子女。在走访外来工家庭过程中，多与外来工子女进行交流。此外，在外来工子女比较集中的公园、休闲娱乐广场以及运动场上，实践团队的成员们多次与外来工子女进行互动，跟他们一起打球，一起做游戏，与他们打成一片，其乐融融。

（七）参观省博物馆、海心沙和亚运场馆，深化"幸福广东"的认识

7月21日下午，实践团队的成员们在陈吉生老师的带领下，抽空到广州市区参观了广东省博物馆和花城广场、海心沙、亚运场所，通过参观，让同学们更深刻地认识了"幸福广东"的内涵，加深了爱国之情。

（八）与当地村民开展篮球友谊赛

7月20日晚上7点半，我系"三下乡"社会实践团队成员与永兴村

新起点篮球队展开了一场友谊篮球赛，吸引许多村民前来观看，通过比赛拉近了同学们与村民之间的距离，也丰富了村民的文化生活。

（九）"携手城乡、放飞梦想"文艺演出

7月22日晚上8点，我系"三下乡"社会实践队举办了一场文艺演出活动，文艺演出得到永兴村村委和村民们的大力支持，永兴村嫦女舞蹈队也参与到实践队成员们的演出中，与实践队成员们同台表演。晚会吸引了大量的村民前来观看，现场人头攒动，同学们与村民们精彩互动，欢乐一片。

三、发挥专业优势，展现专业特色，活动成果丰硕

作为计算机技术系，我系在此次"三下乡"活动中紧密地围绕着计算机专业的特点，开展了电脑义务维修、计算机知识宣传、农村计算机普及与使用情况调查，发挥了计算机专业的优势，展现了计算机专业的特色。把学生的专业技能与服务当地很好地结合起来，既为当地的群众提供了实际有效的帮助，同时也将自己在学校所学的技能运用到了实践当中，提高了自身的动手实践能力。本次"三下乡"活动的主要活动成果有2个方面：

（一）较好地服务群众，得到群众高度肯定

本次活动中，实践团队的成员们与当地群众进行了深入的交流，把自己所学的知识和技能运用到了服务群众中去，为当地群众做好事、做实事，受到当地村领导和村民们的高度肯定和赞赏。

（二）实践团队成员们得到很大的锻炼，加快自身成长成才

经过为期6天的社会实践，实践团队的成员们加深了对社会主义新农村的认识，在实践过程中提高了自己的专业技能，同时培养自己独立自主和吃苦耐劳的精神，也进一步认识到了自身的不足，并加以改正，促进自身的全面发展，提高自己的综合能力，加快自身的成长成才。

在这次实践过程中，实践队成员们看到了很多，听到了很多，也感受到了很多。实践队成员们放弃了舒适的生活和轻松的暑假，但是却收获了更多，也成熟了很多。无论在感悟还是能力上都有所提高。大家在艰苦的条件下共处了1周，相互帮助，相互关心，使活动更加精彩。在永兴村，与村民的近距离接触让实践队成员们了解到：看似容易做时难，很多问题都有两面性，做事情要有辩证的态度。各地情况都有其特殊性，解决问题要讲究方法。

"三下乡"毕竟是一年一度的活动，我们能做的还很少，投入的时间也不可能太多，几天的工作是无法彻底帮助想要帮助的人。社会实践主要是起穿针引线的作用，让当地的百姓通过这样的方式了解更多的知识，也让我们大学生认识到社会主义新农村的发展。对于"三下乡"的活动形式和工作力度，我们也应该不断积累经验，改进学习。

总之，这是一项意义深刻的活动，能将我们学到的理论知识应用于实践中去，为农村、社会尽到自己的绵薄之力。我们也从"三下乡"中得到了宝贵的社会实践经验。在这里，我们特别感谢学校领导和老师对活动的支持、指导和帮助；感谢永兴村对我们的支持和关注；由衷感谢所有参与到我们活动中来的同学和所有关心本次活动的同学们！虽然本次"三下乡"活动画上了圆满的句号，但"三下乡"的路还很长，"三下乡"的活动也将一如既往地开展下去，并且越来越好。

幸福中山行

——经济管理系2011年暑期"三下乡"社会实践活动总结

根据省委宣传部、省文明办、团省委、省教育厅、省学联下发的《关于开展2011年广东大中专学生志愿者暑期文化科技卫生"三下乡"社会实践活动的通知》文件精神，进一步落实2011年暑期社会实践活动的精神，践行志愿者精神，积极服务于社会。经济管理系团总支学生会积极响应，力争为广东扶贫济困贡献青春和力量，开展了主题为"幸福中山行"的实践活动，目的是打响"幸福中山行"的主题，宣扬"科学发展观"的重要思想理论，发挥大学生在当前社会的先进性作用。并于2011年7月18日至22日，在指导老师带领下组建了一支由19位学生组成的暑期"三下乡"社会实践队伍，进行为期5天的社会实践活动，以下是本次活动的总结。

一、实践目的

广东省在"十二五"规划中明确提出把"加快转型升级，建设幸福广东"作为未来5年各项工作的核心，全面加强社会建设，不仅是时代的要求，也是全省人民最广泛、最普遍的共识。结合经济管理系专业特色，让大学生在社会实践中得到锻炼：

1.贯彻落实"三下乡"精神。通过社会实践活动宣扬团省委"三下乡"精神，引领大学生深入基层，了解社会发展现状，服务社会，充分发挥大学生的先进带头作用。

2.为广大大学生提供平台。提高"三下乡"活动质量水平，让"三下乡"活动成为一个大学生社会实践与展现自我的平台，达到锻炼的目的。

3.开展专业特色调研。引导本系学生发挥专业特长与技能，深入社会经济领域，促进专业理论知识与社会实践有机结合。

4.为社会服务做贡献。对中山市金融、农业、社会福利三大行业进行系统调研，了解状况，分析问题，为当地建设出谋划策，做出积极、有益的贡献。

5.提高大学生综合素质。让大学生全方位接触各个市场领域，从优秀企业中汲取宝贵经验，增长见识，培养自主创新意识，增强团队协作能力。

二、筹备阶段

（一）响应号召，确立主题

经济管理系团总支学生会积极响应"十二五"规划纲要的号召，弘扬团省委有关大学生"三下乡"的批示精神，在建设"加快转型升级，建设幸福广东"中，力争为广东扶贫济困贡献青春和力量；根据"十二五"规划纲要，我系团总支学生会确立本次暑期"三下乡"社会实践活动主题为"幸福中山行"。

（二）组织策划，多方宣传

践行志愿者服务精神，确保此次暑期"三下乡"社会实践活动顺利开展。我系团总支学生会组织优秀学生干部成立策划小组，集思广益，通过3个月的精心策划，反复讨论与修改后，拟定了一份活动策划书，再经过指导老师反复指导，结合指导老师的修改意见进行多次修改，最终制定了一份具体的、切合实际、可行性强的方案。

为充分调动学生的活动积极性，通过海报宣传、传单派发及班级的宣传工作，让同学们深刻地了解本次活动的意义，鼓励2009、2010两个年级的同学们踊跃参加。宣传效果明显，得到广大学生积极配合。

（三）选拔队员，组建队伍

本次队员征集采取自愿报名形式，经过笔试、面试等层层筛选，最终在众多报名者当中选拔出17位优秀的队员。所征集到的队员来自本系各个专业，其中包括志愿者、正式党员、预备党员及学生干部。17位队员之中，各专业人才均衡，既有金融与证券专业的同学，更有中山市东区的志愿者，这使实践队队伍显得更加壮大、更加有特色。

（四）素质拓展，技能培训

为了提高我系实践队员的综合素质，为"三下乡"的顺利进行做充分的准备。经过多方的努力，与校学生会创业实践部达成共识，由其部长黄芝雄为队员提供一次素质拓展的机会；同时，由我系指导老师林玉蓉老师为队员进行一系列的礼仪培训，其中包括仪容礼仪、会议礼仪、电话礼仪等；再由我系指导老师全雄伟给队员们上了一堂重要的教育指导课，提倡奉献精神，积极发挥业务精神与技能知识，并且郑重强调了活动期间的安全与效率问题，突显出系领导对本次暑期"三下乡"社会实践活动的重视。

通过一系列素质培训，使队员们的各方面能力得以锻炼，精神得以进一步的升华，增强了队员之间的凝聚力与团队协作能力。从而更好地发挥了团队特色，使我们的实践活动得到了更充实的贮备；使经济管理系"三下乡"实践队伍的含金量更高。

（五）资料搜集，蓄势待发

活动方案制定完成后，各方面活动相继开展。实践队按活动需要分成3个小组，分别对金融、农业、社会福利3个大板块进行初步的资料搜集。通过各种途径，收集到中山市的基本状况与各行业发展状况的相关资料，各小组深入知名企业进行初步了解，并确定调研工作的具体活动安排，各合作单位均表示将会对实践队的活动给予大力的支持与配合。

三、实践阶段

本次活动主要分为2大篇章，分别是调研与社会服务，主要内容分为5个具体行程，分别对金融、农业和社会福利这3大板块的各代表单位进行一系列社会实践活动。本次活动的合作单位有安信证券股份有限公司、南朗镇食出开心农场、火炬开发区敬老院、东区心苑社工服务站、中山市志愿者协会。

（一）调研篇之分析行业前景——安信证券调研

7月18日上午我系社会实践队伍抵达第一站——安信证券股份有限公司。主要是深入了解企业发展状况、管理模式、发展前景等，形式以实地考察与访谈调查为主。安信证券股份有限公司秉承"安全，合规，以客户为中心"的经营理念，为客户资产稳步增值提供可靠数据，给出宏观的市场分析，提供专业的理论知识指导。

在调研中实践队了解到，安信证券股份有限公司将建立和完善创业投资机制，拓宽中小企业直接融资渠道，要有正确的经营策略才能为建设幸福广东做贡献。此外，企业负责人还透露，现阶段证券公司抵御能力普遍得到提高，竞争状态日趋激烈，国内证券公司将面对来自境外同业更为激烈的竞争，但是安信证券公司在同行中仍具备优势，经受得起竞争的压力。最后公司负责人还表示将与经济管理系建立长期合作关系，这是本次调研最大的收获。

（二）调研篇之民以食为天——食出开心农场调研

根据"十二五"规划纲要，坚持走中国特色农业现代化道路的保障要求，加快转变农业发展方式，提高农业综合生产能力、市场竞争力。经过"三鹿"奶粉事件、"双汇"瘦肉精等食品事件后，人们在食品的选择方面，更多地追求安全、健康、绿色的食品，更希望能食用到无公害的绿色产品，"倡导绿色餐饮，打造品质生活"是当今社会人们追求的生活方式。

基于上述种种原因，我系社会实践队伍于7月19日，抵达中山市南朗镇食出开心农场进行调研活动。食出开心农场，是广东省中山食品进出口有限公司，以构建中山"安全、健康、绿色"的菜篮子工程为己责，作为本土新型农业的典范，始终坚持"安全、健康、绿色"的经营理念。农场负责人冯总监表示在接下来的发展规划里，食出开心农场将走机械化、产业化、技术化的道路，探索出一套适合农场自身的发展模式道路，从更高的层面提升农场自身的经济效益与自身价值。但是目前农场还处于边建设、边投入生产的阶段，一些管理和技术都存在着可提升空间，相信在未来的发展趋势中，食出开心农场会有更大的发展升值空间。之后，冯总监带领队员们参观了农业基地，让队友们更好地了解农场发展，同时为了让队员们体验农民劳作的辛苦，带领队员们到田间进行庄稼除害劳动。

（三）社会服务篇之慰问低保户

奉献爱心，关爱弱体，服务社会是我系社会实践队伍的服务宗旨，因此，于7月20日下午实践队与东区心苑社工服务站的工作人员合作，开展主题为"幸福中山行，探访送爱心"的慰问活动。我们分成2个小组慰问5户低保户，带着大米、牛奶等慰问品，探访这些接受政府救助的老人，了解他们的生活状况，为他们送上慰问品；队员们与老人畅快交谈，嘘寒问暖，帮助老人做一些力所能及的事情。老人们看着我们，脸上始终洋溢着喜悦的笑容。

经过这次探访慰问，我们了解到这个社会存在着一部分弱势群体，需要社会的关心。对于社会这些弱势群体，最需要的是物质的资助和心灵的慰藉。作为学生的我们，没办法在物质上给予他们太多的帮助，但是我们能做的是尽我们的所能，为他们送上温暖，弥补他们的心灵上的空缺。

（四）社会服务篇之"一元捐"活动

7月21日上午，我系社会实践队在东区华润万家超市门口进行"广东扶贫济困一元捐"活动。组织广大青少年开展"一元捐"志愿服务活动，积小善以成大善，向困难群众献出一片爱心，以实际行动为广东慈善事业贡献微薄的力量。队员们穿上中山志愿者义工的服装，分成5个小组，不厌其烦地为路人介绍本次活动的内容，并鼓励广大群众支持广东慈善事业。经过短短一个上午的努力，总共募集到善款864.65元。我们坚信"一元钱可以启动一片爱心"。虽然我们的力量非常薄弱，但是为了使贫困地区的人们能得到更多的帮助，我们也号召身边的人献出自己的爱心，奉献自己的力量，用自己的行动、热忱和真情去感染他人，感动社会。

（五）社会服务篇之慰问敬老院

至此，本次主题为"幸福中山行"的暑期"三下乡"社会实践活动已渐渐接近尾声。最后一天的行程安排是前往中山火炬开发区敬老院进行慰问，也为此次集金融—农业—慈善为一体的社会实践活动画上圆满的句号。

这次敬老院之行是我们本次活动的一大亮点，我们坚持传递爱心，传播着当代大学生尊老爱幼的美好品德，让老人们感受社会给予的关爱。7月21日下午，我们来到中山火炬开发区敬老院，在一番布置场地之后，文艺汇演即将拉开帷幕，首先由队长向敬老院负责人赠送由队员亲自制作的字画——"父恩母爱千秋难忘，尊老敬老万代流芳"；然后队员们为老人们带来革命歌曲串烧和交际舞表演；紧接着由6位队员带来红色小短剧的演出，带领老人们重返革命时期，回顾新中国发展的艰辛。我们还准备了手指操教学，与老人互动，一对一教老人活动手指，锻炼筋骨。敬老院的老人们以及负责人都对我们这一次的用心表示肯定。

这次看似普通的活动其实蕴含了崇高的人性美，更是老人与大学生之间心与心的交流与沟通的桥梁。让"三下乡"离家的孩子感受到亲情的温暖，也给老人带去了欢笑与快乐。尊老爱老应该是社会主义精神文明常抓不懈的工作，我们当代大学生应与老人们多交流沟通，多关爱老年一代，这有利于提高当代大学生的思想素质和道德素质。

四、"三下乡"社会实践活动之感悟

本次暑期"三下乡"社会实践活动对每位队友来说都是一次不寻常的经历，一段难忘的回忆。我们与各合作单位的合作取得圆满成功，也奠定了长期合作的基础。"三下乡"使我们走近了社会，学到了待人之道，懂得了合作的重要，明白知足常乐之理，感受人生百态。

（一）团队精神：意味着众志成城

团队精神最能体现一个集体的灵魂，团队精神反映了一个人对环境的适应能力，以及与他人的沟通合作能力。团队合作才是成功的基石，"同心如龙，散心如虫"，所以我们在此次社会实践中更大的收获是赢得了团队的团结，赢得了队员间的感情和互助。

安信证券公司的曾经理告诉我们，公司非常重视员工团队精神的培养，团队精神就是一个团队的灵魂，能够使员工们进行有效的磨合，不断进取。以点带面，通过个体的发展来实现整体的壮大，所谓同心同德，才能众志成城。

无论是大小集体，都有其独具魅力的团队文化。团队文化作为一种无形的财富，吸引着人才加入的同时，也为团队未来的发展奠定了良好的基础。团队通过个人的发展以实现集体的壮大，这无疑是对集体文化的一种彰显。

（二）正确定位：意味着从基层做起

南朗镇食出开心农场的冯总监在采访中说："现阶段很多应届毕

业生在谋职时不能正确定位自己，自身择业期望值过高，不愿意从基层做起，从而错失许多发展的机会。"随着社会发展步伐的加快，各个领域求职竞争的加剧，招聘企业在设立成绩硬指标门槛的同时，日益看重应聘者求职心态与对工作满怀激情等"软指标"。

对工作满怀激情，愿意从基层做起，体现了一个学生的积极进取心态；勤勉、吃苦耐劳能使求职者在求职应聘过程中占据一定的优势。作为经济管理类学生，尤其是金融行业刚上岗时，必须熟悉行业的运转情况，从基层做起。

（三）实践能力：意味着知行合一

一个人的实践能力，在很大程度上决定了他在社会上的发展。丰富的理论知识与实践能力的有机结合，能使一个人的能力得到质的飞跃。

安信证券公司的人力资源部的代表说："部分在校学生经常以'天之骄子'自居，不愿意动手实践；眼高手低，因此毕业后很难在竞争激烈的社会立足。"他表示：大专毕业生学习的理论知识已经足够，企业更加需要具有实践操作能力的工作人员。

窥一斑可见全豹，所以在校大学生应当注重实践动手能力的培养，只有将理论用于实践，才能真正做到知行合一，成为敲开就业之门的一块金砖。即使你才高八斗，学富五车，但如果不能用于实践，那只能为纸上谈兵现身说法。

（四）自我增值：意味着取长补短

中国有句俗话"尺有所短，寸有所长"。尺与寸，各有利弊，那么如何又快又准确地测量物体的长度呢？办法是尺寸结合，取长补短。

取长补短是自古以来的一条规律，是在生存竞争中取得胜利的法宝。在"三下乡"社会实践时，队员之间发挥各自所长，弥补自身不足，互相借鉴其他人的长处。我们始终明白"三人行必有我师"的道理。人无完人，不断学习与吸取他人的优点，取长补短，才能使自己的能力得以提高，从而达到自我增值的目的。

（五）创新思维：意味着柳暗花明

"创新是一个民族的灵魂，是一个国家兴旺发达的不竭动力"。国家如是，企业亦然。大部分企业表示：在招聘时特别注意考察学生的创新能力。

当今社会更注重人才能力的多元化与实用化，以往"一纸文凭走天下"的就业格局早已被打破。可有些人不注重创新思维和实践能力的培养，最终使他们折戟立业关，败北求职路。一个能成就伟大事业的人，必须经过不停地思考，时刻归纳总结，吸取经验和教训。只有擅长创新，知晓变通的人，才能在困境中绝路逢生，柳暗花明，化尴尬为佳话。

指导老师告诉我们，要想在思维上和实践上保持创新，就必须在日常生活中，不断思考，不断改变。创新可以是对现有资源的一种全面整合，也可以是对自身未知的潜力的一种挖掘。

五、"三下乡"社会实践活动之总结

（一）收获硕果，完善自我

暑假"三下乡"社会实践活动，秉承社会实践服务精神，引导大学生走出校门，面向社会，践行志愿者的精神，为建设新型社会奉献新力量。在此过程中我们收获甚多：

1.学习新知识，开拓新视野。经济管理系"三下乡"队伍怀着满腔热情和谦虚的学习态度，深入中山市的金融、农业、社会福利三大行业，开展专业特色调研。在调研过程中发挥专业特长与技能，吸收精华，获取更多的新知识，从而开拓广阔的视野。

2.真诚沟通，学做人做事。在调研中，语言沟通是信息交流，需要我们真心诚意地和别人交流，才会得到别人的尊重，获取我们所需的信息。学会如何更好地沟通是当代大学生的必修课，在学习中逐渐完善自己，提升自己，争取成为社会的栋梁之才。

3.培养大学生综合素质。锻炼了自身的实践能力、创造能力和沟通能力，提高了自身的素质，增强了团体协作精神和团体意识，积累了丰富的实践经验。

4.弘扬传统精神，服务社会。对中山市金融、农业、社会福利三大行业进行系统调研，了解状况，分析问题，为当地建设出谋划策做出积极、有益的贡献。同时培养奉献精神，将服务放在首位，弘扬中华无私奉献的优良美德。

（二）理解分析，归纳总结

纸上得来终觉浅，绝知此事要躬行。2011年是"十二五"规划的开局之年，也是中山发展具有重大意义的一年，中山将力争建设成为"幸福、和谐、美满"的新家园。通过为期五天的暑期"三下乡"社会实践活动，为广大学生提供锻炼平台，从各个行业深入调查获取资讯，撰写报告，从报告中获取相关有用的信息，为中山的发展献计献策。在一系列活动中为慈善事业与社会服务做出了突出贡献，充分发挥专业特色，展现当代青年学生学以致用、服务社会的良好精神风貌，增强了社会责任感与集体荣誉感。

同时，社会实践活动磨炼了青年大学生的意志，也培养了大学生对理论知识的运用，促进与实践能力的有机结合，实现了社会实践过程中"服务社会、锻炼成才"的目标，真正做到双赢。作为当代大学生，我们更应该肩负起时代赋予的重任，挑起为建设和谐社会的重担。了解金融市场发展动态，关注新型农村建设，关心呵护弱势群体，为建设幸福广东献计献策，充分体现了本次实践活动的主题"幸福中山行"。

以法为盾，为外来工保驾护航

——文法系2011年暑期"三下乡"惠东社会实践活动总结

　　为积极响应省委宣传部、省文明办、团省委、省教育厅、省学联的号召，根据广东理工职业学院团委《关于开展2011年暑期文化科技卫生"三下乡"社会实践活动的通知》的文件精神，为发扬"建设幸福广东"精神，落实《珠江三角洲地区改革发展规划纲要（2008—2020）》，为加强大学生与人民群众的接触，服务基层，促进大学生素质全面发展。广东理工职业学院文法系组织一支17人的惠东社会实践服务团队，前往惠东县开展普法调研活动。此次活动主题为"高举团旗跟党走，深入实践谋幸福"。实践形式以宣传以及调研为主体，并结合当地情况开展参观调查、法律咨询、志愿服务等活动。此次活动，在共青团惠东委员会、惠东县人力资源与社会保障局、中国移动惠东分公司的大力支持下，取得了圆满成功。现将此次活动作总结报告如下：

　　一、活动筹备篇

　　周密的准备是活动顺利开展的重要保障，因此在进行"三下乡"志愿服务实践活动前，整个团队经过多次会议讨论和紧密的活动准备，并在全体队员的相互合作下，前期筹备工作进行得很顺利。在我系2011届毕业生积极组织联系当地相关部门，为我系"三下乡"社会实践队伍和当地政府相关机构、企业单位起了沟通枢纽的桥梁作用，为本次"三下乡"活动的顺利开展做好铺垫。

　　二、活动回顾

　　（一）文化交流，宣传惠东

　　为了更好地开展我们的实践活动，更全面地了解当地发展状况，我们对惠东县直属团委书记曾思明同志进行了访谈。在团惠东县直属团委书记曾思明同志热情的接洽下，我们团队前往参观惠东县图书馆。访谈中，我们了解到惠东的经济发展近况，同时也认识到惠东作为一个文明城市，注重培养全民的文化素养。在参观期间，惠东图书馆坐满了前来看书、学习的人，浓浓的书香之情更让社会实践队员们备感亲切。我们在书的海洋中，感受惠东。最后，惠东县直属团委书记曾思明同志代表团县委表示将积极探索，希望能通过这次"三下乡"社会实践为我校与基层团委搭建平台，建立实践基地，让大学生走进农村，在活动中能更广泛地接触了解社会，深入体察民情，让我们在实践中受锻炼，增知识，长才干。同时，使当地青少年能够在大学生朋友的关心、帮助下开阔眼界、增长才干、找准目标、努力学习。

随后，我们来到惠东文化广场、西枝江公园等景点参观，感受文明城市的浓厚文化气息。曾书记在交谈中表示支持我们到惠东下乡，并希望通过此次活动能够达成文化交流，思想交流，共同进步的目的。

(二)关爱外来工，展开科学调研活动

为了贯彻以人为本、全面协调可持续的科学发展观，全面贯彻落实党的政策，以邓小平理论和"三个代表"重要思想为指导，进一步了解外来工的生产生活状况，我系"三下乡"社会实践队伍前往惠东振丰鞋业有限公司展开访谈、调查。振丰鞋业有限公司的李总、庄经理对我队的到来表示欢迎，并在鞋厂会议室开展了访谈会议。在访谈中，我系"三下乡"社会实践队伍指导老师张嘉乐首先介绍了我校的发展状况，并说明此次前来的目的。通过李总和庄经理的详细讲解，我们也了解了该厂的发展情况。李总表示希望与我校加强合作，扩大已有的合作成果，创新合作模式。做到校企融合，为企业的发展提供更好的服务，实现校企共赢。希望校企合作能尽快实现并持续、深入开展下去，为企业输送优秀技能人才，为解决企业用工问题及企业持续发展发挥更大的作用。

访谈会议结束之后，李总和庄经理带领我们参观工厂，分别从设计部、裁缝部、加工部、成品包装部等各个部门各个岗位中一一向我们介绍了制鞋的各个步骤要点，队员们纷纷表示受益匪浅。

随后，经过鞋厂领导同意，我队迅速分成4个小组分别到各个部门展开关于"外来务工人员的生存发展状况"的问卷调查。调查中，鞋厂的领导及员工积极配合，问卷回收率高。最后，双方领导共同合影留念。

（三）融入当地志愿服务活动

为贯彻学习党的十七大精神，以社会主义核心价值体系为根本，进一步动员广大学生努力为构建社会主义和谐社会做贡献，贯彻落实群众性精神文明创建活动开展，我系社会实践队伍与惠东大学生协会举办了捐书活动和志愿工作交流会。我系社会实践队伍代表我院将我院师生募捐的书籍捐赠给惠东大学生协会，惠东大学生协会代表对于我们此次捐赠活动表示感谢，也表示支持我们到惠东下乡，赠予我系队员们自制书签作为纪念。在交流会上，双方对友好关系的建立进行了交流并作出了美好的畅想，促进大学生思想文化交流，实现跨地区的资源互补，开阔在校大学生的视野。

行程圆满结束后，我队张嘉乐老师对当天的工作表示满意，并鼓励同学们再接再厉。

（四）走访惠东人力资源和社会保障局，深入了解外来工就业情况

为进一步发挥社会实践在加强和改进大学生思想政治教育中的积极作用，引导广大青年学生在社会实践中认真学习实践科学发展观，深入了解基本国情，正确认识当今社会发展形势，我系"三下乡"

社会实践队伍在我院2011届毕业生的组织联系下，与惠东人力资源和社会保障局的领导进行了访谈。该局的施主任、陈主任、李主任、叶股长等有关领导热情接见我们，并组织展开交流会。

会中，就业管理人事处的陈主任为我们详细介绍了惠东当地的基本用工情况及针对现存的问题所实施的相关政策。从中了解到，人力资源和社会保障局，其职责是对当地的务工人员进行登记、管理。惠东县作为全国女鞋生产基地，制造业经济产出占全县GDP 80%，制鞋工人达到了3万多人。根据惠东的就业环境情况，县政府重视关爱外来工，强调以人为主，并引出"新客家，老客家，来到惠东就是一家；外来人，本地人，来到惠东就是惠东人"的崭新理念，实施积分入户政策，同时节假期间，组织外来工文艺节目演出，与外来工共庆中秋春节等。各项劳动法律、社会保障措施普及大众，去年为工人追回企业欠债2000多万，这对外来工就业起到积极推动作用。

技能中心的李主任也向我们介绍了惠东这几年的发展，与我们分享了该局在近几年管理中所取得的成果。他说到，现在的惠东就业环境非常好，薪酬较高，基本社会福利条件非常稳定，重视技能培训。我队队员认真听取，做详细的笔记，张老师也向人力资源和社会保障局领导分享了我队的调研成果。在交流之后，队员们也纷纷提出关于劳动工种及就业方面的问题，人力资源和社会保障局的领导们为我们耐心解答，使我们对惠东的就业环境及外来工工作发展情况有了更深一步的了解。会后，人力资源和社会保障局领导邀请我队一齐品尝惠东当地荔枝，并表示欢迎我校毕业生前来惠东就业、创业。

在这次访谈中，我们"三下乡"社会实践团队不仅得到了当地政府相关部门的重视和肯定，还建立了与当地政府保持长期交流互动的关系。当地政府领导希望能与我院日后共建实践基地，对大学生在实践中受教育、长才干、做贡献提出期望和要求，并希望与广东理工职业学院齐心协力、互通互动、积极推进大学生"三下乡"社会实践基地的建设。

（五）普法宣传，倡导明法守法

为积极响应党中央国务院号召，开展文化、科技、卫生"三下乡"，深入贯彻"三个代表"重要思想，争取做有理想，有知识，勇于开创的先进青年，我系"三下乡"社会实践队伍以法律援助为调研目的，以法律咨询为主要途径对惠东县当地居民开展咨询活动。在开展"三下乡"志愿服务活动前我系专门对"三下乡"实践队伍的队员们开展了法律讲堂，主要针对外来员工工作和生活方面的法律知识进行讲解，弥补队员们在相关法律知识方面的不足。我系"三下乡"社会实践队伍在惠东县人民法院和惠东县团县委相关机关单位的大力支持下，在飞鹅岭森林公园开展法律宣传活动并设点为当地居民进行法律咨询。队员们分成3小组，以飞鹅岭森林公园为中心，就附近人流多的地方派发法律宣传资料。资料内容包括劳动合同法、土地法、财产保护法、婚姻法等。当地市民也前来了解咨询，提出自己在工作生活中所遇到的法律问题，队员们详细耐心地为他们作专业解答，并鼓励他们要利用法律武器保护自己的合法权益。队员们在烈日下即使汗流浃背了，但是依然乐此不疲地向行人派发法律宣传资料，解答法律疑问，得到市民的认可！

（六）深入基层，深入调研

为了深入贯彻党中央精神关于开展全国大学生"三下乡"的方针，为了全面开展调研活动，我系"三下乡"社会实践队伍以小组形式，分散到平山镇进行调研活动。我们从惠东职业中学步行至南湖公园、红岭大道附近，在路上，居民小区，商业街中挑选各个年龄的市民进行问卷调查。经过居民同意，进入居民家中进行深入调研，同时也向他们普及法律知识，倡导明法守法。经过一天的徒步调研，我们完成了共255份有效问卷。

三、活动总结

从"三下乡"的概念来看，大学生利用暑期深入农村开展科技、文化、卫生服务。而我们大学生作为这条道路上的骨干，理应为"三下乡"实践活动注入新鲜的血液，贡献更大的力量，回想我们的这次实践历程，觉得这次活动还是比较成功的，主要体现在如下方面：

（一）院系方面：领导重视、组织认真、准备充分是2011年"三下乡"活动顺利开展的可靠保证

第一，学院团委非常重视"三下乡"社会实践活动的开展：

由院党委和团委的领导亲自指导、认真研究、部署、安排"三下乡"社会实践活动，还拨出"三下乡"社会实践活动的专项经费，从而保障了"三下乡"社会实践活动的顺利进行。

第二，认真组织"三下乡"社会实践活动：

所有"三下乡"志愿服务队人员多次开会，认真商讨"三下乡"的有关事宜，确定了此次活动主要目的："关爱外来工，关爱城市建设"，制定了今年社会实践的活动原则：点面结合，集体活动与分散调查相结合；坚持"受教育、长才干、做贡献"的原则，充分发挥青年学生科技文化优势，传播科学技术和文明新风，为服务当地经济社会发展做出积极贡献。

第三，充分准备"三下乡"社会实践活动：

院团委和文法系团总支学生会有的放矢、及早着手安排2011年的"三下乡"活动，根据活动重点和实践队组建情况，精心选拔参加实践活动的队员。所有队员详细周密地分配布置工作。大家充分考虑了惠东情况，准备了大量实用的材料：自己编写并印刷的大量知识宣传单，组织全院学生为此次"三下乡"活动捐赠书籍，良好的准

备工作是我们此次活动成功的基石。

（二）活动形式方面：创新形式，争取实效

这次我惠东队以"自主"形式组队参加，是一种创新形式。其"自主"是以我队队员自己进行踩点安排，自己进行资金筹备，自己进行设计的理念。以这种"自主"的创新形式，使我惠东队的队员不仅更加团结，而且这样更有助于调动大家的积极性和主动性，更容易获得实效。我们的队伍在经济上大部分是自费的，但我们的活动部分资金得到系团总支学生会的大力支持和中国移动等企业的赞助，在出发前，我系黄玲主任也对我们这种创造性的方式表示高度的认同，特意叮嘱我们要好好把这个新的模式搞好，要突出重点、发挥优势、搞出特色。

（三）活动内容方面：形式多样、丰富多彩

在总结以往各年社会实践活动，特别是近几年的活动经验的基础上，文法系团总支学生会有针对性地提出社会调查、宣传法律、志愿服务、参观农村企业、外出交流等社会实践活动形式，给广大同学提供了借鉴经验的范例，以便广大的同学根据自己的实际情况开展适合于自己的社会实践活动，从而使得本次实践活动涉及面更广，内容更为多样化，在活动形式上有了很大的创新。同时也使得广大同学们切实从实践活动中提高了自身的素质。

（四）惠东队内部准备工作方面：活动准备工作做得十分充分

在7月初，我们学校还在进行紧张的期末考试，而我们惠东队的同学在准备考试之余还在筹备"三下乡"的相关事宜。

准备工作的第一步是招募队员，在选队员的时候，根据系里面的规定，将条件定为：1. 党员、预备党员、积极分子优先；2. 现任学生干部优先；3. 惠东本地人优先；4. 学习成绩优秀者优先。按照这4个条件，系团总支选出了16名优秀同学。

接下来由指导老师张嘉乐负责指导队员开展前期工作，主要是购买车票、采购物资、打印资料等。

（五）个人方面：队员的个人素质较高

本次活动能够取得圆满成功，很大一个原因是因为队员们彼此之间有浓厚的团队意识。这样说的理由有下面几点：

第一，制度保障。出发前，制定《暑期社会实践出行注意事项》，要求所有队员认真阅读，做到熟记于心。

第二，队员能力强，能吃苦耐劳。当天队员们顶着炎炎烈日走访和参观，兢兢业业，吃苦耐劳，始终以饱满的热情投入工作之中；在和农民朋友的交谈中，注意语言得体，将枯燥的知识转换成通俗易懂、群众能够接受的语言。在工作开展期间，队员们注重实际，使每次活动都能圆满完成。队员们强劲的工作能力是此次活动成功的根本。

第三，注重个人礼貌。此次活动，队员们统一佩戴团徽，穿整齐的校服，戴印有"广东理工职业学院"字样的帽子，显得更精神抖擞。队员们统一食宿，不单独外出，外出要汇报；队员联系当地居民时以礼相待、笑脸迎人，展现大学生的道德修养。

第四，及时总结。每天晚上都开总结会议，总结当天工作心得，落实第二天工作安排并且要求每位队员每天写心得。在这样严格的规定下，队伍的安全问题得到了保障，也提高了工作效率，为活动的圆满成功做足了准备。

（六）惠东各界方面：惠东县各界给予活动充分支持与鼓励，是这次"三下乡"活动顺利成功进行的保障

在此，感谢惠东县各级机关相关部门对我们工作的重视和肯定，还与当地政府建立了保持长期交流互动的关系；感谢惠东职业中学热情的接待和在我们住宿饮食等生活方面的帮忙；感谢惠东移动分公

司和当地代表企业振丰鞋厂对我们工作的支持和照顾，为我院与当地企业建立了友好的校企合作关系奠定了基础；感谢惠东县大学生协会交流合作，并建立了良好的友谊，为两地同学提供更宽广的交流平台和展示自我的舞台；感谢我院2010届毕业生为本次"三下乡"活动联系当地政府机构和企业等做出贡献，表达了毕业生浓厚而真挚的校友情意，不忘母校，以感恩的心回馈母校3年来的教诲。

此次"三下乡"活动让我们学到许多课本外的知识，受益匪浅。这本社会百科书直接增加我们人生的阅历和经验。我们看到农村近几年发展变化，看到了新农村繁荣的景象。

从这次"三下乡"活动中，我们感受到集体的灵魂。这是一股强大的凝聚力，是一份强烈的团队精神。在整个实践活动中，处处体现了队员之间强烈的合作意识。我们的交际能力明显提高，办事能力也得到锻炼。每个晚上，我们都开总结会议，大家总结一天的工作，相互分享感想和看法。我们一起拼搏，一起努力，一起欢笑。我们互相学习，取长补短。我们共睹大家进步成长。

通过"三下乡"社会实践活动，我们感到社会给予我们的很多，但我们回馈社会的很少。作为大学生，我们感到自己的责任重大，我们应当努力学习，主动担负起历史赋予我们的使命。我们再也没有理由去怨天尤人，我们要珍惜我们已经拥有的一切。作为当代的学生，我们更应该去主动承担建设社会主义的重任，现在我们就要找准自己的位置，激发对生活的热情，要把学习和成才当作头等大事，我们要利用理工给予我们的这个平台，发扬理工精神，要勇于开拓创新、不断进取，在学习和实践中不断成长，要用我们所学的理论知识和拼搏精神，去展示新世纪大学生的风采，去为新农村建设贡献自己的青春和力量。

追寻南粤红色足迹，深入社会实践谋幸福

——工程技术系2011年暑期"三下乡"社会实践活动总结

为积极响应省委宣传部、省文明办、团省委、省教育厅、省学联下发的《关于开展2011年广东大中专学生志愿者暑期文化科技卫生"三下乡"社会实践活动的通知》精神，引导我系青年学生深入学习、实践科学发展观，培养大学生的创新意识与实践能力、创造能力和实干精神，提高大学生自身素质，增强合作与协调意识，借此建党90周年之际，我系特开展以"追寻南粤红色足迹，深入实践谋幸福"为主题的暑期"三下乡"社会实践活动。

2011年7月16日至21日，工程技术系实践队一行10名学生在党总支林卓歆副书记、团总支书记谭希老师的带领下前往海陆丰、韶关乳源瑶族自治县必背镇方洞村，进行"三下乡"社会实践活动。本次活动为期6天，形式多样，内容丰富，意义深远。活动涵盖以下几个方面：（1）通过参观海陆丰的红宫、红场旧址纪念馆及彭湃烈士故居，培养大学生的爱国之情，引领当代大学生学习革命前辈勇于奋斗、敢于拼搏的精神；（2）通过调研、采访，深入了解瑶族村风土人情、文化习俗、房屋建构特色、经济状况，为当地政策制定提供客观依据；（3）开展义务支教，通过心理辅导和学习帮助，提高当地留守儿童的学习能力；（4）开展家电维修活动，利用专业优势，为当地村民解决生活困难；（5）为瑶族方洞村绘制地图，提高我们的专业知识，服务瑶族同胞；（6）美化河道，宣传环保，为当地居民创造良好的生活环境。

本次活动得以顺利开展，离不开院、系领导的高度重视与支持，

同时也离不开队员们的精心策划和充分准备。

筹备篇

我系从2011年5月便开始精心策划本次暑期"三下乡"活动，未雨绸缪，各项准备工作有条不紊：

（一）运筹帷幄，多方宣传

为确保本次活动顺利开展和进行，充分调动学生的积极性，鼓励同学们踊跃参加本次暑期"三下乡"活动，我系在校内进行海报宣传工作，并将报名表发至2009、2010级各班，由班长向各班同学进行宣传。宣传效果甚佳，同学们报名踊跃，经过对报名参加的人员进行层层选拔，最终确定10名同学参与本次"三下乡"活动。人员确定后，我系成立了专门负责小组，撰写活动方案，联系活动基地，提前踩点，所有的准备工作都按计划有条不紊地进行。

（二）分工合作，各司其职

一项活动的顺利开展离不开周全的考虑及科学合理的分工，为此，我系将"三下乡"活动人员分为后勤组、宣传组、支教组。各个小组分工合作，各司其职，责任落实到人。在分工的过程中，充分考虑队员的个人特长及优点，统筹兼顾，为活动的顺利开展提供了重要的保证。

（三）纪律严明，保障安全

无以规矩不成方圆，我系领导高度重视此次活动的安全性。在筹备过程中，我系开展了由党总支林书记牵头，团总支书记谭希老师负责的培训活动。培训期间，林书记强调了本次活动的严肃性和重要性，要求每位成员必须严格遵守纪律、充分了解注意事项，并强调安全的重要性。一切行动听指挥，活动期间队员必须统一穿着系服，服从活动时间表的安排，不得擅自行动。

（四）查阅数据，备好功课

好的开始是成功的一半，备好功课是活动顺利开展的基础。我系此次活动地点韶关乳源瑶族自治县必背镇方洞村是少数民族的居住地，该特殊的活动地点要求每位队员在出发前必须充分了解当地的生活环境及风俗习惯。在出发前，我们邀请了正在当地进行调查的中山大学人类社会学的何海狮博士担任我们指导老师，何老师为我们进行了悉心的指导。前期的学习研讨，为我们后续开展调研活动奠定了良好的基础。

活动篇

（一）统一思想，齐装出征

7月16日上午，我系暑期"三下乡"社会实践活动启动仪式在广州校本部隆重举行，学院领导余嘉强副院长、工程技术系党总支林卓歆副书记、团总支书记谭希老师及实践队队员参加了启动仪式。余嘉强副院长对我系此次下乡活动给予了大力支持和高度的肯定，言简意赅地对我系实践队提出了以下2点要求：第一，统一思想，服从安排；第二，安全第一，纪律严明。此外，余院长还对我系实践队寄予厚望，希望每位队员通过本次活动能提高社会实践能力，增强团队合作精神，通过此次活动，能够学有所成，学以致用。

（二）爱国爱党，追寻足迹

2011是中国共产党建党90周年，辛亥革命100周年，在这一个特殊的日子里。我系"三下乡"志愿服务队来到了中国共产党在土地革命战争时期领导的爱国主义战地——海陆丰，顺着红色革命之旅一路参观了海丰红宫红场旧址纪念馆、彭湃烈士故居、海丰县农民协会旧址、彭氏宗祠等红色革命遗址。眼前的一幕一幕，叙说着属于它们自己的故事，我们明白到今天的幸福生活来之不易，是无数英雄儿女用生命换来的，虽然他们离开了我们，但他们的精神幻化成了永不磨灭的丰碑矗立在我们后人的心中，一直引领着我们。

（三）携手共进，相约瑶乡

7月19日下午，经过4个多小时车程的颠簸，我们来到了韶关乳源瑶族自治县必背镇方洞村。一下车，当地村委会委员及村民们热情地接待了我们。当地村委为我们介绍了该镇的基本情况：总面积135平方公里，辖6个村委会、1个居委会。方洞村共有1270人，主要以种植沙木为生计，大多数年轻人都外出打工，因此留守儿童及老年人居多。通过了解，我们对瑶乡有了一个感性的认识，为后续的调研工作奠定了基础。

（四）深入调研，了解社情

要真正了解农村中少数民族的生活状况，仅仅靠表面的观察是不够的。我们准备了有针对性的调查问卷，但是由于瑶乡村民大部分是老年人和儿童，识字率较低，因此，调研工作遇到一定程度的阻力，需要队员们走进农家，通过问卷与访谈相结合的方式，获取了珍贵的一手调研资料。我们调研后将资料整理，撰写调研报告，并赠与当地村委会，希望能够对当地政策的制定提供一定参考价值。在调研过程中，我们的队员与当地村民建立了良好的关系。村民淳朴的民风，真诚的招待，使我们感受到瑶乡村民的热情与友好。

（五）宝贵遗产，瑶族建筑

瑶族是勤劳的民族，瑶族建筑源于对生活经验的总结，因此别具风格的建筑反映出来的就是善于思考、善于发现的瑶族特质。在调研过程中，我们发现不同的瑶族之间的建筑物各有侧重点，比如大多数的半边楼都是红瑶建筑的，而花瑶和盘瑶则喜欢全楼式建筑。这其中很大一部分原因是和他们所居住的环境有直接关系的，而我们这次看到的瑶族建筑相比于其他民族的建筑，最大的亮点体现于半边楼、叉叉房。主要是由于瑶族的居住地理环境多半靠山而居，因此建筑方面和平原地区的差别比较大。

（六）义务支教，给予关爱

在瑶族方洞村中，大多数青年人都常年在外谋生，无法对孩子进行恰当适时的教育，村内的留守青少年儿童多为家里的老人照顾，但老人的文化程度不高，又加上村内的教育力量薄弱，留守青少年儿童的教育在当地是较为严重的问题。隔代教育的问题在方洞村尤为突出，为解决这个棘手的问题，我们将村中所有留守青少年儿童召集到了教室，进行现场教学，告诉他们一些学习的方法和技巧，教导他们要好好学习、顽强奋斗。但是，我们的支教时间是非常有限的，希望方洞村以后能够在教育中投入更多的人力物力，为当地的青少年儿童提供一个良好的学习环境。

（七）绘制地图，服务瑶胞

瑶族的方洞村是一个地理的盲点，在这里连全球定位仪器都搜索不到，而且地图上也是没有方洞村的。对此，我们在何博士的提议和指导下，结合我系工程造价及建筑施工技术的专业技能特色，特别开展一个4人小组登高临望，以目测之力手工绘制了方洞村的大致民居分布示意图。这张手工绘制的地图是方洞村首张村民分布平面图，它包含了我们辛勤的汗水和对方洞村的祝福，我们希望瑶族同胞们能幸福、快乐。

（八）学以致用，投身实践

由于地理位置偏僻，交通发展相对滞后，因此瑶族方洞村的村民反映当地交通相当不方便，家用电器坏了很难找到维修点。针对这一实际情况，结合我们实践队的专业优势，我们主动承担起为当地居民免费维修家电的工作，维修的范围包括饮水机、手机、电风扇等常用家电。此次家电维修的顺利开展使同学们真正的做到学以致用，切实把课堂所学到的知识运用于实际，同时也为当地居民解决了生活的困难。

（九）美化河道，宣传环保

7月21日一早，我们实践队在林书记的带领下，全员出动，为方洞村清理溪流河道，将扔弃于小溪流中的垃圾清理干净，并借用当地村名的手推车推送到距离该村500米远的小山丘焚毁，以切实行动给方洞村村民找回那"小溪斜阳残照香，断桥戏水寒鸭美"的恬然幽静自然风光。通过实际行动，我们的宣传环保活动得到了当地居民的高度赞赏，也带动了当地居民共同参与到维护我们美好生活环境的行列中。

总结篇

（一）整理材料，总结经验

实践出真知，短暂而又有意义的6天，虽然途中充满困难和考验，但是收获却是丰硕的。下乡归来，我们都感慨万千，我系队员在资料整理的过程中，不辞劳苦，认真细致，感悟颇多：

通过此次活动，我们对党有了更为深刻的认识，鲜艳的党旗引领着我们朝共产主义前进，每位先进的党员就像那射出的一道道光芒，感染着我们。在土地革命战争时期领导的爱国主义战地——海陆丰里，我们深深的感觉到党员的先进性，我们将继承先烈们的革命传统，发扬前辈的爱国、爱党精神，从具体的实际行动中，从现在做起，努力学好专业知识，为祖国的繁荣富强贡献出属于自己的一份力量。

在调研过程中，我们深深地感悟到，幸福是一种心态，在瑶族方洞村的居民面上看到的总是幸福的微笑。从调查中我们发现，当地居民的月收入在1000元以下的占了86.7%，但他们的幸福指数却是很高的，72%的居民觉得自己是幸福的，只有不到5%的居民觉得自己的生活很糟糕。其实幸福很简单，它是一种感觉，是一种心态，是一种体验。

在实践活动的过程中，我们发现瑶族建筑具有鲜明的少数民族特色，其中不乏科学依据，但是随着社会发展，这些优秀的民族特色正在不断汉化，建筑上的特色也逐渐向钢筋水泥房转变，瑶族的特色建筑在逐步消退。因此，如何保持瑶族建筑特色，是改革开放、社会发展过程中必须重点考虑的问题。

追寻南粤红色足迹，我们感悟到了党的伟大之处，亲身体会到党员的先进性，激发我们努力向党靠拢，激励我们积极向上，努力学好专业知识，为社会主义建设贡献出自己的一份力量。深入社会实践，我们感触良多，通过调研、支教、家电维修，我们懂得了付出自己的一份力量，能够使得社会更加美好。

（二）发扬优点，找出不足

我们的"三下乡"是成功的：我们有系领导林书记的亲自带领，给予我们大力的支持；我们有经验丰富的何博士，给予我们正确的指导；我们有一支团结的团队，共同去面对各种的困难与挑战；我们在团队中都有着一个合理的定位，分工恰当，充分发挥了每个队员的优势和特长；我们有足够的热情和能力去完成我们的任务。实践归来，我们的感触良多，我们的收获丰硕，但美中不足的是：由于活动规模和经费限制，不能让更多的优秀同学参与其中，使更多的学生得到锻炼。此外，计划不足，没有做好两手的准备。由于对场地等多方面没有很好的认识，导致实际情况和计划有较大的差距，没有很好处理突发事件。这些主观与客观的因素导致的不足之处，在以后的工作中还有待改进。希望在以后的"三下乡"实践活动中，能够给后来者提供一些借鉴与帮助。

思考篇

我们坚信，"学而不思则罔，思而不学则殆"这句至理名言，对此次的"三下乡"社会实践，我们也有以下一些思考：

第一，在今后的社会实践中，我们需谨慎考虑社会实践活动的针对性，把社会实践作为我们教学体系中的一个延伸，使我们所学的理论知识与实践有一个更好的切合点。

第二，我们应该努力从发挥专业优势的方面着手进行创新，进一步探索与我系专业相适应的特色实践体系，使社会实践活动与学院培养定位和学科特点有机结合起来。

第三，社会实践要做得深入，不能流于形式或表面。在实践活动的内容方面，应该积极探索和建立与专业学习相结合、与服务社会相结合、与创新创业相结合的社会实践新机制。

"艰辛知人生，实践长才干"，通过本次暑期"三下乡"实践活动，我们增长了才干，加强了锻炼，学会了合作，懂得了尊重，积攒了经验，也收获了友谊；在实践过程中，积累了很多社会经验，也发现了活动中出现的缺点与不足，在今后的社会实践中，我们会不断吸收借鉴优势，努力弥补不足。

"三下乡"实践活动归来，我们的内心充满感恩，感谢我们伟大的党，感谢党给了我们这样一个安定的生活环境，感谢党为我们奋斗了近百年，感谢，感谢……正是革命先烈们对五星红旗的崇敬，对党的事业的支持，才换来了今天富足、充实、幸福的生活。感恩的同时也激发了我们努力拼搏的斗志。我们坚信，我们有能力，有毅力，有干劲，将来一定能够为党和国家的发展贡献自己的一份力量。

你我同行，共创幸福广东

——管理工程系2011年"三下乡"社会实践活动总结

为积极响应团省委、校团委有关大学生开展社会实践活动的号召，落实关于组织开展广东理工职业学院2011年大学生暑期"三下乡"社会实践活动的通知的精神，响应今年暑期团省委、校团委相关精神的要求和统一部署，高举"团旗跟党走，深入实践谋幸福"旗帜，结合我院引导的坚持以贯彻科学发展观引领青年学生坚持理论联系实际，在社会实践中得出正确的社会观察结论，真正实现"受教育、长才干、做贡献"。在我系积极开展暑期社会实践活动，认真部署社会实践工作，推动共同的幸福生活理念，实践和发展美好明天而努力。我系于中山市五桂山南桥村、石莹桥村开展"重温革命路线、深思现在幸福生活"的暑期走革命老路线活动，并前往广东速递物流有限公司三角邮件处理中心，进行为期一个多月的实践考察、学习实训、调研。我们以走访革命先路为起点，以探讨现在幸福生活为重点，开展社会调研、实习培训等各种项目，引导我系学生"携手同行、共创幸福广东"：

一、思考讨论，认真规划，牢牢把握，精准细则

在出发前，我系团队未雨绸缪，细心部署前期工作，根据上级团组织下达的要求，也进行了路线的勘察工作，确保"三下乡"的顺利进行。

（一）前期宣传，分工到位

团队为准备开展邮政速递实践做好了充分的前期准备工作，由陈智老师、王莹老师跟企业经理事先针对暑期的实践作了一系列的

商谈，并由企业人员到我校进行现场宣讲，着重介绍了该公司的业务范围及发展前景。随后许多同学当场就报名参加这次实践。

（二）实践勘察，详细了解

2011年6月我系在陈智、王莹、金丽佳三位老师的带领下组织物流工程技术专业两个班，前往三角镇速递物流有限公司进行了一番详细的勘察，三角邮件处理中心负责人阮美莲经理对我们的到来也热情地接待。在同学们强烈的要求下，阮经理带领团队进行了实操。同学们对物流分拣工作、分装等一系列仓储工作也有了初步的认识。当然对于交通、食品、居住等一系列的安全问题我系也万分重视，并提前作了预防工作。

二、学习专业知识，感受先烈，宣传、珍惜幸福生活

（一）同一个目标，同一种信念

我系物流专业学生加入了暑期社会实践活动，来到了广东EMS物流速递公司（广东邮政EMS是中国邮政速递物流责任有限公司的直属专业经营管理机构，注册资本7亿元。主要经营货物仓储和国际、国内和同城特快专递业务，是目前广东速递物流行业最大的运营服务商）。

同学们来到广东EMS物流速递公司之后，受到公司的领导、员工的热情接待，除了安排衣食住行外，还在指导老师的共同参与下，中山邮政公司对同学们进行了2天的岗前技能培训和安全教育。我系学生的实训职位多是仓库操作人员，最主要的工作地方是仓库。

正式上班后，公司管理人员将同学们分成了几个小组，由老员工带着他们熟悉整个仓库货物的进出流程和管理方法。经过一个多月的实习，同学们普遍反映："实践中，特别是在高峰期的时候，忙得不可开交，从上班到下班休息不超过10分钟，每天晚上都是拖着疲惫的身体回到住所，但我们依然互相帮助互相关心。在这种忙碌

中，我们在渐渐变得成熟，真正认识到什么是物流，什么是仓储，而我们的能力也从中得到了锻炼。理论加实践等于自己所具备的能力。"

(二)漫长道路，感受先迹

2011年7月在金丽佳老师的带领下，我系实践团队踏访五桂山南桥村、石莹桥村爱国主义革命老路线，感叹着原来行走在南桥村，处处都有红色革命印记，我们仿佛回到了若干年前那个"红色"年代：

走访到南桥村靠山脚的地方，有一块很不起眼的"粉碎日伪十路围攻主战场遗址"红字，这就是当年粉碎日军十路围剿的地方。这块石碑的背面记录着一段惊心动魄的历史：日军联合伪军出动八千多兵力，分十路围攻五桂山，负责这次反围攻的逸仙大队、义勇大队与其交战激烈。日、伪军筹备了一个多月的合围计划，仅五天就被中山抗日军民粉碎。

走访当天毒日当头，沿途瞧见有些老人家在一个红墙绿瓦的建筑附近纳凉聊天。在我们的请求下，便坐下与他们攀谈起来。老人家们热情地向我们介绍着石莹桥村的红色历史：石莹桥村是抗日老区村庄，1942年1月中山县人民抗日游击队进入五桂山后曾在此地驻扎。1944年游击队粉碎了敌人的"十路围攻"，1945年日伪在此杀害了16位抗日游击队队员。"当时这条河都被烈士们的鲜血染红了"老人们回忆道。

聆听完老人们的回忆录，我们继续往前走，放眼望去就是一个清静的"古氏宗祠"，当年广东人民抗日游击队珠江纵队司令部先后在此活动。仔细地阅读宗祠内的宣传材料，可以明显地感受到革命先辈们当年的意气风发与慷慨激昂。最后我们与看守宗祠的老爷爷合影留念。

三、宣传同行路，踏上同行旅

为了保证"三下乡"活动的效果，及时把相关活动的信息和成果回馈给关心我们实践团队的老师和领导们，我们在活动中积极开展宣传工作，无论在中山邮政实践，还是沿着先烈的足迹走访，我们都细心观察，不耻下问，认真体会，留下记录，并及时报道进行宣传。

（一）第一曲

5月24日，我系与中山邮政速递物流公司在302会议室商谈合作内容，我们及时拍摄照片、撰写通讯稿发表至系网站上进行宣传，有效地对我系"三下乡"企业实习活动进行预热。在决定前往速递之前我系领导多次组织召开会议讨论相关事宜，也万分重视学生实习期间的安全问题、居住环境问题，作了多次的前期的考察工作。

（二）第二曲

我系前期向各系的相关负责人普遍宣传发布此次实践的消息，并大力支持各系学生参与其中，取得了不错的成效，宣讲会引起了轰动，课室人头攒动。我系也及时将盛况空前的应聘通讯稿发至系网站。

（三）第三曲

2011年7月中旬，我系开展总结大会，对于此次的"三下乡"进行了第一步的总结、报道，并将照片制成了PPT向学生们展示，宣传了爱国的知识，告诉他们今日的幸福生活来之不易，应该好好珍惜现在的幸福生活。

四、思考与感悟

（一）我们沿着先烈的足迹走访的过程中，怀着崇敬之情考察"粉碎日伪十路围攻主战场遗址"并瞻仰"古氏宗祠与纪念碑"后对革命老路进行了一番实践考察。在十六英勇之士奉献出年轻生命的纪念碑面前。我们既感叹生命的脆弱，更体会到司马迁的"人固有一死，或轻于鸿毛，或重于泰山"这句名言的真正含义。在回校的路途中，我知道每个同学都和我一样在深思人生的意义。作为大学生的我们，我们对幸福进行了思想积淀：我们没有任何的理由去拒绝生命，更没有任何理由去浪费先人为我们创造的幸福生活。内心永远存着"为中华之崛起而读书"的目标，珍惜现在的美好生活、努力学习文化知识和技能，将来报效祖国。

（二）吃苦，是实现梦想的第一步。在邮政快递公司实践的条件虽然不错，但工作既无趣又枯燥，对某些同学来说可能是从来没吃过的苦。实践活动结束后，同学们觉得这些苦没有白吃，它培养了我们忍受能力、适应能力和迎难而上、奋发进取的精神，培养了我们自尊、自爱、自强、自信的质量，也培养了大家团结友爱、互帮互助的精神。我们能吃苦，实现自己的梦想就迈出了第一步。

起航颐老院，相约金龙地

——数码系2011年"三下乡"社会实践活动总结

为响应我院号召，引导我院广大青年学生深入基层，在服务"加快转型升级，建设幸福广东"中成长成才，为广东扶贫开发贡献青春和力量，数码设计与制作系结合自身的实际情况和我系教学特色，将我系学生社会实践、素质教育和实践教学相融合，专门成立了一支以"数码设计与制作系'三下乡'实践团"为团队名称的"三下乡"实践团队，本团队学生人数19人，老师2人。并于2011年7月组织以"起航颐老院，相约金龙地"为主题的"三下乡"暑期社会实践活动。此次活动受到了学院领导的高度重视，队员们在此次活动中也是满载而归。

7月18日上午，在举行了全校的出征仪式后，数码系实践团队全体成员在指导老师祝鹏的带领下，顺利地来到了中山三乡颐老院，慰问和蔼可亲的公公婆婆们。一路上，队员们服饰统一，井井有条，充分体现出广东理工职业学院学生应该有的美好形象。来到颐老院后，院里的工作人员们为我们准备了一个与公公婆婆的互动平台，队员们一见到可爱的公公婆婆，都主动与他们聊天，并将准备好的水果送到每个公公婆婆手里。

在活动现场，队员们为公公婆婆们精心准备了粤剧《唐伯虎点秋香》、歌曲《祝福你》、太极拳等各项精彩表演，现场的气氛活跃并且温馨。公公婆婆们的脸上都挂满了笑容，洋溢着幸福。活动结束后，仍有不少公公婆婆舍不得队员们离开，队员们特意留下陪着他们，和他们共同唱着他们年轻时候经常唱的粤剧，聊着他们年轻时候经常说的话语，勾起他们埋藏在内心深处的回忆。通过此次慰问活动，不仅提高了队员们的人际交流能力，更加激发了队员们的爱心、细心与孝心。

7月19日、20日，为期2天的金龙游戏公司参观之旅开始了。在指导老师的带领下，队员们准时抵达中山港口的金龙游戏公司，该公司的一名解说员带领队员们参观了整间金龙公司，并详细介绍了该公司的发展史以及现有成就。另外带队员们浏览整个展厅，让队员们亲身体验了部分研发成果，其中最令队员们震撼的是能在活动现场感受3D的真实效果。队员们在感叹技术的强大外，更坚定了队员们的信心，坚定了队员们不辜负老师重望、努力学习的信心，让自己做一个具有专业技术的人才的信心。

本次社会实践活动采用了参观浏览、实际操作、服务关怀、文艺交流等形式，我系实践团队队员团结一致，积极参与，效果明显，现将有关情况总结如下：

（一）高度重视，全面策划，精心组织

在我系党总支一贯的支持下，我系继续成立了2011年数码设计与制作系"三下乡"实践团队，并针对该团队制定多方面政策，并提供全面保障。团队由我系辅导员祝鹏老师带队，由数码系团总支学生会主席郭信建担任团长。在指导老师祝鹏的组织下，先后多次召开"三下乡"动员筹备会议，队员们积极主动讨论活动方案，并对方案进行详尽的修改、分析。

（二）主题鲜明、立足专业、内容丰富

本次"三下乡"社会实践活动在老师和同学们的精心策划下，组织了以"起航颐老院，相约金龙地"为主题社会实践活动，在三乡颐老院做社会服务，奉献爱心、传递爱心，在金龙游戏公司立足于所学专业，知识与实践相结合，内容丰富、形式多样。

（三）认真工作，热情服务

1.金龙游戏公司

本团队秉承着"探科学，求知识"的宗旨，结合自身所学的专业特点，针对所学知识，开展了一系列的调研、访谈活动。通过参观金龙游戏公司展厅、工作室、车间等地方，为学生提供了一个认识、展示和磨砺的平台。

2.三乡颐老院

本团队秉承"奉献、友爱、互助、进步"的宗旨，传递爱心，奉献爱心。本次实践活动让我们懂得了公益劳动不仅能造福社会，而且能陶冶情操，美化心灵。

（四）经验和收获

1. 领导的支持与老师、学生的配合是"三下乡"顺利进行的基础。在"三下乡"实践活动的策划阶段，系领导及老师对此次实践活动做了精心部署，并就如何把活动开展得有特色、有新意作了明确的指示。在活动期间，指导老师的亲力亲为，极大地鼓舞了同学们的士气。同时，实践活动自始至终都得到了学院领导的高度重视，这为此次"三下乡"实践活动的顺利进行奠定了坚实的基石。

另外，活动自始至终都得到金龙游戏公司、三乡颐老院工作人员的大力支持与配合。无论是宣传活动，或是深入调研，或是文艺表演等活动，他们都热心地帮助和配合，这是活动顺利进行的重要因素。

2. 大学生暑期"三下乡"社会实践活动是高校素质教育的有效载体，社会实践也是大学生理论联系实际的最好阵营，更是大学生服务社会的最好窗口。本次"三下乡"社会实践活动也磨炼了我系学生的意志，培养了学生们理论运用于实际的能力与团队合作的精神，实现了社会实践过程中"服务社会、锻炼成才"的目标，真正做到了

"双赢"。

3. 在实践中不断成才。大学生暑期"三下乡"社会实践活动是我系将学校教育与社会教育紧密结合的典范，是迈向社会的炼金石。这次活动给学生提供了一个锻炼的机会，也切实培养了青年学生在社会实践中逐渐成长，实现社会实践的"人才效益、社会效益、经济效益"的有机统一。

回顾"三下乡"，有苦有累，有喜有悲，付出了很多，同样也收获了很多。短短几天，充实了自己，无论是对学习，对生活，对社会也有了一个更深的理解。虽然时间很短，但学到了一年都无法在课堂上学到的东西。同时，那份在同甘共苦中得来的友谊更是这一辈子最珍贵的感情。

深入社会实践，与珠海幸福同行

——外语系珠海斗门服务队暑期"三下乡"社会实践活动总结

一、综述

骄阳似火的7月，"三下乡"的钟声在我院已经敲响。为了引导广大青年学生深入学习和践行科学发展观，使我院广大同学积极投身暑期"三下乡"社会实践活动，在老师的指导下，我们学以致用，秉承"奉献、友爱、互助、进步"的志愿服务精神，贯彻"勤学奋进，服务社会"的宗旨，发挥专业优势，在实践中受教育、长才干、做贡献，以实际行动为"构建和谐社会"奉献力量。经学校的统一安排，并根据院团委有关的精神指示，我系开展主题为"深入社会实践，与珠海幸福同行"的暑期社会实践活动。

二、精心筹备，是成功的基石

工欲善其事，必先利其器。为确保此次暑期社会实践活动顺利开展，我们精心部署，成立了宣传小组、文艺小组、调研小组、生活小组，从2011年6月开始策划本次暑期下乡活动，并开展了一系列前期准备工作，为本次社会实践做了充分准备。

（一）确定主题，撰写方案，坚强后盾

活动的主题和方案是整个"三下乡"活动的灵魂，为充分准备本次社会实践活动，突出我系专业特色和服务的宗旨，从6月开始撰写方案，我们精益求精，经过数次的修改和讨论，最终于7月制定出一份具体的、大胆创新的、可操作性强的方案，为此次活动提供强有力的保证和坚强后盾。

（二）分工合作，大力宣传

这次的队伍共有13位来自不同年级、不同专业的志愿者，具体工作落实到人，责任到位。队员们团结合作，为保证活动顺利进行，调研组精心设计调研问卷、宣传组出海报、文体组准备支教的材料和文艺节目，生活组准备下乡所需用品和交代各种注意事项。我们提前向公司负责人联系，让公司员工提前知道实践队，确保工作顺利开展。

三、精彩的内容，通往成功的桥梁

外语系"三下乡"社会实践队完美地诠释出"新三下乡"的定义："下厂"、"下村"、"下田"，队员们在"新三下乡"中感受到打工难、种地难、生活更难。

（一）下厂（坚士制锁有限公司）

1. 企业调研

从对珠三角的外贸企业的调查入手，逐步深入到对珠海地区的外贸情况的分析，在这些基础上再对广东坚士制锁有限公司在珠海当地的市场环境的情况进行进一步的探究。了解和分析广东坚士制锁有限公司的行业背景和市场环境，分析其优势和劣势，使我们对其日后的发展空间和方向有一个大致的了解。

2. 趣味义教

此次义教主要针对坚士公司的员工子女，地点是公司的托儿所，这些小孩的年龄大概5~8岁，由于父母的下班时间比他们放学晚，所以这些小孩每天放学后都被校车接到托儿所，等父母下班才来接。所以我们利用每天这短短的一小时，教他们一些课外知识。我们准备好了义教材料，并结合外语系英语专业，教他们看图学英文单词，唱英语歌等。在教他们知识的同时，也教会他们一些日常行为习惯；要与人分享、饭前要洗手、不是自己的东西不要拿、学会认错等。

这些小孩跟着父母住在员工宿舍，在饭堂吃饭，当他们放学父母还在上班的时候，他们只能在托儿所。也许他们的父母也不能时常陪他们玩，不能给他们买很多好吃的、好玩的，但是至少，他们比留守儿童幸福，因为，他们每天睁开眼睛，都可以见到父母。

每天短短的1小时，就让我们筋疲力尽，但是我们知道，他们的顽皮，他们的无理取闹，只是希望得到更多的爱和关心。

3. 基层工作体验

在这次基层工作体验中，队员们都表现积极，在单调的循环动作中，体验赚钱的艰辛。

队员们被分配到各个流水线，亲身体验制锁的一些步骤，手工的装配步骤虽然很简单，但是技巧性很强，而且很多都是计件的，只要你速度慢了，就赚不到钱，而且一些还需要手沾满油才能做，每次工作完，手都是又黑又油，有时候辛苦一天，赚的钱也不多。一直重复进行这个操作，需要队员们有耐心，专心工作，耐得住无聊。

一天的体验，不仅让我们明白，一把简单的锁，原来需要这么多的制作程序，也让我们体验到基层工人的艰辛，同时给了我们学习的动力。

4. 深入企业文化

为了让我系学生能在学好专业知识的同时，也能了解企业的管理理念、企业文化等。7月21日下午，公司人事部王经理为我们召开了座谈会，介绍了他们的企业管理理念、企业文化和人才招聘。短短2个小时，学到的远远比书本上的多，实践出真知，只有亲临其境，才能有所感触。求职路上是很坎坷的，看我们怎么面对，其实人生最大的失败就是放弃。

（二）下村

1. 珠海人民幸福度调研

幸福是指人们对生活满意程度的一种主观感受。为了全面了解城乡居民幸福指数，我们开展了对珠海市斗门区夏村河村部分村民、珠海市斗门区干务镇镇区附近部分居民"城乡居民的幸福指数"的调查。本次调查采用走访调查、问卷、采访、参考数据调查方式进行。调查内容分为：居民幸福指数；居民认为最幸福的事项；居民对幸福指数各因素的感受，涉及收入、住房、生活、工作、健康、家庭、物价、休闲活动（旅游）等各方面。

2. 爱的传递

7月22日那天，我们分批慰问了夏村的一些孤寡老人，帮他们打扫屋子、做家务、聊天。当聊到生活起居的时候，老人们都唉声叹气，有的甚至潸然泪下，他们的子女有的几年才回家一趟，根本不在乎他们，有的连生活费都没有寄，他们都是靠政府每月微薄的补贴过日子。听他们讲故事，我们也深深被触动，其实很多人都一样，年轻时拼命挣钱，为了让孩子幸福，等孩子长大了，也是拼命挣钱想要让孩子幸福，但是很多人却忘记那两位曾经为了让我们幸福而艰苦奋斗的父母。说到这，心都颤抖了，可怜天下父母心，不管我们多么贫穷，都不能丢下我们的父母。

在这次爱的传递中，队友们都表现积极，与老人促膝长谈，耐心倾听长者心声，注重了解老人的内心需求，其实很多老人都有同样的感想，那就是"寂寞"。

3. 禁黄赌毒的宣传

在活动中，色彩鲜明、独具特色的"禁黄赌毒"海报，吸引了过往的群众纷纷前来参观。队员们在现场对群众进行解说，让群众远离"黄赌毒"，养成良好的生活习惯，在相互交流中，群众对我们的热情与关心表示十分赞赏。

（三）下田

走出夏村，在通往金台寺的路上，在炎热耀眼的阳光下，队员帮助农民收割麦穗和拔葱。收割稻谷，让队员们真正体会到"谁知盘中餐，粒粒皆辛苦"；收拔青葱，让队员们明白，做事情要小心翼翼，规范做事，不可马虎。众人汗涔涔的衣服无声地宣告付出的努力，闪光灯亮过，我们肩抵肩的灿烂笑容浅浅印在那一瞬间。

三、总结体会

（一）取得的成效

1. 锻炼了自身的实践能力、沟通能力和应变能力，提高自身的素质。

2. 增强了团队协作精神和团队意识。

3. 学以致用，深入实践。发挥专业特色，为以后工作作铺垫。

4. 在艰辛中成熟，在成熟中感受人生。

5. 认清自我，在实践中找到自己的不足。

（二）不足

1. 实践的地点太迟确定，导致没时间踩点，只是通过与当地负责人的联系和上网搜索获取信息，导致准备的东西跟事实有点不同，这也是考验我们的随机应变能力。

2. 对于基层工作的体验，我们缺少耐心和毅力。

（三）感受体会

在此次下乡过程中，队员们都十分注重纪律和言行，服从组织的安排，以高度的责任感、良好的社会形象、展示自我才能和学院风采，给公司的领导、员工和当地群众留下良好的印象。

我们离开了斗门，我们带走的是坚士员工的勤劳、努力；带走了农民的淳朴、善良、真诚；带走的是对如何实现梦想的思考。

虽然本次实践活动已经画上句号，但是这次活动所学到的知识和领悟到的道理，会让我们更好地为同学服务，为社会服务，也深刻了解学习实践科学发展观的重大意义。

中山市横栏镇三沙花木种植基地调研报告

横栏实践队

摘要：横栏镇三沙村位于横栏镇西北部，西临西江，毗邻古镇，地理位置优越，交通便利，离广珠快速干线小榄站有3公里。三沙村总面积8600多亩，人口6700多人，有10个村民小组。横栏镇三沙花木种植基地是近几年中山绿化苗木产业崛起的一个亮点，发展迅速，规模庞大，与中山市的几个苗木生产区小榄镇、古镇、东升镇一起形成了中山市西北部的一大农业特色产业。

关键词：可持续发展、特色产业、种植技术

一、中山市横栏镇简介及三沙花木种植基地现状

1. 横栏镇简介

横栏镇三沙村位于横栏镇西北部，西临西江，毗邻古镇，地理位置优越，交通便利，离广珠快速干线小榄站有3公里。三沙村总面积8600多亩，人口6700多人，有10个村民小组。5年来，随着三沙村经济的发展，三沙工业区、南珠湾、三沙小学、三沙花木基地的建设、发展、壮大成为了村各项事业的建设发展的亮点。横栏镇三沙花木种植基地是近几年中山绿化苗木产业崛起的一个亮点，发展迅速，规模庞大，与中山市的几个苗木生产区小榄镇、古镇、东升镇一起形成了中山市西北部的一大农业特色产业。

2. 基地现状

目前，三沙花木种植基地面积接近5500亩，而且辐射到附近村镇，基地连片面积达8000亩，凭借其优越的地理位置，便利的交通条件，吸引超过350家花木场进驻，经营的花木品种达350多个，是华南地区较大的绿化袋苗生产基地。其中生产销量最大的主要是袋苗，以大叶红草、黄金叶、花生藤、花叶姜、鸭脚木、银边草、福建茶等为当家品种，乔木以大叶榕、细叶榕、高山榕、紫薇为当家品种，腊肠树、红花风铃木、凤凰木等品种也在花木基地推开。

三沙花木种植基地成立后，增加了当地居民的就业率，共吸纳本地劳动力1800多人，外地劳力3000多人，基地连片地区从事花木种植和与花木种植相关的农户达900户。同时，带动了周边地区经济的发展，基地租金在短短几年内大幅攀升，村、组集体收入不断增加，花木种植业成为该地区农民致富的主要途径。

二、三沙花木基地的发展历史

1. 起步篇

三沙村的花木种植业自20世纪80年代起有了较快发展，现有花木种植专业户500户，拥有一支数十人的流通队伍，花木种植面积已占全村农业种养面积的50%。但一直以来缺乏统一的规划，农民们利用自留地、房前屋后空余地来种植或将低产鱼塘改造成为花木种植地，与水产养殖混在一起，阻碍了花卉种植业的规模化、集约化、产业化发展。2001年，村委按照"工业进区、农业进园"的原则，开始规划建设三沙花木基地。将低产农田进行改造，并与附近原有的1000多亩花木种植地集中规划建设成为三沙花木种植基地，总面积3000多亩。开发初期，经过多方协商，首期成功了。有了成功的第一步，花木基地的第二、三期开发非常顺利，第二期的1000亩在2003年、2004年分别进行规划、建成。这时三沙花木基地面积已接近6000亩，而且辐射到六沙村。

2. 发展篇

2004年6月28日，中山市横栏镇三沙花卉协会在三沙花木基地挂牌成立。协会召开会议，进行经验交流，探讨花卉种植、流通销售过程中遇到的疑点和难点问题，及时为花农解决生产流通中所碰到的问题。在市农业局、农业信息中心的支持下，还建立了三沙花卉协会的网站。并且，由协会组织，举办了一系列的科普讲座和新品种、新技术、新机械的推广活动。协会会员们充分发挥各自在信息、流通方面的优势，把花木销售伸展至珠海、广州及广西、云南、上海等地区，同时，协会以会员为核心，辐射带动全村、全镇的花木种植户，促进农民增收。

3. 效益篇

三沙村10个组中有6个组的村民是以发展花木业种植为主，从事花木种植和与花木种植相关的农户有900户，吸纳的本地劳动力1800多人，外地劳力3000多人。按2003年计算，花木种植每亩年纯利达1万元左右，花木种植业已经成为三沙村农民致富的主要途径。三沙花木基地的租金在短短几年也大幅攀升，从2002的1500元/亩，到2004年的3000元/亩，到2006年的7300元/亩。村、组的集体收入也不断增加，三沙村也从原来的落后村一跃变成了横栏镇的先进村、富裕村。

三、三沙花木基地的主要特色及发展方向

三沙花木基地的最主要特色就是产业化、集约化、规模化。整个三沙村8000多亩的土地就有6000多亩用于花木种植，全村基本上发展花木产业，把全镇所有的精力和财力都放在花木种植上，这种产业化、集约化、规模化的发展也为其打响了旗号。中国各地，甚至国外的购买商都纷至沓来，销售市场相当庞大，自然这种发展规模也让三沙花木基地成为全省乃至全国最大的花木基地。

横栏镇趁着交通迅速发展的时机，在政府的大力支持下，加入了对花卉种植业的投资，如今的规模已越来越大，引入了大量交通工具，减少劳动力的损耗，加大投入资金，吸引了越来越多国内外商家的加盟，使规模趋势越来越大，并且更加全面。产业以每年几个亿的增长指标为发展目标，今年的发展目标为5个亿，为保持此目标，企业采用了一系列方法与措施。如原本一棵小树仅卖几千块，但将其培育成为大树就可以卖几万块，甚至更多。而企业的未来发展方向则是将企业做得更大，更强，从而立足中山，走向全国，更甚走向世界。

四、提高农户种植技术的渠道

1. 通过举办一系列的科普讲座和新品种、新技术、新机械的推广活动。

2. 召开专题会议，进行经验交流，探讨花卉种植、流通销售过程中遇到的疑点和难点问题。

3. 建设农业科技培训班，讲述了互联网基础知识及其在农产品流通中的应用，为广大花木种植专业户提供产品展台。

4. 建立了三沙花卉协会的网站，通过网站市场营销网络系统及计算机网络系统，为广大客户花木种植专业户共享及时、准确的花木市场信息，同时为广大花卉种植专业户提供产品展台和供应信息。

五、花木基地对引进新品种的侧重点

引进花木新品种，需要考虑很多方面，例如地域的时宜性、经济效益性、市场的需求性等。但三沙花木基地对花木新品种的引进尤其注重市场需求性，同时也要减少对市场需求的盲目性，不能看到某一品种很畅销，然后就扎堆大量种植。花卉基地每年也都会淘汰几个旧品种以及引进几个新品种，这样一是因为土壤问题，二是市场的需求导向问题。而新品种大多都由华南农业大学运送过来，其中，华南农业大学每年都会培育一批大学生从事花卉设计。

六、今后三沙花木基地的延伸市场

未来几年三沙花木准备面向全国各地销售。北京、上海都是目标销售地，但考虑到不同地区的气候条件等方面的差异，如果销往北京、上海等地区，则主要是室内摆设居多。但是，三沙花木基地就目前而言，还不够成熟，想要出口外国，就必须是最好的产品，展现基地最好的一面。因此，短期内还不能迈向世界，实现走出国门的目标。

七、结语

在土地十分紧张的情况下，横栏镇三沙花木基地凭借着质量、创新、人才、地缘、良好的发展机制等优势，充分发挥其作用，使横栏镇的"花木产业种植基地"成为中山市花木种植产业发展的重要平台。期望横栏镇通过5~10年的发展，未来的10年，横栏镇要成为一个花木种植、经营和销售中心。在瞬息万变的市场中，中山花木产业的大旗一定能够大步流星般地迈向繁荣，迈向国际。

广州市郊区社会主义新农村计算机普及与使用情况调研报告

计算机技术系广州队　指导老师：陈吉生

摘要：农村信息化建设是社会主义新农村建设的重要内容之一，以计算机普及为切入点，研究在社会主义新农村建设这一背景下，农村计算机的知识普及和使用情况，本调研报告通过采用问卷调查法、访谈法等对广州市白云区太和镇永兴村村民进行了抽样调查，结果表明，计算机的普及和使用情况在各类人群间存在显著差异，同时，针对提高计算机的普及质量和使用效率等问题提出建议。

关键词：新农村建设；计算机普及；计算机使用

建设社会主义新农村，是党和政府为解决三农问题提出的重要战略举措，也是落实科学发展观与构建社会主义和谐社会的时代要求。近年来，农村信息化建设在推动新农村经济社会发展方面做出了很大贡献，使农民按市场需求组织生产经营，促进农业增效，农民增收。当今社会处在计算机科技高速发展的时代，人们的生活已经离不开计算机网络这一信息高速公路。计算机作为一种方便高效的现代化工具，日渐渗透到我们的生活中。作为计算机专业的在校大学生，我们利用暑假"三下乡"社会实践的机会，对广州市白云区太和镇永兴村村民进行抽样调查，了解该地村民的计算机普及与使用情况，针对他们在使用过程中的问题提出建议，让计算机在农村建设中发挥更大的作用。

一、调研背景

（一）调研组织者

广东理工职业学院计算机技术系暑期大学生"三下乡"社会实践队成员

（二）调研对象

此次进行的计算机普及和使用情况调研，其对象主要为永兴村当地村民和外来务工人员，所有被调查人中无文盲人员，文化程度在小学到大学之间，针对家中使用电脑情况，各年龄段都有，体现了调查对象的广泛性。

（三）调研时间

2011年7月18日至23日

二、调研方法

本次调查主要采取调查问卷和走访当地村民家庭相结合的调查方式，通过在闹区现场设点，边电脑义诊边做问卷调查。除了发放问卷之外，还通过走访当地村民家庭，以此获取永兴村当地对计算机的使用认知度的基本情况。

（一）问卷设计

调查问卷在设计上主要包括4方面的内容：调研对象的基本信息：包括性别、年龄、文化程度等；调研对象家中现有计算机情况；调研对象家中计算机的使用情况；调研对象对计算机服务的需求。

（二）调查样本选择

此次调查问卷发放共计200份。在选择调查样本时，在此数据基础上，选取在其中按照兼顾不同类别、不同职业、不同年龄段的原则，抽选出50%的样本，共计100份。

三、调查报告结果统计与分析

（一）调研对象的基本信息

表1

基本信息		百分比（%）
性别	男	52%
	女	48%
年龄	未成年	12%
	18~25	40%
	26~29	4%
	30~39	20%
	40以上	24%
文化程度	小学	16%
	初中	32%
	中专或高中	20%
	大专以上学业	32%

从上表可以看出，参与问卷调查的村民男女比率基本持平，年龄范围从未成年人到中老年，文化程度包括教育的各个层次，调研对象基本包括了当地不同职业、年龄、阶层的人。

（二）调研对象家中现有计算机情况

这一板块的问卷问题主要是为了了解调研对象家中现有的计算机的基本情况，包括数量、类型以及电脑的价格。主要调研结果如下：

1. 调研对象家中计算机的数量统计情况

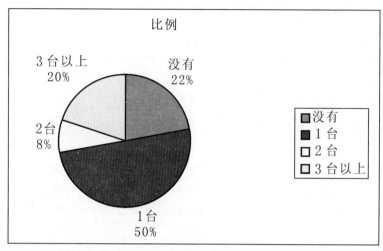

图1

2. 被调查者家中计算机的类型

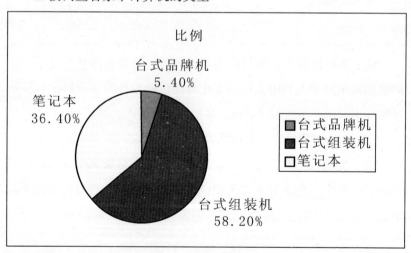

图2

3. 购买一台计算机的花费

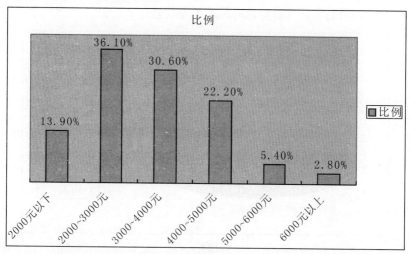

图3

根据调研结果,可以得出以下结论:

1. 78%的调研对象家庭都拥有计算机,计算机的普及率相当高,28%的家庭甚至拥有2台以上的计算机。

2. 调研对象家庭使用的计算机多是台式组装机,笔记本电脑也占较大的一部分,约36.6%。

3. 调研对象购买计算机的花费主要集中在2000~5000元之间,基本属于中高端的产品,说明调研对象对购买计算机的投入较大,这和当地经济水平较高有关。

（三）调研对象家中计算机的使用情况

1. 调研对象认为计算机对家庭的重要性

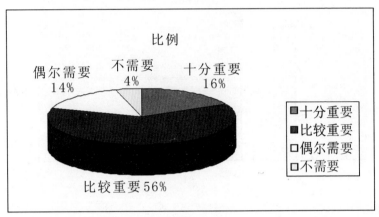

图4

2. 调研对象家庭计算机日均使用时间

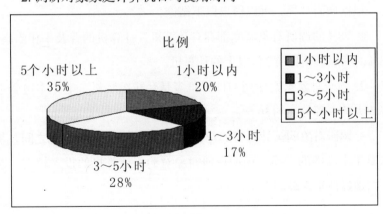

图5

3. 调研对象家中计算机的主要用途

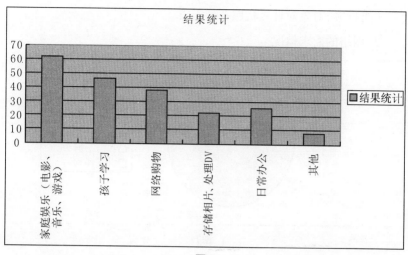

图6

根据以上调研结果可以得出调研对象在计算机使用情况方面的结论：

1. 82%的调研对象认为计算机对自己的家庭十分重要或者比较重要，14%的调研对象觉得电脑偶尔需要，只有4%认为不需要。可见在当地村民的生活中，计算机占了比较重要的地位，可以说是大部分人生活的一个重要组成部分。

2. 计算机的日均使用时长，从统计数据来看，家庭日均使用计算机长达5小时以上的调研对象占35%，3~5小时的占28%，也就是说六成以上的调研对象家庭日均使用计算机的时间超过3个小时。

3. 计算机的用途主要用于：家庭娱乐，包括看电影、玩音乐、打游戏和上网聊天等，也有大部分家庭主要用于给孩子学习，另外，网络购物、相片存储处理等实用功能，以及日常办公也是其中的一些用途，但从整体上看，计算机的用途还是比较单一，主要是偏向于娱乐性功能和孩子学习。

(四)调研对象对计算机服务的需求

1.网络的需求情况

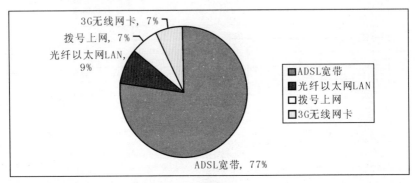

图7

2.IT服务需求

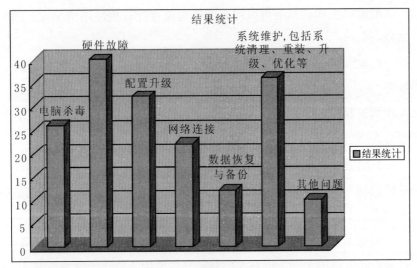

图8

3. 有没有熟知的专业上门维修机构

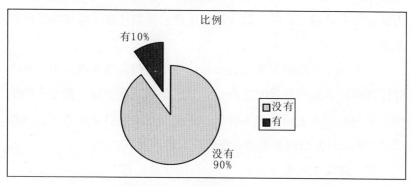

图9

4. 常用的解决计算机问题的途径是

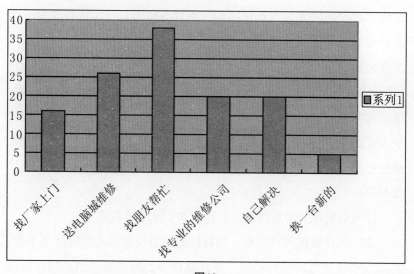

图10

根据以上调研数据显示，可以得出以下结论：

1. 调研对象家庭使用的网络以ADSL为主，占77%，其他类型所占比例较小，可见当地村民在网络服务的选择性很小。

2. 调研对象在计算机方面的服务需求范围较广，主要有硬件故障、操作系统维护、配置升级、电脑杀毒等，由于当地村民的计算机知识水平普遍比较低，对计算机出现的简单故障都需要寻求外界服务。

3. 大部分的调研对象没有熟知的专业上门服务机构，主要解决计算机问题的途径是找朋友帮忙，其次是送到电脑城，找专业的维修公司和找厂家上门的比例较低，解决问题的途径比较单一，由此可见当地在计算机服务方面存在着较大的不便。

四、建议与对策

从调研结果看，永兴村当地家庭计算机的普及率较高，大多数家庭都拥有计算机，甚至部分家庭拥有2台以上，村民在购买家庭计算机方面投入较大，当地村民都认为计算机对自己生活较重要，大部分家庭日均使用计算机的时间长达3小时以上，但是计算机的用途还是比较单一，主要用于家庭娱乐和孩子学习，这缘于大部分村民的计算机知识水平比较低下。同时，面对许多简单的计算机故障，他们都需要寻求外界的帮助，由于该村所处位置是在郊区，当地较少专业的维修机构，所以村民们遇到问题一般都靠寻求朋友帮忙，获得电脑服务的渠道较少。针对以上的状况，我们做出以下的建议及对策：

1. 当地村政府要重视群众计算机知识水平的提高

该村的计算机普及率高，与村民的计算机知识水平较低不平衡，建议当地政府可以定期开展一些计算机知识的普及活动，例如发放计算机方面书籍、开展培训活动，以及对网络安全、网络道德等方面的宣传引导等，例如，我系"三下乡"活动团队的计算机知识咨询与宣传活动，就取得较好的效果。

2. 更好发挥计算机和网络的作用，促进农村信息化建设和经济发展该村经济较为发达，有300多家企业，如何提高当地企业的信息化，以及把网络技术与该村的特色产业结合起来，通过网络平台宣传该村的特色产业，是有效促进该村发展的一个好的途径。

3.加大力度做好计算机维修服务工作

由于该村位于郊区，村民前往市区大型电脑城比较不方便，村里现有的计算机维修服务机构少且不够专业，所以建议该村：一方面，适当引进一些较大型的计算机服务维修机构；另一方面，定期邀请一些社会机构为当地村民提供电脑维修等服务。例如，我系本次"三下乡"社会实践团队开展的电脑义诊活动受到当地群众的热烈欢迎，前来求助人数较多。

总结本次广州郊区社会主义新农村计算机普及与使用情况调研的成果基本达到预期目的，同时希望我们的调研结果对当地的建设有一定的作用，希望计算机在农村的发展中发挥更大的作用！

认知感恩社会　实践助我成长

计算机技术系：郭碧琴　指导老师：马　艳

摘要：在当今社会，就业问题成了我们说不完的话题。为了帮助即将走出校门，走向就业岗位的大专生的我们，没工作经验，专业知识不深，怎样去拓展自身的知识面，扩大与社会的接触面，锻炼和提高自己的能力，以便毕业后能真正走入社会，适应国内外的经济形势的变化，并且能够独立处理生活中工作中的各种问题。我们"IT梦之队"在学院领导的支持下，指导老师马艳的带领下，开展了关于走进企业，了解计算机相关专业大专生的就业情况的暑期"三下乡"社会实践活动，第一次参加这种活动，虽然是短短几天，我从中看到了许多，听到了许多，感受到了许多，同时也学习到了许多。

目的：了解大专生在企业中的表现，企业对大专生的看法

形式：走近企业，了解企业

时间：2011年7月18日至23日

带队老师：马艳老师

地点：中山市金龙游乐设备有限公司、中企动力科技有限公司中山分公司、中山市今科信息科技有限公司、广东京通资讯科技有限公司

口号：认知·感恩社会　实践·自我成长

关键词：IT梦之队　走访IT企业

一、社会实践具体内容

走访第一站：金龙游乐设备有限公司开发三部，接待我们的是开发三部副总经理陈诗接先生，他引领我们来到了游戏机开发车间，一进去到车间，感觉像进了烤箱一样，天气很热，加上车间的机器运转产热，汗流浃背的感觉。在车间里面有几个实习生，有两个是中山职业技术学院的2008级师兄，他们给我们看了与机器亲密接触后染到机油的粗糙黑手，一个标准的工人形象。他们告诉我们，在这里虽然环境很差，风扇吹出来的风都是热的，每天就是面对着机器，但是可以学到很多的东西。这里是机器成型的第一关，与它们打交道可以了解它们，知道他们的原理，从这里做起，以后如果做维护或者其他的跟机器有关事情会有底，任何领导都是从基层做起，打好基础，要吃得苦中苦。凡事开头难，刚踏出社会的我们没有工作经验，学校里学到的东西大多都是理论，有些在实践中不一定用到，我们出来工作是积累经验，学习技术的。走进工厂，可以说是所有大学生都不愿意去做的一件事情，觉得进厂不是大学生该干的事情，太辛苦了，觉得没前途，其实行行出状元，只要摆正心态，做好吃苦的准备，本着来学习的态度去工作，工厂也能学到很多东西。

走访第二站：中企动力科技有限公司中山分公司是一家网络公司，主要从事域名注册、服务器托管、网站建设、网站推广、企业邮箱等服务，该公司的樊总为我们介绍了中企的基本情况以及12年来走过的历程，之后我们参观了他们的工作环境，不是很大，有点压抑，销售部的工作桌上各有一部电话，后来了解到是供电话营销员去打电话约客户的，整体给人很紧迫的感觉。之后体验了一场面试，人生第一次面对那么多的面试官，身边的同学有些表现得很好，给面试官留下不错的印象，通过了面试，得到了实习的机会。而我并没有参加面试。

走访第三站：中山今科科技有限公司成立于1998年，是广东省一家大型的商务信息科技公司，服务4500家中山企业，公司矿总给我们上了一课，做事情要注意细节，细节决定成败，我们学院的几位师姐在那里的表现很让她满意，刚进公司要学会慢慢沉淀，积累经验。见到了师姐们好兴奋，看着她们为学校争光，同时也在工作岗位上体现了自身的价值，很替她们开心，也为自己设立了目标，那天参加了人生中第一场面试，好紧张，话都讲不好，显得有点笨拙，但是我走出了第一步了，向工作岗位，向未来的自己。

走访第四站：广东京通资讯科技有限公司，主要做计算机软硬件开发，销售与服务，企业管理咨询服务，承接计算机系统集成工程等，这是我们的最后一站，走完前面的三站，我觉得这一间公司比较吸引我，可能是因为行政主管的一句话，那天她对着面试我们的同事说"给他们培训一下，考个试看看，别放过人才"，我为这句话感动了好久，因为我们刚踏出社会，有时候会因为各种原因而胆怯，放不开去表现自己，但是考试是我们一直以来都要做的事情，等于给另一个机会我们去表现自己，我决定了尽力留下来实习，在培训过程中发现学的东西跟我的专业很相关，也许这是我后来会被留下的一个重要原因，不知不觉已经实习了一个月了。

二、发现的问题及个人看法

1. 刚毕业的大学生普遍存在工作不踏实，嫌工作辛苦、待遇不好

在第一站陈总谈到关于跳槽的问题，陈总说企业是用资金在培养着人才的，在一个企业呆不了2年以上的一般没真正学好东西。市场经济的副作用，跳槽已经不是一件新鲜事了，我的个人看法是作为跳槽的员工要考虑为什么要跳槽，是因为对技能学习、上升空间、薪资待遇不满意，还是因为对工作没有新鲜感或与同事之间关系处

理得不好？如果是后者，必须确定自己是在通过自我调整等努力后仍无法解决的情况下再选择跳槽。

作为企业我觉得不能只怪员工对企业没有归属感，觉得是员工学了知识就走人，企业也需要自我检讨是否在酬劳方面对员工比较苛刻或者公司的领导班子、企业文化需要改进。这是一个双方协调的问题。

我对好的工作的定义是有好的工作气氛，企业的文化很重要，近朱者赤近墨者黑，刚毕业的大学生对社会还没有很深的认知，容易受影响，一个好的企业文化可以帮助我们成长得更好，个人觉得钱不是考虑一份工作的最主要原因，而是在工作期间能学到什么，是否能够乐在其中，在工作中逐渐脱离刚踏出社会的稚嫩，掌握技术，为未来的职业发展打好基础。

2. 刚毕业大专生不够积极主动，表现得不够自信

这个我深有体会，专科毕业生既缺乏知识的广度与深度，又缺乏熟练的专业技能，在面试的时候对比本科生会在心理上有差距感，造成不及本科生表现得好。再有，企业对于学历大多比较重视，这也在一定程度上造成大专生的表现比较差。但是这些问题不应该成为限制我们表现的障碍，大专生进入社会早，我们能比本科生更快懂得怎样交往，学历并不代表能力，我们虽然理论上不如本科生，但是动手能力会比本科生好。沟通方面，在社会上要善于与别人沟通是需要长期的练习的，这个需要慢慢积累，首先就是要放开，学会倾听的同时要会讲，平时要有意识的在巩固加强专业知识的同时多看一下书，不管杂志，名著或者其他，这样可以增长知识，拓展谈资，不会不知道该跟其他人说些什么。没有工作的时候与别人对话时不会应变，会使谈话时有冷场，通过努力学习相信是可以改善的，还有，在工作中要有自信，不是盲目的自夸，而是要对自己的

能力作出肯定，刚开始没经验，学历不足等原因使自己缺乏自信，但是人没有一生下来就都会，活到老学到老，只要积极肯学，虚心听取，接受别人的建议，积累更多的知识，相信勤能补拙。

三、收获

本次的暑期社会实践活动得到的最大收获就是责任及感恩，企业招收实习生是企业的社会责任感的体现，人才是需要培养的，实习生认真工作，态度端正，不眼高手低是对企业的回报，是对企业负责任。一个人是否有能力导致是否成功，而责任胜于能力，责任提升能力。感恩，感谢学院领导的支持，感谢参与这次暑期活动的马艳老师和同学们，让我有一个一生难忘的、快乐充实的暑假，感谢企业给我们相互了解的机会，感谢广东京通资讯科技有限公司给了我实习的机会，在这一个月里，通过几次的培训，了解我所要销售的产品，发现自身的不足，在与人交际的时候不够大胆，在为人处事方面还需要不断的努力。

社会实践拉近了我与社会的距离，也让我在社会实践中开阔了视野，增长了才干。社会和大学一样也是一个学习和受教育的地方，在那片广阔的天地里，我们为将来更加激烈的竞争打下了更为坚实的基础。

动易之行，道路之现

计算机技术系：陈　彬　　指导老师：马　艳

实践单位：佛山市动易网络科技有限公司广州分公司
实践时间：2011年7月18日至8月7日

　　"纸上得来终觉浅，绝知此事要躬行。"这是古人得之于实践的名句，从古至今激励着一代又一代人。当下，作为即将离开大学校园的我们，也应在一番躬行之后看清理想与现实的差距。

　　在2011年7月初的一次校企合作——动易宣讲会之际聆听了佛山市动易网络科技有限公司广州分公司的简介及发展历程，并且感触颇深。或许随着简历的投递便已经暗示了我这个暑假的去向。非常荣幸成为动易校企合作部实训生的一员。

　　一、公司简介及实训内容

　　佛山市动易网络科技有限公司（Dongyi Network Technology CO.Ltd）成立于2004年1月，是国家工业和信息化部认定的双软企业和高新技术企业，是国内网站建设和管理系统领域中用户数量最多、最优秀的技术提供商，是网站应用软件领域的创新者和领导者。

　　动易以"用心服务、共创价值"为核心理念，致力为用户提供最优秀的网站建设和电子商务解决方案及相关培训认证、咨询、研发、培训和实施服务。动易视服务质量为企业生命，视客户为企业之本，以服务客户为企业宗旨，以高效而良好的服务为客户切实节约成本、创造价值，赢得了广大用户的信赖与支持。

　　在这个为期3个星期的实训中，我们将要接受1个星期的课程培训，接着就是一个项目的自我开发。最后，不到2个星期的时间将由我们自己独自开发出一个项目——电子QQ宠物游戏。电子宠物系统是仿造现在流行的QQ宠物游戏思路和理念而设计的宠物游戏。该游戏专为.NET大学生实训而设定，用以增强学生的学习兴趣和专业技能。

二、不断超越自我的实训过程

说实话，刚开始自己对于编程只是一个试水的过程。因为信息管理这个专业并没有学过开发项目——电子QQ宠物游戏的开发语言C#和Win Form以及.NET这些，所以在实训期间真的给我很大的压力，甚至有时心里还有放弃的想法。因为刚接触这个开发语言C#，在前一个星期的基础知识巩固时感觉困难棘手，所以在之后的自我项目开发时，令我捉襟见肘般的痛苦。每到这时，我就会开始觉得也许是我不太适合这个工作，而后，一次又一次的否定这个想法，我告诉自己这个世界上不可能有不适合我的工作，只要我努力就一定能完成。

尽管在这个实训过程中困难重重，但经过自己不断地去尝试、不断地借助其他同学的智慧（询问其他同学）、不断地积累和运用课程所学。最终自己还是比较满意地完成了自我项目开发的目标。

三、职场文化、游戏悟出道理

在大学期间，我们都是一个个的校园人。但现今的我们必须去面对职场、工作。校园人和社会人之间便借助了职场这座桥梁来不断地转化。通过这座"职场的桥梁"使得学生转变为职工，使得一个不知职场之风云的校园人变化成一个深知职场文化的社会人。

当你身处职场的时候，你是否懂得了怎样去和别人交流？怎样递出你的名片？在接送上司时，怎样来安排你上司和自己的位置？在客户面前，怎样去介绍你的上司？在和上司一起坐电梯的时候，你是怎样做的？诸如这些微小而又常见的事，你懂得多少？你又能做到多少？这些都是在职场上必须深知并且熟练的常识。

在游戏中也能悟出道理。在大学中，我们只顾着玩游戏却忘记了在游戏的背后隐藏着深思。

在动易这个大家庭，我们不仅有各自的技术交流，而且还不间断地穿插着意义凡响的游戏。例如：人、枪、老虎的游戏。游戏的规则是人可以缴纳枪，枪可以猎取老虎，老虎可以吃人。我们分成3个组（一组11人），每个组的成员动作必须一致并且按照游戏规则进行方可胜利。第一组出人第二组也出人（就为平局，其实出人是保守的做法），第二次是第一组出枪第二组依旧出人，第二组胜！第三次是第一组出枪第二组按兵不动地出了人，第二组胜！

其实，在这个游戏之中我们可以懂得很多的道理。看你能不能站在对方的角度去思考？想想对方会怎样做？并且要做到逆着定性思维去思考？然而作为一个程序员最重要的是，你会不会站在客户的角度去思考客户的需求？如果一个程序员能做到这点，我相信他将是一个优秀的程序员。

还有一个很有意思的游戏就是：烧一根不均匀的绳，从头烧到尾总共需要1个小时。现在有若干条材质相同的绳子，问如何用烧绳的方法来计时一个小时十五分钟呢？

在这个游戏中，有的人利用了网络查询、有的人运用了自己的智慧、有的人凭借他人或者集体的智慧。不管怎样大家都找出了正确的答案。这里也可以悟出一个显而易见的道理：当你接受一个比较棘手并且要在有限的时间内完成的任务时，你就必须借助一切你能借助的外力来完成这个任务而不是单凭自己的能力去干。做一个"海绵人"，做一个"懂得借力"的人，做一个"会换苹果"的人，这样或许你走的路将更加平坦些。

四、永远令我铭记的实训总结

初浅品尝编程路之不同凡响（难而有趣）

意识到团结力量之重要，独立思考为辅（颇有感触）

清晰认识职场之素养（受益匪浅）

多问、多想、多反思、外加多敲代码（程序员必经之路）

经过为期3个星期高强度的实训，用受益匪浅这词真的不为过。不仅学到了编程的初步思想，而且也明白了诸多有关职场、人生、职业规划等有意义的事和理。

在这里我不仅了解到了编程人员应具备的基本素质以及职场素质，更加重要的是在这里得到了多位经理的教导和认可，并且还帮我分析了接下来自我的职业规划道路。

五、洞察理想与现实间的差距

经过这个暑假（为期3周的.NET编程实训），我明白了：自己要想在编程这个职业上走下去，自我职场素质以及编程能力还需大大提高。经过这次实训之后我发现自己慢慢喜欢上了编程这条路，但是理想和现实总是存在那么些的差距，我并不畏惧这个差距的存在，因为有了差距才有自我缩小差距的动力。我想我还是有希望的，因为我还有大三这一年的时间来为自己充电，从而进一步地缩小这个差距。向往着未曾远离过；努力着未曾气馁过；坚持着未曾放弃过。

关于青年就业情况的调查报告
——以惠东县振丰鞋厂为例

文法系：刘丽莎　指导老师：张嘉乐

摘要：青年团体是社会发展的后备储蓄力量，是一支庞大的生力军。金融危机背景下的青年就业，成为社会各界人士探讨的主要话题。青年如果未能及时实现就业，就会为社会带来种种矛盾和困难，形成社会问题。如何保障青年就业的权利，真正解决青年就业的实际困难，必然成为社会问题的重中之重。虽然目前我国仍然没有独立的青年劳动就业政策，但在我国国家劳动就业的各种政策中都能体现对于青年问题及青年就业的发展的重视。

关键词：青年团体；就业问题

一、调查背景及目的

(一)调查背景

1.目的性背景

惠东县作为全国女鞋制造基地，制造产业发达，吸引了大量的青年务工人员。据统计，惠东县现在共有青年务工人员3万多人，包括本地青年与外来青年，他们中的大部分人已有3年以上工龄，基本工作在生产、劳动服务的第一线，为惠东制鞋产业及广东的经济建设和社会发展做出了积极的贡献。随着科技的发展，人们对生活品质的要求日渐提高，特别是青年一代，更加重视精神生活。他们渴望在工作中不断提升自己的综合能力，得到社会地位。随着惠东文明城市建设步伐的加快，各级政府机关及领导已越来越重视对于青年工的培养，各种青年工技能培训体制得到逐步完善。这些青年务工人员将成为未来劳动力大军的重要组成部分，因此，青年务工人员的就业问题必须引起各级领导和社会的高度重视。

鉴于这个原因，由广东理工职业学院文法系16位学子组成的社会实践团队，秉承志愿服务的宗旨，将课堂所学知识付诸实践，于2011年7月20日以访谈和派发调查问卷的形式，走进惠东县振丰鞋厂，并与振丰鞋厂李总经理和庄经理进行座谈，从而更加深入地了解振丰鞋厂的青年务工人员的情况，并到厂内看他们的工作流程，与他们交流，亲身体会他们的实际工作情况。希望通过一定层次的了解、剖析，得到一些有利于青年就业问题的解决方案！

2. 调查地背景

我们通过座谈会了解到，惠东县振丰鞋厂主要制造鞋子，是当地鞋产量名列前茅的鞋厂之一。作为国有企业，它地处广东省惠州市惠东县，邻近深圳、东莞，交通发达。其中全厂共有员工3100余人，其中青年务工人员达2000多人，在振丰鞋厂所占比例高达64.5%，外来青年务工人员占青年务工人员数的45%，由此可见这一群体在振丰集团所起的关键作用。随着在振丰鞋厂工作和收入的稳定，他们中不少人或通过鞋厂组织的培训——县人力资源和社会保障局提供的培训；或通过自身参与社会的各种技能级别考试来取得一定的技能级别，不断提升综合能力。

（二）调查目的

1. 通过调查，了解振丰鞋厂青年务工人员的基本情况。

2. 通过调查，深入了解现惠东青年务工人员的基本情况。

调查时间：2011年7月20日

调查地点：惠东县振丰鞋厂

调查对象：振丰鞋厂青年务工人员（18~29岁）及管理层

调查方法：访谈法

调查形式：

A. 查找资料：上网查阅各种文献，查找相关政策。

B. 领导访谈：访问相关领导，了解振丰鞋厂的青年工总体情况及一些实行政策。

C. 实地观察：走入鞋厂的生产线，观察青年工的工作情况。

D. 个别访谈：通过寻找个别青年工进行访谈，了解青年工的就业发展情况。

二、调查结果分析

（一）惠东青年就业问题的解决所获得的帮助

1. 政府政策

一直以来，惠东县政府、惠东人力资源和社会保障局高度重视青年就业问题，并将它作为贯彻落实科学发展观，体现执政为民的工作来抓。两会期间，多位代表、委员曾表示，青年就业要得到政府的政策支持，而且政策支持要具体而实在，不能只是表表态。同时，他们指出广大青年对政策了解不够、技能培训不够、获取就业创业信息途径单一、自主创业面临诸多障碍等，是当前青年就业创业工作中迫切需要解决的问题。针对这项问题，惠东政府明确提出，要加强对青年的技能培训，开通各项青年就业、创业便利通道，提供一定的财政作为青年培训、提供就业平台的专项经费，并鼓励企业为青年提供更多的就业机会，成为企业的储备军。

经过各级党委、政府及有关部门的努力，现在惠东县青年务工人员就业难的问题已经得到了很好的解决。惠东县政府也明确表示，将在关注青年就业方面，做更大的投入与努力。

2. 企业的帮助

通过访谈，我们也了解到振丰鞋厂每年都会有专项拨款，用以提供青年技能培训、户外拓展、知识交流等。特别是在解决外来青年务工生活的问题上，振丰鞋厂提出只要员工有困难，情况属实的，在鞋厂能力范围内，鞋厂都会帮助其解决，让他们在工作中没有后顾之忧。

3.社会团体的帮助

座谈中，我们还了解到，青年就业问题已得到了惠东各地区越来越多的关怀。在惠东各居委或企业中，有不少由青年自发组织的合法社会团体，他们之间互相帮助与支持，经常开展有意义的活动，为思想、知识交流提供平台。特别是针对外来青年工，他们在节日时常举办一些活动，让外来青年工可以与当地人共度佳节。

（二）访谈分析

在李总经理和庄经理的带领下，我们参观了振丰鞋厂，在此基础上对振丰鞋厂的青年务工人员也有了一定的了解。之后我们通过访谈的形式对李总经理进行了面对面的交流：

队员：请问李总经理，贵厂现在的青年工人数比例如何？您是如何看待青年工的各项情况的？

李总：鞋厂现在青年务工人员的大致情况是：18~20岁的占31%，21~25岁的占49%，25~29岁的占20%。对于他们的情况来说，基本上跟其他中年员工没有多大的区别，主要是在观念上可能有些不一样。其实我也有个问题想跟你们探讨，我发现，随着科技的发展，青年的就业观念跟以前不一样。有些人甚至会上班的时候塞着耳机听歌，对于这种情况，我与各个经理多次对他们提出批评，但他们仍不以为然。我们针对这个问题探讨过，是否现在的青年在个性发展方面太过于突出了，我想这是一个个人心理不成熟的表现。当然这只是部分青年，我们也会针对这种情况，为他们提供工作后的娱乐活动，或者是定期安排专业人士对他们进行心理辅导，希望他们能够逐渐变得成熟。

队员：李总，您好。我想请问您一下，对于青年工的待遇、社保、福利方面，或者是升迁制度上有没有提供更多的优惠？

李总：这种情况，一般来说，不会因为年龄而来衡量。员工的工资都是按个人的做工情况及工龄所决定的。在升迁制度上，我们也是向全厂员工提供一样的机会，比如通过技能培训后参加考试，一般是工作优秀，条件符合的人会有这样的机会，机会是平等的，就看自己的争取，所以我们会鼓励青年工努力争取这些机会。

队员：每个工作人员都会存在一定的生活压力，特别是外来青年工，他们既是青年一代，没有足够的经验与积蓄，同时异地的生活也会给他们造成心理上的困扰。对于这种情况，您是怎么处理的？

李总：无可否认，青年力量庞大，如果能够发挥青年务工人员的全部力量的话，我相信一定会给企业带来很大的收益。在这个问题上，我们早期已经制定了一系列制度，例如在解决外来青年务工休假、回家乡探亲的问题上，振丰鞋厂提出只要员工有需要，且双方达成协议后，会采取扣除员工当天的计件工资外，不扣除其他工资的办法允许其放假，对于特别有困难的，我们还会组织鞋厂其他员工捐款等，鞋厂都会帮助其解决。

队员：李总，请问您如何看待社会出现的用工荒问题，您的企业是否出现过这类问题？

李总：振丰鞋厂在惠东来说是一个产量相对比较大，工人数比较多的厂，鞋厂创办这么多年来，用工荒问题不曾出现过。据我们了解，惠东也不曾出现用工荒这样的问题。我认为，用工荒问题的出现，企业也有一定的责任。是否企业的制度不够完善化，管理不够人性化，才导致有人员流失的现象。我们可以说不允许员工，特别是青年储备干部的大量流失现象的发生。我们会采取一切保护措施，为鞋厂的发展，也可以说是青年就业的长期发展提供保障。

三、对策建议

我们认为，惠东制造鞋业年产6亿的成绩，离不开庞大的青年务工团体的辛勤努力！为了确保青年就业的稳定，进一步关注青年就业问题的解决，我们通过会议讨论，对惠东青年就业问题有如下建议：

1. 开通"高校毕业生就业绿色通道"

针对应届毕业大学生，提供"四个一"的就业援助服务：送一封就业服务告知信、发放一份就业服务指南、举办一次就业形势报告会、开展一场职业推荐会。进一步聚焦政策、聚焦服务，快速、有效地推进应届大中专毕业生就业。

2. 启动青年就业创业见习工程

启动青年就业创业见习工程，创建青年就业创业实训基地。此次推出的举措包括：凡纳入区就业见习、创业实训基地的企业只要承诺，在学员见习、实训期满后，直接录用不低于60%的见习学员作为企业职工，且稳定就业6个月以上的，区政府根据录用人数给予企业为期半年，每人每月社会保险缴费金额50%的补贴，并根据见习人数给予相应的见习、实训成果购买；给予企业带教老师带教期内每人每月200元补贴，给予带教创业实训老师带教期内每人每月300元补贴；见习期内，给予见习学员每人每月当年最低工资60%的生活费补贴，见习、实习基地不在本区的，另外补贴每人每月100至250元不等的交通费。

3. 开设"青年就业服务专窗"

由政府提供一定的财政预算建立促进就业专项资金，以公开信的形式，向区内企业告知有关岗位费用、培训费用、社保费用等补贴政策。在青年求职就业服务指导室内，为青年求职者提供政策咨询、职业指导、职业介绍、职业见习、职业培训等一口式就业服务；抽调3名资深职业指导师专职接待青年求职者，有针对性地为青年求职者开展岗位选择、填写简历、面试技巧等方面的服务，提升自主就业能力；为每一位青年求职者建立信息台账，跟踪了解青年面试及就业情况，及时提供就业援助、推荐职业技能培训等服务。

4.法律咨询服务

组织法律顾问专家设立"法律咨询服务台"，大力开展各项青年就业创业策划法律、劳动法律法规的普法宣传活动，不断扩大法制宣传教育的影响。

5.经济信息服务

建立全面反映全县各类企业现状和发展情况共享动态数据库，为企业和青年工就业选择开展信息咨询与服务。

6.安全生产服务

开展安全生产咨询、挂图宣传、播放安全教育录像、安全装备演示等活动，普及安全生产法律法规和安全生产知识，强化安全生产意识，开展企业安全生产检查专项活动，保障务工人员的基本人身安全。

7.青年志愿服务

开展青年心理健康辅导活动，鼓励各社会青年团体组织，更好地促进广大青年就业创业。

四、总结

此次社会调查活动，我们团队不仅参观了振丰鞋厂，而且对振丰鞋厂青年就业情况进行了调研，从而了解惠东青年就业的基本情况。作为一个大企业，振丰鞋厂通过自己的规章制度，最大限度的落实到实处，行动到位，给予青年务工人员一个非常好的发展平台！作为一个文明城市，惠东对青年就业的重视，大力鼓励青年就业、创业的作为，是以人为本，建设文明城市的精华所在，是惠东的一道标志。

我们相信，通过共同的努力，青年团体这一支后备军的力量将无限扩大，振丰鞋厂会越来越辉煌，明天会更美好。惠东制造业的发展也将走遍中国，走向世界。

和谐惠东 共建文明城市

——惠东县飞蛾岭"环境文明"的调查报告

文法系：刘丽莎　　指导老师：张嘉乐

摘要：改革开放以来，随着城市的大规模改造，旅游产业发达，越来越多的旅游景点受到人们的关注，在假期前往观光的人数越来越多。因此，旅游区的环境问题也越来越成为当地政府的重点工作之一。随着文明城市的提出，文明城市越来越被人们所提倡，惠东作为一个文明城市，"环境文明"是创建文明城市最为重要的一个环节。为了更加了解惠东文明城市的建设，广东理工职业学院文法系暑期"三下乡"赴惠东社会实践服务团队展开了对惠东著名旅游景区——飞蛾岭的环境调查。

关键词：环境；调查；文明城市；道德

一、调查的具体目标和方法

（一）具体目标

1. 了解惠东县飞蛾岭环境卫生情况

2. 了解影响惠东县飞蛾岭环境文明的因素

3. 针对种种不文明的现象提出可行性的解决方案

（二）调查方法

1. 首先小组以访问的形式了解一些关于环境文明的问题

2. 根据访问得到的结果制定一份详细的问卷，然后以问卷的形式在飞蛾岭附近进行调查（总共发放问卷100份，有效问卷93份）

3. 问卷过程中，与被访人深入交流，记下可用的笔录数据，供

结果分析

二、调查结果

（一）游客对惠东县飞蛾岭环境爱护的自觉性

自觉性	性别		合计
	男	女	
摘踩花草	10	14	24
乱丢垃圾	14	10	24
公共厕所不冲厕	15	7	22
合计	39	31	70

根据回收的问卷调查分析，结果显示惠东县飞蛾岭环境文明不是很好，而且影响环境文明的因素也很多。以上表格的数据可以看出，居民们的自觉性一般。只有30%的居民能自觉地遵守规则，做到不摘踩花草、不乱丢垃圾、公共厕所冲厕等。55%的居民不能做到，15%的居民有自觉性但不完全做到。

（二）游客对惠东县飞蛾岭环境文明的道德感

从调查结果分析，游客在道德素质这方面表现较好，保护环境意识较强，主动观念强，数据结果显示：40%的当地游客会主动保护环境，做到提醒他人不摘踩花草，不乱丢垃圾；16%的游客见到垃圾会主动捡起。此项数据显示游客的环境文明道德观念还是较强的。

（三）游客对惠东县飞蛾岭环境管理人员素质的满意度

根据调查结果了解到，游客对惠东县飞蛾岭环境管理人员素质较为满意。73%的游客都觉得清洁人员、巡逻保安人员态度好，工作负责认真。15%的游客认为工作人员时有偷懒的现象，12%的认为工作人员态度恶劣，极不负责任。

（四）游客对惠东县飞蛾岭花草树木栽种情况的满意度

根据调查结果显示：惠东县飞蛾岭花草树木栽种情况良好。一项关于游客对花草树木栽种情况的调查数据显示，93%的游客表示飞蛾岭树木茂盛，花草鲜艳，风景怡人。另一项关于花草树木品种的调查结果显示，79%的游客认为还可以增加多一些的品种。我们也认为这是当地有关部门可以考虑的问题。

（五）对飞蛾岭环境管理处的意见及方案

从调查结果显示，对飞蛾岭环境管理，很多人提出了很多宝贵的意见。49%的游客反映环境管理处的地点有点隐蔽，一般游客很少发现它，如果发现有什么问题需要管理处及时帮助的话，可能有点困难。

对此，大部分游客还提出了景区内的路线、各项设施需要做更科学合理的调整及优化。另外，69%的游客反映要明确各项环境保护违规措施，把各种环境保护法规贴在宣传栏，加强管理人员巡逻，依法严惩破坏环境的人。

三、影响环境文明的因素分析

（一）设施布局规划不够科学合理，盲点较多，不方便市民使用

目前，惠东仍属于县级城市，还处于发展中阶段。旅游业的发展也只是在近几年才得到越来越多的关注。在发展与改革共进的时期，景区的建设既要保持原有的特色，又要不断创新，以迎合社会的需求，这对当地有关部门是一项重大的工作。景区内的设施布局规划过于单一，盲点较多，灵活性不强，对景区的总体发展都会产生影响，对于建设环境文明景区，文明城市也是一项值得深度探讨的问题。

（二）提示牌不醒目，影响景区环境协调

不少游客反映景区内对于环境保护的各种提示牌已经残旧了，有些甚至被遮挡，很难被注意到。因此，有些人不自觉的行为就得不到限制。有些游客提出，如果看到"不乱丢垃圾"的提示牌时，道

德感就会油然而生，不太敢做出这样的行为了。

（三）旅游团从业人员素质偏低，服务质量不高

总的来说，前来该景区的旅游团队导游人员素质还比较低，对于景区环境保护没有足够的先进的意识。旅游机构、惠东有关部门出于各种考虑，很难要求导游人员提高素质。

（四）部分游客素质不高

环境保护除了客观因素，还存在主观因素。人们的自觉性对于环境保护起着关键性作用。对于旅游产业不算特别发达的地区，观光的部分游客素质也相对不高。

四、对策及建议

（一）树理念，建体系，科学编制景区专项发展规划

树立"城市发展带动旅游发展，旅游发展促进城市发展"理念，针对惠东特色，建设惠东旅游景区。应以构建宜游、宜商、宜居的城市为总目标，按照全新旅游的发展理念，高起点、高标准地科学编制景区专项发展规划。一是要合理规划景区范围。重视环境保护问题，协调发展生产与保护环境的关系，做到发展生产方式与防止污染同步。二是建立制度体系。倡导全民提高环境保护的认识，爱护景区环境。贯彻执行国家、地方的相关环境保护法规、政策。自觉接受地方政府环境保护机构的监督与管理。

（二）加大政府财政投入，优先发展旅游事业

政府应加大财政投入力度，支持旅游产业加快发展，转变旅游发展旧方式，把惠东原始生态自然环境保护区建设成高质量的旅游目的地。此外，要扩大公共财政覆盖范围，保持旅游、环境、文化事业建设的共同发展，并逐步形成一批支柱产业，发展成具有惠东特色的旅游品牌，让品牌效应进一步得以显现。

（三）加大宣传力度，创建文明景区

以深入开展文明创建活动为载体，不断提高环境文明水平。一方面，政府相关部门利用各种形式，加大宣传力度，提高全民素质，使游客自觉爱护市内的公交设施，维护好景区环境，文明观光；另一方面，旅游公司也应加强重视宣传工作，做到提醒游客保护环境，自觉带头爱护环境。禁止一切为利益所发生的破坏环境的行为。另外，景区的环境管理中心也应该做到与游客亲切交流，向游客宣传景区环境文明，促进景区服务水平的提升。

（四）强化监督，共建文明城市

一个城市的发展离不开社会各界的共同监督，一是强化群众监督，设立创建环境文明市民投诉专线电话，认真受理和处理群众来信来访。二是强化舆论监督，充分利用新闻媒体对建设工作实行全程监督，对行为不当、工作成效不大的，要进行曝光。三是强化社会监督，聘请社会监督员进行明察暗访，推动环境文明建设工作更好地开展。发动离退休老同志参与环境文明城市创建督导活动。四是督查工作组对各项工作的督办检查，发现问题要责令限期整改。各级有关部门要组织视察组对各责任单位进行视察，推动环境文明建设工作深入开展。

惠东县鞋业发展调查报告

文法系：郑智聪　指导老师：张嘉乐

一、惠东县鞋业发展现状

（一）对2011年生产形势的总体判断及展望

2010年全年产鞋6.6亿双，实现产值112亿元，分别比2009年同期增长14%和15%；实现税收收入12108万元，比2009年同期增长18.5%。2011年第一季，115家规模以上制鞋企业的经济效益相对较为平稳，盈利或亏损总额都不大。1~5月，115家规模以上制鞋企业实现产值78210万元，增长13.9%。1~2月效益情况是：实现利润357万元，同比增长39.4%；亏损企业47户，亏损面为39.2%。对2011年下半年，70%以上的业主基于对出口下滑，国内同质市场竞争大等原因，认为小型、加工型、手工型的企业或个体生产单位将关闭一批，淘弱存强的竞争格局日益明显，市场预期不乐观，产业整体或呈下滑的可能性较大。

（二）企业增减情况

截至2011年5月，全县共有制鞋企业698家，个体4237户，其中规模以上制鞋企业115家；配套鞋材生产、销售企业339家，个体720户，其中规模以上生产企业7家。2010年关闭企业（注销或吊销）15家，个体生产单位关闭（注销）282户。2010年以来，规模以上制鞋企业有9家停产（关闭）。2011年新增制鞋企业37家，新增个体生产单位546户。

（三）品牌情况

目前，全县制鞋企业共8家获评国家免检产品、6家获评广东省名牌产品、7家获评广东省著名商标、10家获评惠州市知名商标、6家获评惠州市名优产品。

二、影响惠东县鞋业发展的因素

（一）成本上升，原有优势逐渐退化

惠东县制鞋业在市场上颇具竞争力，主要有三方面的优势：量大、交货快、价格便宜。但随着原材料、用工、商务成本的不断增长，煤、电等能源价格上涨的传导，汇率调整的变化等综合原因的作用下，制鞋的成本越来越高，原有的两个优势已不可同日而语了，如果仍然实行低价位，牺牲的就可能是产品的质量。

（二）产业发展模式落后，产业升级缓慢

1. 从发展趋势来看，产业升级、企业转型困难重重。只重数量发展不重质量发展的模式削弱制鞋业的整体竞争优势。

2. 从产品结构来看，整体产品低档化。惠东鞋一直难以摆脱"低档次、低附加值、低水平竞争"的弊病。

3. 从经营模式来看，创新推动力不足。惠东鞋业大多数都是通过贴牌加工发展起来的，贴牌的直接结果是鞋的生产和销售脱节，鞋厂只负责生产，却无法控制产品的终端销售。就目前的技术结构现状，这种靠贴牌加工的生产模式仍没有得到根本性的转变，且很多企业仍坚持这种经营模式。

（三）业主自我提升能力弱，视野站位不高

一是业主对企业、对自己、对员工的发展没有远景规划以及配套发展战略，企业、业主自我提升能力差；二是满足于小打小闹，苟安于小富，对产业发展趋势判断缺乏深层次的分析，危机感和紧迫感不强；三是没有品牌升值理念，不会发挥品牌优势参与市场竞争，争创品牌只是面子工程。

三、谋划破困局、促发展的积极因素

（一）求创新，在提高产品质量和档次上下功夫。采用新材料，运用新技术，调整产品结构。

（二）求发展，在调整经营理念上下功夫。如雅仕达鞋业有限公司，把设计、研发平台直接放在广州市场前沿，更加快捷地将市场信息反馈到企业。

（三）求优化，在树立品牌、信誉上下功夫，转移、缓解成本上升对利润的影响。

四、对策建议

综上所述，我们认为，必须以"五个提升"为抓手，以增加鞋产品附加值为导向，实施低端产品高端化的发展战略，实现惠东县鞋业的优化升级。

（一）坚持"两手抓"，提升环境竞争力；

（二）规范管理，提升服务竞争力；

（三）增强企业自主创新能力，提升企业的核心竞争力；

（四）增强聚集效应，提升产业集群竞争力；

（五）狠抓落实，提升企业规模竞争力。

中山三角邮政暑期实训报告

管理工程系：黄玉映　欧振添　何昌文　刘天山　曾坚明
指导老师：金丽佳

2011年7月20日至9月8日，管理工程系"三下乡"社会活动实践队在中山市三角邮政速递邮件处理中心进行暑假实训，并很好地完成了这次的暑假实训。此次暑假实训不止增长了知识面，还增强了我们的工作能力。

实训目的：希望通过这次的实训，了解邮政速递中心的邮件处理流程，并培养真正的有实战经验的人才。

实训内容：了解规范化的流程：用叉车拉货—摆板卸货—对当点货—签放行条—把货拉进仓库摆放—盘点货物—按照出货单点货出货—交接单的签收—拉货到交接台—交接单和入库单统一放置—单证人员对单输入数据—保存数据上交到后台管理。

实训结果：我们每个人都得到了锻炼，不管是身体上还是精神的锻炼，可以说是恰到好处，每个人都熟悉了仓库的操作流程，学会了点单、打单、出货、入货、盘点、打包流程、分拣系统上的操作以及错误纠正。我们通过这次的实训，真的是学会了很多书本上没有学过的东西，比如团队的合作、流程的规范化、仓储的实战，也体会到劳动最有滋味的道理，让我们更加明白了攒钱的不易，我们学会了好好珍惜生活、珍惜生命、珍惜时间，对效率观念有了比较深的认识，还明白了人际关系对未来前途的重要性。

参加社会实践，我们明白社会实践是引导我们学生走出校门、走向社会、接触社会、了解社会、投身社会的良好形式；是培养锻炼才干的好渠道；是提升思想，修身养性，树立服务社会的思想的有效途径。通过参加社会实践活动，有助于我们在校学生更新观念，吸收新的思想与知识。近3个月的社会实践，一晃而过，却让我们从中领悟到了很多的东西，而这些东西将使我们终身受用。社会实践加深了我们与社会各阶层人的感情，拉近了我们与社会的距离，也让我们在社会实践中开阔了视野，增长了才干，进一步明确了我们青年学生的成材之路与肩负的历史使命。社会才是学习和受教育的大课堂，在那片广阔的天地里，我们的人生价值得到了体现，为将来更加激烈的竞争打下了更为坚实的基础。

劳动最有滋味。因为我们平时都没有按时起床，准时上班的习惯，到实习的时候，公司规定要准时上班，不得早退，否则会扣工资，想了想假如这时候就放弃的话，那我们来这里就没有意义。我们是来体验生活，体验劳动，体验真理，体现自己价值的时候，是真正的走向社会，走向真实生活。

劳动创造财富。因为我们在这次实践中深深体会到，金钱不是万能的，但是没钱是万万不能的道理，每个人都希望能够过上好的生活，我们认为生活是积极向上的而不是腐败的生活，并不是说有钱就可以为所欲为的那种让人唾弃的生活，我们明白经济是人们生活的动力和来源，因为社会要发展就必须要有经济基础，否则一切都是空谈，那么财富来自哪里呢？我们的幸福生活来自哪里呢？财富来自实在的劳动，而不是不劳而获，幸福的生活来自积极向上的劳动，因为我们的人生价值就是体现在这里。

积极向上的人生才是真实的生活。因为我们的每一次的劳动，都会给社会和国家带来价值，我们的劳动，我们的工作态度，我们的价值体现，这无一不需要人的积极态度，否则人的懒惰弱点就会暴露无遗，不劳而获就会挤入人的脑海，根深蒂固，稍有不慎就会使人走上不归之路。

要想完成任务，思想准备一定要有，这样我们做起事来才不会笨手笨脚，把生产搞得乱七八糟，混乱不堪，这样会浪费人力物力，兼浪费时间，浪费时间就是浪费生命，时间是金钱，效率就是金钱，这是我们在社会实践中得到的其中的一个心得体会，希望我们每个以后都要好好的珍惜时间，珍惜生命，把自己的青春都贡献到最需要我们的地方，这样我们的价值才可以得到最大的体现。

团队的协作很重要。团队是为了完成特定的目标而组合在一起的，虽然对于整体而言，一个个体并不是很重要，但是请不要忘记，是我你他，一个一个的个体共同构成整体，所谓皮之不存，毛将焉附？注重每一个个体将会大大地提高团队的实力，这就要求我们的领导要有明智的思维，果断准确的判断能耐，妥善的处理好团队成员之间的矛盾，这样才可以提高效率，减少矛盾，充分发挥团队的作用，我们相信这样会很好的完成生产任务，效率也会大大地提高。

我们体会到成功的人，一般都是具有良好的人际关系的能手。爱迪生说过：天才是百分之九十九的努力加上百分之一的灵感，而这次实训，我们理解到职场想要成功就必须要有百分之一百的努力加百分之九十九的人际再加上百分之一的运气，良好的关系非常重要，在家靠父母，在外靠朋友，这样至理名言，我们应当牢牢记住，需知道予人方便，予己方便的道理，将心比心。

风雨同路，互敬互爱。假如你我他都是同一间公司的人，某一天公司将面临破产，作为公司的一员，我们应该坚守高尚的职业情操，而不是为了个人的利益而选择跳槽，贡献出自己的一份力量，或许危机会变成机会，本末才不会倒置，坚信心里的那一份执著，风雨同路，同舟共济，一起携手共创美好的未来。

人最重要的是要有坚定的信念，不要轻易想要放弃，这个样子是永远也不可能成大事的，凡是伟人都是坚信自己的人，他们相信自己能办到，凭着坚定的信念，一直坚持下来，直到最后才会有惊人的杰作。爱迪生、爱因斯坦、毛泽东，他们都是有这样信念的人。只有相信自己才会去相信别人，相信坚守，相信信念，这样我们就一定可以成功。

瑶胞对建设幸福广东的期望

工程技术系"三下乡"社会实践队

指导老师：林卓歆　谭　希

摘要：幸福是什么？发达地区的幸福感如何？欠发达地区的幸福是什么？发达的广东少数民族的幸福指数如何？借暑期"三下乡"社会实践活动的机会，工程技术系团总支学生会组织学生志愿者，翻山越岭，深入韶关市乳源瑶族自治县必背镇方洞村进行了"深入实践谋幸福"的专题调研。我们紧扣实践主题，一起探讨、分析少数民族地区农村建设所遇的难题，以实际行动履行"三下乡"社会实践活动，既科技下乡，又事关农村发展、人民生活质量问题所被制约的因素的调研，结合调研情况，了解瑶胞对建设幸福广东的期望，进一步提出了广东少数民族农村发展的建议，以提高少数民族人民生活的幸福指数。

关键词：幸福广东；幸福感

调查目的："幸福广东"是汪洋书记提出来并为广东五年内施政目标，对此，作为时代主流的大学生有怎样的具体想法与行动，关系到整个社会的发展局势。也为深入贯彻党的十七届五中全会、省委十届八次全会和共青团十六届四中全会精神，响应《关于开展"幸福广东·青年先锋"——广东大中专学生主题社会实践活动》，培养大学生的创新意识、实践能力、创造能力和实干精神，深入了解新时代广东少数民族地区居民对践行"幸福广东"有怎样的思想动态，可以更好地实施一些方针与政策。

幸福的内涵：幸福是指人们在感受外部事物带给内心的愉悦、安详、平和、满足的心理状态，是人们对生活的追求和感受，其内涵是很丰富的，既涵盖物质生活，也涵盖文化生活，以及社会生活和政治生活。幸福虽然是主观感受，但并不是空中幻影，而是有其实实在在的物质依托的。首先，应是物质生活水平的不断提高。其次，文化生活也要不断地改善。早在中共八大召开的时候，党中央就提出社会主义生产的根本目的是不断满足人民群众日益增长的物质和文化需求。人与动物最重要的区别就是人有文化需求，丰富的文化生活是建设幸福广东的重要方面。再次，社会生活方面的需求也必须不断满足。人民群众要参与社会活动，要求有知情权、参与权、表达权、监督权，要求公平正义。"幸福广东，情系农村"，建设社会主义新农村，推进农村经济发展，是提高人民生活水平的前提。经济、生活、健康、工作都直接关系到人民生活的幸福指数。

调查时间：2011年7月19日至7月21日

调查地点：韶关市乳源瑶族自治县必背镇方洞村

调查对象：方洞村村民

调查方式：问卷调查，访谈，查找文献资料

一、方洞村的地理人文

（一）乡镇概况

韶关乳源瑶族自治县位于广东省北部、韶关市区西部31公里处，东邻武江区，西连阳山县，南毗英德市，北与乐昌市接壤，西北角与湖南宜章县相依。全县总面积2227平方千米，总人口20.5万人（2006年），其中农业人口16.5万；瑶族人口2.5万，占全县总人口的12.2%。地处中亚热带山地，溶蚀高原地貌显著，多峡谷，境内森林、水力、矿产、旅游资源丰富。

必背，原叫"鳌背"，因有小山形如鳌鱼背，故名"鳌背"，由于

"鳖"字笔画多难写,讹为"必背",是乳源瑶族自治县瑶族聚居的一个镇,位于乳源县城东北54公里的大瑶山腹地,跨东经113°14′,北纬25°00′,东靠桂头镇,西临大桥镇,南邻东坪镇和游溪镇,北邻乐昌市的长来镇和河南镇,镇驻地必背口,镇驻地前有一条杨溪河,自西向东流经横溪、半坑、王茶、必背和桂坑5个村委。必背镇有6个村委会,1个居委会,共7000多人,而方洞村是最大的一个村落,有1270多人。他们的主要语言是瑶话和客家话。必背瑶寨是过山瑶的聚居地之一,祖祖辈辈生活在瑶山里,有着与众不同的生产生活方式。倚山而建、构造独特的吊脚楼;色彩多变绚丽、独具民族特色的瑶族服装;手工精细、颇具收藏价值的瑶族刺绣;瑶家竹筒饭、竹板鸡、熏猪肉、野生石韭菜、笋干、山水豆腐、甜酒、糯米糍等风味小吃,都会使人回味无穷,同时还有风味独具的野味,都会使人大饱口福。热情好客的瑶族同胞,随时会热情款待远方到来的客人,端上瑶家自酿的水酒,让人不自觉地陶醉于这瑶家浓情之中。

方洞村村内主要靠种植"沙树"维持生活经济,经济收入较为稳定。在村里,村民主要以客家话进行日常生活交流。也由于是少数民族关系,这里的村民可享国家政策批准,生育两胎。村落基础设施建设已经日趋改善,能基本上解决村民出行难的问题。而且村与村之间的交通通道已修建完善,这加强了村村之间的村民沟通问题。农村的现代化发展已基本成型,九年义务教育在村里能得到普及,实现了农村困难子女就学受教的局面。村民生活与城市化发展有所接轨,现代电子科技产品也广泛应用于村落。村落响应国家政策方针,致力社会主义新农村的建设,农村基层组织得以建设,村民代表大会以及民主管理制度等逐渐健全完善。人口控制建设方面效果显著。官民关系进一步提升,村级组织能起模范带头作用,带领村民建设村落，解决村落发展困难问题，发展农村经济，不断推进农村稳定发展。

（二）自然资源

必背镇现有山地面积25万亩，区内林竹资源十分丰富，尤其是杉树资源是瑶山主要的经济林，每年都有采伐，并翻新抚育。近年来，镇委、镇政府大力扶持调整山地产业结构，大规模引进推广板栗等各种李果、茶叶种植，使山地产业呈现多元化结构布局，走综合开发的路子，促进山地产业可持续发展。

镇内河流众多，其中杨溪水横跨境内，已建有7万千瓦的两个中型电站，其他各村委相继有小型水电开发，总开发利用量为8万千瓦，尚有2万千瓦有待开发。

二、方洞村村民幸福感调查情况

7月19日，我们来到了韶关市必背镇方洞村进行了实地调查，以访谈为主调查问卷为辅的形式对当地的居民进行专题调研，了解村民的主观幸福感，收获颇丰。那里的村民热情得就像山上挂满的红果子，让大家惊叹不已。

经过统计，调查发出15份调查问卷，回收15份，其中有效问卷15份；访谈对象15人。同时，在访谈的对象中，男女比例是3：2，其中年龄20岁以下的3人，20~30岁的3人，30~40岁的2人，40~50岁的2人，50~60岁的2人，60岁以上的3人，因此被访问对象的广泛性使本次调查的数据极具代表性和全面性。

调查发现，村民的月收入都是相对比较低的，详见下图：

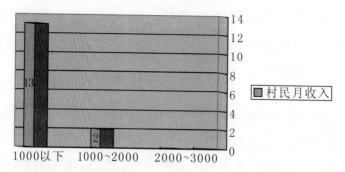

从图中可以看到调查的15人中，月收入没有超过2000元的，1000元以下的有13人，1000~2000元的有2人。据了解，他们所种的水稻只够自己食用，是一年一季的中水稻，大概农历9月份成熟，而杉木是他们的主要经济来源。但奇怪的是，我们调查中发现，虽然他们的经济收入相对较少，但是大部分村民却认为他们是幸福的。

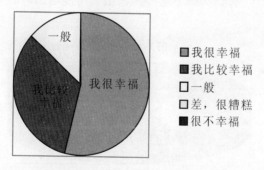

当我们了解到这结果时，我们无法理解，为什么会出现这样的结果呢？在访谈中，我们跟年逾古稀的盘老伯聊了起来，他脸上洋溢着幸福满足的笑容。他告诉我们，何谓幸福？有人说，"幸福就是三句话，能笑，能吃，能睡"；有人说，"幸福有三个因素：一是有希望，二是有事做，三是有人爱"；有人说，"幸福就是快乐，快乐胜过黄金"；有人说，"幸福就是健康"；有人说，"幸福就是发现你最爱的人最爱你，发现他们值得你爱，你也值得他们爱"。

这里有许多关于幸福的诠释，有的直白，有的含蓄，有的幽默，可谓仁者见仁，智者见智，但都深入浅出地说出了幸福就在我们身边，就在我们的生活中。幸福就这么简单，它是一种感觉，是一种心态，是一种体验。

从物质生活资料丰富与幸福感的关系而言，物质生活资料富足是幸福感获得的必要条件，但并非充要条件。富足大体上可以用物质的丰厚程度或社会资源的占有程度来衡量，而幸福感则更多地属于精神的、感觉的。富足的生活条件是前提，但并不是拥有富足的生活条件，人们就能够感到幸福。这次调研，改变了我们对幸福的理解，原来，我们对幸福的理解一直以来是那么的肤浅。我们怀着别样的心态继续着我们的调查和访谈，既然收入对幸福的影响不大，那么什么样的因素会使必背镇方洞村村民的幸福指数下降或上升呢？

调查问卷：你认为以下哪些因素最有可能增加你的幸福感？（多选题）

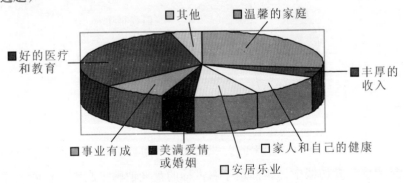

你认为以下哪些因素最可能减少你的幸福感？（多选题）

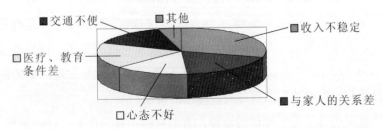

从我们的数据中，可以看到村民们追求的，并不是要物质上有多丰富，够用也就知足了，他们需要的仅仅是家人的和睦，和谐。其实幸福，除了人与人的和谐、人与自然的和谐外，更重要的是"内心和谐"。所谓内心和谐，就是古人说的"知足知不足，有为有不为，知足常乐"。对已经得到的很满足，又知道自己的不足而努力工作。干应该干的，不干不应该干的；得应该得的，不得不应该得的；走应该走的路，不去不该去的地方。如此，才能快乐和幸福。

同时，我们看到了村民不幸福的因素：

首先是收入的不稳定性。前面提到过，村民的主要收入来自于杉树，但这是一种周期性比较长的农作物，村民很难把握其变化规律，从而导致村民的经济来源不稳定。所以解决村民增收问题是方洞村目前农村工作的重中之重。解决增收有多渠道，包括技能培训、劳务输出等，更要解决农户生产率的问题。

其次是医疗问题。村民看病贵，看病难，反映了我国医疗改革的缺陷，对农村的贫困农民来说，更是沉重的打击。农户在不能得到健康的情况下，所有的问题是"空谈"的。因此，继续对医疗进行改革是我国面临着的一个非常严重的问题。

再次是教育问题。教育是农村发展的根本，只有教育发展了，农村的劳动力素质才可以提高，农村的其他方面才可以快速发展。但是目前农村教育落后，农村教师资源缺乏，交通不便，制约了方洞村的健康发展。

三、总结

（一）幸福感研究所产生的问题

村民的幸福感属于主观感受。对幸福感的研究，不同研究者采用不同的研究方法，结论有时大相径庭。在没有确定研究方法与研究标准的前提下，研究的结论可能会存在较大的差异。对贫困山区农村幸福感的研究，也暴露出了许多有待解决的问题。

从调研的结果来看，方洞村农村建设及村民的幸福度总体还是较好的。有些问题在实际的生活及工作中还是需要进一步完善的，必要时需采取有效措施，进行改进、完善。

1.农村基础设施是比较薄弱的，虽然村村之间联系较为紧密，但与大城市的发展有所脱节。交通不发达，与外界联系少，抗御自然灾害能力较低，处理突发事件能力较差，基础的设施需要进行初步的改善，村内的交通运营安全系数较低，村落路线窄小，达不到开通车辆运营或公交运营的标准。

2.农村卫生环境还存在纰漏，在某些地方还存在着乱扔生活垃圾现象，严重地影响到农村的自然环境。村民饮用水卫生问题、污水的排放、粪坑治理和垃圾的处理，都是村委有待完善的问题。

3.医疗、教育事业落后。医疗卫生，关系到村民的身体健康，村落医疗设施较落后，只有一间卫生所，配备一名医生，一旦医生外出，则出现了医疗紧张局面；教育设施缺乏，村落里没有学校，没有教师，村里孩子上学需外出及寄宿，更是出现入学年龄偏大的现象。教育事业、文化学习方面落后，人才缺乏，严重地影响到农村的经济发展及建设，也妨碍了村民的生活幸福指数的增长。

4.村民经济收入低，与城市发展不平衡。造成了城乡发展的差距，村民的生活状况无法跟上城市的步伐，与现代化社会的发展脱轨。

5.村民生活经济收入单一。方洞村尚处于自我发展的阶段，与外界接触较少，对此了解也不足；另一方面说明了农村缺乏进城务工的技能，这是我国农村城市化进程中要解决的问题，要使农户具有在城市生存的基本技能。村民主要以种植"沙树"作为经济收入，"沙树"收获周期为15年，这期间一旦遭遇自然灾害，则村民收入受到制约。经济支柱的单一性，使得村民收入缓慢，致富道路狭小。这种缺乏创新的小农经济意识，使得农村的总体经济发展滞后，村民生活水平不高。其次，当地社区的发展后劲不足，由于农村主要依靠粮食解决吃饭问题，畜牧业、茶叶、粮食解决少量的现金收入问题，目前其他的产业尚没有起步，农户还要长期处于贫困中，解决社区长远发展的产业或方法尚待探索。

6. 制度改革有待进一步推进。对农村幸福度影响较大首先是社会事业制度方面的差距，如教育制度、医疗制度等。贫困山区在这些方面与城市具有很大的距离，这些因素也将影响到农户的健康发展与农民素质的提高。

(二)对策

针对研究中所产生的系列问题，我们认为，首先要解决农村幸福感的测量与检验的标准，要研究出具有地方特点的定量的幸福感测量工具，为幸福感的研究奠定基础。其次是要继续加大我国在农村的改革步伐，尤其在教育、医疗，以及农户增收方面。第三，要针对贫困山区的社区，制定出合适的扶贫政策，使这些社区也有产业支撑，为经济、社会发展提供动力。农村的发展必须要有成熟的管理、规划体系，村民的生活幸福指数的提升必须要健全和完善农村社会管理保障。发展，要立足实际，要持之以恒，步步向前。这不是一次性，不是简单的工作，要严格按照党的路线，合理规划，有针对性的改革、完善。才能进一步的推进农村的发展，提高村民的生活水平。

1. 大力提升村民的综合素养。村民是农村建设主力军，是农村发展的主体。要发展农村，最主要的就是培养一批有文化，有思想，有能力，敢于创新的新型农民。在农村的发展建设中，成为顶梁柱，有足够的责任心去为农村的发展建设付出。大力提升村民综合素质，必须加大农村基础教育投入，丰富和活跃农村的文化、少数民族的文化，与城市的大步伐接轨，培育出新一代的更为全面的现代化农村建设接班人。

2. 加大生产投入力度，拓宽农村致富之路。经济发展是村民幸福感增强的前提条件。而农村以种植业为主，但是单一"沙树"的种植严重地阻碍了村民的经济发展。现代化的新型农村建设发展，要从多样化的生产入手，多样化的种植，拓宽致富道路；创意的生产模式，更是有力地推动了产业的发展；特色化的农村农业发展，依据本地特色产物，发展特色产业，促进农村建设及村民生活水平的发展、提升；开创农村工业，以种植园或养殖业等第三产业作为发展背景，增加村民收入，促进农村经济发展。

3. 合理规划，特色发展。社会主义新农村是一个以全新面貌的农村呈现，合理的建筑规划，使人一目了然。另一方面，依据本身具有的优雅自然环境，致力发展旅游业，开创本地新型产业，增加村民收入，提升幸福指数。

4. 加大农村统筹规划。一个农村需要统筹性的发展，有目的，有方向。首先，有个好的农村地形规划，为以后农村转型为现代化社会主义新农村奠定基础；再者，具备一套健全、完善的民主管理体系，这在农村建设发展中能起到引领性的作用，能更广泛听取有用意见，建设更好的农村面貌。

5. 完善基础设施。新型农村的发展离不开过硬的基础设施，村民生活的改善也需要完善的基础设施。对一个偏僻的村落而言，交通便利无疑是村落建设发展的关键。交通的发展，对于村落的垃圾运送，污水排放系统的组建，都提供了有利的帮助；对于教育文化事业的发展，人才的培养，也给予有力的保障；交通便利了，带动的不仅仅是生活和工作上的帮助，更是村民和村落经济发展的后盾，交通便利了，与城市的联系频繁了，经济的流通也大了，这足够带动整个村落的经济建设。村民的生活幸福指数也随之提高。

既然"建设幸福广东"的内涵是极其丰富的，那么我们就必须全面理解，而不能孤立强调某个方面。如果过分强调幸福要有物质财富，或者过分强调幸福是主观感受，都容易出现问题。过去我们在改善物质条件方面强调得比较多，结果人民群众收入增加了，但是幸福感并没有同步增加。现在要防止走向另一个极端，过分强调幸福是主观感受，将会忽视整个社会生产力的发展，这样的幸福没有物质基础作为保障，也是容易出现问题的。我们强调幸福的内涵丰富，并不意味着没有标准，幸福不是一个箩筐，什么东西都可以往里面装。总之，要全面理解和准确把握幸福的内涵，因地制宜地采取措施才能保证"建设幸福广东"政策和措施的科学性和针对性，才能实现幸福生活的蓝图。

"追寻南粤红色足迹、深入社会实践谋幸福"调研报告

工程技术系：郑建扬　指导老师：林卓歆　谭　希

　　"幸福广东，情系农村"，建设社会主义新农村，推进农村经济发展，是提高人民生活水平的前提。经济、生活、健康、工作都直接关系到人民生活的幸福指数。这次我们"三下乡"实践活动就对方洞村进行了"深入实践谋幸福"的专题调研。我们紧扣实践主题，一起探讨、分析农村建设所遇的难题，事事关心农村发展、人民生活质量被制约的因素，进一步提出了农村发展的建议，提高百姓生活的幸福指数。现将本次的调研情况作一个全面汇报：

　　一、调查对象

　　韶关市乳源瑶族自治县必背镇——方洞村

　　二、调查时间

　　2010年7月20日

　　三、调查方式

　　访谈、提问

　　四、关于必背镇——方洞村瑶族的基本情况

　　（一）方洞村基本情况介绍

　　必背镇是一个由7个部落村组成的镇，总人口7800人。以少数民族——瑶族为主要族落。其中方洞村为所有村落中最大的村，总人口1270人，为瑶族村。村内主要靠种植"沙树"维持生活经济，经济收入较为稳定。在村里，村民主要以客家话进行日常生活交流。

　　（二）村落基础设施建设已经日趋改善，能基本上解决村民出行难的问题。而且村与村之间的交通通道已修建完善，这解决了村村

之间的村民沟通问题。

（三）农村的现代化发展已基本成形，九年义务教育在村里能得到普及，实现了农村困难子女就学受教的局面。村民生活与城市化发展有所接轨，现代电子科技产品也广泛应用于村落。

（四）村落响应国家政策方针，致力社会主义新农村的建设，农村基层组织得以建设，村民代表大会以及民主管理制度等逐渐健全完善。人口控制建设方面效果显著。官民关系进一步提升，村级组织能起模范带头作用，带领村民建设村落，解决村落发展困难问题，发展农村经济，不断推进农村稳定发展。

五、调研结果汇报

本次调研我们对各个年龄段及各方面职位的村民进行访谈。结果显示，对于幸福指数的认定，村民定位于80%。其中，对于健康、村落自然环境以及家庭环境、家人关系，大家都给予满意的肯定。

（一）关于工作方面，75%以上的人认为应该在外发展，而15%的人想回到村落进行村落建设，10%人则认为无法定位自己的工作。

（二）关于经济收入方面，80%的人均收入在800元/月左右，他们的经济收入是种植"沙树"，他们之中占65%是中年人，5%是老年人；而只有20%的人均收入在1500元/月以上，这些人几乎为外出打工的年轻人。

（三）关于村落基础设施问题，大家一致认为交通不便，给村民出行造成一定影响；教育设施缺乏，村里没有学校，造成孩子上学难、学龄大的问题；医疗保障低。

（四）生活方面，村民在保障一定的经济收入的前提下，自给自足，能解决人人温饱问题；与家人及邻里关系和睦，平日大家互帮互助，这些方面使得村民感觉生活的幸福。

综上所述，虽然村民在一定程度及某些方面使自己内心满足，但在一些基础建设方面，村落还是有待提高，这样才能使得村民的幸福指数上升，生活质量提高。

六、方洞村农村建设及村民幸福指数提高存在的问题

从调研的结果来看，方洞村农村建设及村民的幸福度总体还是较好的。有些问题在实际的生活及工作中还是需要有待完善的，必要时需采取有效措施，进行改进、完善。

（一）农村基础设施是比较薄弱的，虽然村村之间联系较为紧密，但与大城市的发展有所脱节。位于这么偏僻的村落，与外界联系少，抗御自然灾害能力较低，处理突发事件能力较差。交通基础的设施需要进行初步的改善，村内的交通运营安全系数较低，村落路线窄小，达不到开通车辆运营或公交运营的标准。

（二）农村卫生环境还存在问题，乱扔垃圾现象，严重影响到农村的自然环境。村民饮用水卫生问题、污水的排放、粪坑治理和垃圾的处理，都是村委有待完善的问题。

（三）医疗、教育事业落后。医疗卫生，关系到村民的身体健康，村落医疗设施较落后，只有一间卫生所，配备一名医生，一旦医生外出，则出现了医疗紧张局面；教育设施缺乏，村落里没有学校，没有教师，村里孩子上学需外出及寄宿，更是出现入学年龄偏大的现象。教育事业、文化学习方面落后，人才缺乏，严重影响到农村的经济发展及建设，也滞止了村民的生活幸福指数的增长。

（四）村民经济收入低，与城市发展不平衡。造成了城乡发展的差距，村民的生活状况无法跟上城市的步伐，与现代化社会脱轨。

（五）村民经济收入渠道单一。村民主要以种植"沙树"为经济收入来源，"沙树"收获周期为15年，这期间一旦遭遇自然灾害，村民就有可能血本无归。经济支柱的单一，使得村民收入缓慢，致富道路狭小。这种缺乏创新的小农经济意识，使得农村的总体经济发展

滞后，村民生活水平不高。

七、对于方洞村建设及村民幸福度提升的建议

农村的发展必须有成熟的管理规划体系，村民的生活幸福指数的提升必须有健全的农村社会管理保障。发展，要立足实际，要持之以恒，步步向前。这不是一次性，不是简单的工作，要严格按照党的路线，合理规划，有针对性的改革、完善。才能进一步的推进农村的发展，提高村民的生活水平。

（一）村民的能力及思想培养。村民是农村建设主力军，是农村发展的主体。要发展农村，最主要的就是培养一批有文化，有思想，有能力，敢于创新的新型农民。在农村的发展建设中，成为顶梁柱，有足够的责任心去为农村的发展建设付出。再者，通过培养新型的农民，兴起教育事业，活跃农村的文化、少数民族的文化，与城市大步伐接轨，培育出新一代的更为全面的现代化农村建设接班人。

（二）生产发展的多样化和创新性。农村以种植业为主，但是单一依靠"沙树"严重阻碍了村民的经济发展。现代化的新型农村建设发展，要从多样化的生产入手，多样化的种植，拓宽致富道路；创意的生产模式，更是有力地推动产业的发展；特色化的农村农业发展，依据本地特色产物，发展特色产业，促进农村建设及村民生活水平的发展提升；开创农村工业，以种植园或养殖业等第三产业作为发展背景，增加村民收入，促进农村经济发展。

（三）农村合理规划，特色发展。社会主义新农村是一个以全新面貌的农村呈现，合理的建筑规划，使人一目了然。另一方面，依据本身具有优雅自然环境的特点，可致力发展旅游业，开创本地新型产业，增加村民收入，提升幸福指数。

（四）加大农村统筹。农村需要统筹性的发展，有目的，有方向。首先，有个好的农村地形规划，为以后农村转型为现代化社会主义

新农村奠定了基础；再者，具备一套健全、完善的民主管理体系，这在农村建设发展中能起到引领性的作用，能更广泛听取有用意见，建设更好的农村面貌。

（五）完善的基础设施。新型农村的发展离不开雄厚的基础设施，村民生活的改善也需要完善的基础设施。对一个偏僻的村落而言，交通便利无疑是村落建设发展的关键。交通的发展，对于村落的垃圾运送，污水排放系统的组建，都提供了有利的帮助；对于教育文化事业的发展，人才的培养，也给予有力的保障；交通便利了，带动的不仅仅是生活和工作上的帮助，更是村民和村落经济发展的后盾，交通便利了，与城市的联系频繁了，经济的流通也大了，这足够带动整个村落的经济建设。村民的生活幸福指数也随之提高了。

通信技术就业前景调研报告

工程技术系：袁子豪　周　夏　指导老师：宋　菲

　　移动通信产业高速发展，用户量在不断地增加。随着移动通信资费和手机终端等相关费用的不断降低，移动通信已逐渐成为一种大众的消费品，不光是在大城市，即使是在广大的农村地区，手机也逐渐走近了寻常百姓，这使我们的移动通信用户数量高速地增加。换句话说，移动通信产业的高速发展，用户数量的高速增加，势必带来相关的移动通信系统的高速发展，特别是系统中的基站系统和基站的数量。这次调研，我们主要了解了如下内容：

一、移动通信系统方面

　　在这次调研中，我们也访问了许多基站建设人员，发现在移动通信网络的高速发展中，对基站建设技术人员的需求是十分庞大的，基站建设技术人员的理论知识要求不是很高，并且从事基站建设的人员的工资待遇比较优厚，而这方面的人才技术人员非常缺乏，潜力很大。必须要有从事基站建设和维护的实际动手能力和经验，深入了解基站建设和维护的具体实施过程和操作方法。

　　从我们与相关公司的人员的交流和我们在实际的工作中的体验，对于基站维护人员的理论知识的要求并不高。比如某公司对与GSM网络基站维护人员的要求是：具有GSM网络基本原理知识，对移动通信GSM网有一定的了解。我们高职院校的理论教学完全能够满足其对理论知识的要求。

二、光纤通信方面

　　在这次调研中，了解到我国的光纤网络市场规模庞大，专业施工维护人员需求旺盛；光纤网络的主要增长点已转向为网络业务服务，我国以固定电话为主要服务对象的光纤网络建设已趋饱和，而迅猛发展的移动业务和网络业务就成为光纤网络新的增长点。从而带来的人员数量需求还是很大的，同时行业对光纤传输设备施工和维护人员的要求及其待遇还比较理想。

三、移动通信终端方向

目前，我国移动通信网络的规模和用户总量均居世界第一。在移动通信用户大幅增长的推动下，我国手机制造业也保持了稳定快速的增长。而随着2.5G市场到3G的业务出现以后，手机定制已经在更广、更深的层面得到了进一步推广。所以从事通信所需硬件方面的开发即将成为一个发展方向。

四、就业前景

即使每年几大运营商都会发布一个相对有规模的校园招聘计划，但通信类专业的毕业生并没有太过明显的优势。但是，近年由于网络宽带和3G通信技术的兴起，给疲软的就业市场带来了大量的就业机会。在当今Internet数据业务不断升温中，在固定接入速率不断提升的背景下，3G移动通信系统也看到了市场的曙光，为电信运营商、通信设备制造商和普通用户所关注。由此可见熟谙3G通信技术的专业人才在不久的将来就业前景将十分广阔。就业方向：通信设备制造、通信系统运营、通信系统施工企业、设备测试、技术支持、销售、辅助设计等。总而言之，如果不是太挑剔的话，我们在毕业后找份工作应该不难。

未雨绸缪，积极准备
——通信技术就业前景调研

工程技术系：李莉欣　指导老师：谭　希

通信技术的日新月异，为我们如今的小康生活提供了方便。经过一百多年的漫长发展，通信技术已经逐步成为我们日常生活中必需品，它在带动着大众对于生活质量的追求，带领着我们向更高的生活水平前进。

一、调研时间

2011年7月21日至2011年8月1日

二、调研地点

中山汽车总站、大信新都汇、三乡、古镇等

三、调研目的

通过本次调研对通信的分析，增加我们对通信行业发展的知识，更深入了解通信的发展前景，为我们今后从事通信行业奠定基础。

四、调研内容

（一）通信行业的发展现状及趋势分析

截至2008年，我国手机用户数首次突破6亿，排除老人、孩子以及部分农民，几乎达到了人均拥有1部手机。移动通信经过10多年的发展，已经逐步趋于普遍化，即将进入转型阶段，而我国固话电话则从建设时期、鼎盛时期，开始走向萎缩期。

现阶段，通信行业正从电信业转型到信息服务业，电信运营商从基础管道提供商向信息服务转型。我国基础运营商提出了自己的转型目标：中国电信要成为综合信息服务提供商，中国移动要成为移动信息专家，中国联通要成为国际一流的综合通信和信息服务提供商。在这个漫长的转型过程中，通信行业对通信技术方面人才的需求量大。

（二）就业前景

通信行业是个稳定而高薪的行业，所以竞争也是相对比较激烈的，如北邮、北航、北理工、北交大、清华、重电、西电等都是知名的行业院校，很多大型的企业都与这样的院校有合作，每年固定要招走一批学生，但是如果是不知名院校的专科生，就业确实相对处于劣势。

相对而言，通信行业是在金融危机中受影响较小的行业，而且2008年实现了全业务运营，2009年3G牌照发放，这些对于通信行业的发展都是利好政策，行业的发展必然带来人才需求的增加，所以从我们通信人才网的数据来看，各通信企业对人才的需求基本保持稳中有升。

（三）通信人才的需求现状

通信行业不仅仅是一个技术密集型产业，也是一个技术快速革新的行业，因此决定了它对人才需求不仅需要扎实的技术知识，更需要根据技术的变革迅速进行知识更新和技术提升。

因此，通信企业对大学生具有以下要求：

1. 专业知识方面：学习通信领域中通信原理、交换、传输、网络、信号处理、计算机等基本理论和技术，掌握各类通信设备的基本原理、技术性能以及综合系统的组成、运行、维护等知识。

2. 应用技能方面：具有设计、开发、调测、应用信通系统和通信网的基本能力，了解通信技术的最新进展和发展动态。

3. 外语方面：具备信息检索和熟悉阅读本专业外文资料的能力。

4. 人文方面：要具备有较高的综合素质，包括团队合作精神、较好的为人处事方式。

（四）就业方向

第一，加工制造：这主要是给各个通信电子产品制造企业培养一线懂技术，懂原理的高素质技术型工人。我国精加工制造业质量在世界水平中并不高，主要是因为我国一线工人的文化素质偏低，只懂操作，不懂技术。所以，就此考虑这方面的就业前景最为看好。

第二，一般的管理人员：这个层次的人员是企事业或部门中的一般管理人员，维护和管理单位的通信和网络设备。这部分工作要求学生对通信基础知识有较为深刻的理解，能独立维修和管理设备。能给单位提供良好的通信技术支持。

第三，通信工程师：这个层次要求学生完全掌握通信基础知识，对通信设备能安装、调试、维护、升级和改进。能参与设计和开发新型通信设备。了解本专业的发展前沿，具有一定的科学研究和实际工作能力。

2011年经济管理系暑期"三下乡"
社会实践活动调研报告

经济管理系

摘要：大学生社会实践是引导学生走出校门、走向社会、接触社会、了解社会的良好形式；"幸福中山行"是一次走进社会，传承良好传统精神，学习先进科学，探索各个行业精髓的"三下乡"社会实践活动，而且为进一步贯彻实施团省委有关大学生"三下乡"的文件精神，引导我系学生深入基层，在服务"加快转型升级，建设幸福广东"中成长成才，为建设幸福广东贡献我们的青春和力量。

我系团总支学生会积极响应贯彻实施团省委有关大学生"三下乡"的文件精神，在服务"加快转型升级，建设幸福广东"中成长成才，为建设幸福广东贡献青春和力量，开展了主题为"幸福中山行"的实践活动，并组建了一支优秀的"三下乡"社会实践队伍，进行为期5天的社会实践活动。

一、调研目的

广东省在《广东省国民经济和社会发展第十二个五年规划纲要》中明确提出把"加快转型升级、建设幸福广东"作为未来5年各项工作的核心，全面加强社会建设，创新社会管理，不仅是时代的要求，也已成为全省人民最广泛、最普遍的共识，更多关注和保障民生，成为广东各级政府工作的出发点和落脚点。

（一）贯彻落实"三下乡"精神。通过为期5天的下乡实践宣扬团省委"三下乡"精神，引领大学生深入基层，了解社会发展现状，服务社会，充分发挥大学生的先进性带头作用。

（二）区域调研。对实践所在地区的经济、教育、文化等项目的相关指标进行系统的调研，了解状况，为当地的开发建设做出积极、有益的贡献。加强新型农村结社宣传，树立良好的环保意识，为当地经济与社会福利事业的发展做出一定的贡献。

（三）为广大学生提供平台。提高"三下乡"活动质量水平，让"三下乡"活动成为一个大学生社会实践与展现自我的平台，达到使大学生得到锻炼的目的。

（四）提高学生综合素质。让大学生全方位接触各个市场领域，从当地优秀企业中吸收到宝贵的经验，增长见识，提高认识能力、适应能力和创新能力，增强团队协作能力，培养互助互爱的精神。

二、中山市各行业发展现状

（一）中山市简介

中山市是我国伟大的革命先行者孙中山先生的故乡，这座具有800多年历史的南国城市气候宜人，名人辈出，改革开放以来取得了巨大成就，是享誉中外的富庶侨乡。近年来中山市相继获得"全国绿化先进城市"、"国家卫生城市"、联合国授予"最佳人居奖"、"全国环境保护模范城市"、"中国优秀旅游城市"。

中山市居民生活质量水平位于广东省前列，居民消费层次显著提高，由传统温饱型消费向现代质量型消费转型，新兴消费方式不断涌现，金融、证券、保险市场规模不断扩大，业务迅速发展；农业与第三产业蓬勃发展，社会福利保障体系正逐步完善。

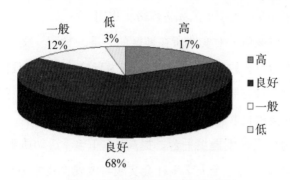

图1　中山市居民生活幸福指数图

据图1显示，85%以上的居民生活幸福指数良好，由此得出中山市居民普遍感觉到幸福。但是还有少部分居民仍未能感受到幸福。

（二）各行业发展状况

秉承"十二五"规划纲要精神，打响"幸福中山行"的主题，我们行在中山，将"幸福"传播于中山。金融、农业、社会福利各方面都需要入手，但在此我们必须了解中山市各个方面的发展状况，所以经过网络和调研的资料获取，我们总结如下：

1.中山市金融市场

近年来，在中山市金融体系流动性偏多、货币信贷扩张压力较大、物价不断攀升的形势下，证券市场已成为金融机构调节资金头寸、管理流动性的主要场所。证券市场规模不断壮大，交易品种不断丰富，市场运行的机制、制度不断完善，资源配置功能不断增强，优化了社会融资结构，推动了中山市国有企业和金融业改革，在经济社会发展中的作用日益增强，在国内金融市场中的地位不断提升。针对中山市金融市场发展状况，我系社会实践队深入对中山安信证券股份有限公司进行调研。安信证券股份有限公司是由中国证券投资者保护基金有限责任公司、深圳市投资控股有限公司共同出资，于2006年8月18日经中国证券监督管理委员会批准成立的综合类证券公司。该公司引进了一系列国际通行的标准化、规范化的管理方法，并在实践中不断摸索总结，在人员管理、运维管理、项目管理等方面形成了一整套适合自身的规范的管理模式。包括以KPI（关键业绩指标）为核心的人员考核和管理方法，以国际通行的ITIL（IT基础架构标准库）思想进行运维管理，以PMBOK（项目管理知识体系指南）指导项目管理等。自2008年来，该公司共实施了10余个慈善公益项目，投入资金约2100万元，其中公司及员工捐款1700万元，公司抗震救灾公益广告约400万元，对外树立了良好的负责任的企业形象，大大提升了社会影响力和美誉度。

2. 中山市农业

有这么一句谚语——民以食为天，道出了农业的发展对社会发展的影响发挥着决定性作用。2011年以来，在中山市市委、市政府的正确领导下，在省农业厅的关心指导下，中山市紧紧围绕农业增效、农民增收和农业现代化进程的目标，贯彻"十二五"规划纲要对新农业和新型环境建设的要求，采取有效措施，积极推进农业产业化经营，通过调整产业结构，制定优惠政策，培育农业优势产业，实现了农业产业化经营的稳步发展。一个农业的发展程度体现着一个社会生产力是否有了最为重要的保障，因而我系社会实践队针对农业的发展状况，深入中山市南朗镇食出开心农场作进一步的调研。食出开心农场有十分突出的农业资源优势，良好的水热组合和丰富的土地资源相结合，可使作物全年生长。拥有肥沃的土壤环境，采用天然活水灌溉，自然、清甜；种植农产品的有机肥由公司的白石猪场、白石鸡场、石岐鸽场的有机肥原料经过生物发酵形成，该公司生产基地位于中山市横门原生态清洁环境中。南朗开心农场是现代化新型农场，属于中山市"菜篮子"工程的一个重点扶持对象，通过新型农场了解政府如何从"绿色、安全、健康"的蔬菜上提高市民的幸福指数。

  3. 中山市社会福利事业

  从2009年10月开始，中山市正式启动社会工作试点工作，根据"城市和农村兼顾，社区与院舍并进"思路，选择了3个镇区和2个民政事业单位进行试点，探索开展城乡社区服务、院舍机构服务。2010年9月，市信访局与社工机构合作，开展信访社会工作的积极探索。市社会福利院和市儿童福利院以社工部为依托，提升转换现有从业人员，引入专业理念，丰富开展个案辅导、小组活动，社会福利院开拓了老人"开心农场"，儿童福利院开展"共成长"等更多元的服务，让院舍老人、孤残儿童共享幸福。在当前的社会福利工作中，各种慈善机构正在不断地发展和完善，但在社会建设中还需要广大社会群体的支持、社会工作建设有待进一步的提高。例如：慈善公益机构数量少，募款能力弱；慈善事业的相关法律、法规滞后；慈善组织缺乏透明且客观的信息公布平台。

  对此我系开展了一系列扶贫济困，尊老爱幼的社会爱心服务活动。据了解，全市申领低保的市民有8300多户，共22000多人。2010年1月到11月，全市已发放低保4300多万元。

  中山市心苑社会工作服务中心是中山市民政局核准的，为政府和社会提供社会工作服务的民办非企业性质的单位。由一批致力于社会工作的专业人士构成一支专业化的优秀团队，坚持以人为本的服务理念和助人自助的专业价值，以服务社会，发展专业为目的，为社会提供专业社工服务，为弱势群体提供最真诚、最优质的人性化、个性化服务。

  火炬开发区敬老院是民办养老福利机构，是休闲养老的好去处，坚持入院自愿、出院自由的原则。近年来，该院不断加大投入，改善办院条件，完善了各种配套设施，加大管理力度，探索亲情化管理模式，力争建设成为高起点、高标准、人性化、亲情化的敬老院。火炬开发区敬老院成为了全市尊老敬老的样板，社会文明的窗口。该敬老院拥有专业的服务人员，以为老人创造健康快乐的生活环境为宗旨，竭诚为老年人提供一个良好的颐养天年的场所，始终将责任放在第一位。

三、中山市各行业调研分析

基于"十二五"规划纲要的具体要求：加快转变经济发展方式；推进农业现代化，加快社会主义新农村建设；加强社会建设；建立健全基本公共服务体系。对于本次调研资料进行深入分析，从而得出各个行业发展现状所存在的问题：

金融篇

据图2反映，近年来国内金融机构服务业现金收入自金融危机后，持续上涨，金融市场逐步复苏，各个金融市场呈现出新的活力。加快转变经济发展方式，开创科学发展新局面，坚持扩大内需战略，保持经济平稳较快发展成为当务之急。从安信证券企业调研情况反映，目前金融市场发展还缺乏动力，依旧存在着一些问题。

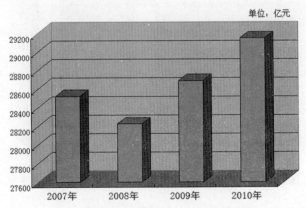

图2　国内金融机构服务业近年现金收入

1. 金融市场规模较小，层次结构不合理，对外开放水平低，在国内金融市场的占比率较低，对国内市场影响较小。

2. 金融市场发展不均衡，市场之间相互分割，股票市场缺乏弹性，缺乏联动。上市公司结构不合理，主要体现在国有企业比重过高，而民营企业比重偏低。

3. 城乡金融发展不平衡，市场结构不合理。在城市金融市场快速发展的同时，农村金融市场却在萎缩。

农业篇

据图3数据显示，中山市经济发展迅速，推进农业现代化，加快社会主义新农村建设效果显著。虽然中山市在珠三角地区建设新农村中取得较为理想的成绩，农副产业发展情况较为良好，但是要贯彻落实"十二五"规划纲要，推进农业现代化，加快社会主义新型农村建设还面临着许多问题。

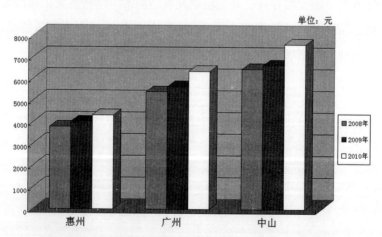

图3 珠三角地区个别城市农村家庭人均全年生活消费支出

1. 总体规模小，技术水平不高，市场竞争力不强，服务体系建设尚未完善。近年中山市农业龙头企业数量在增加,规模在提升,但与珠三角其他城市相比还相对落后。

2. 缺乏专业技术,农业产业链短,农产品附加值低。从横向看,农产品研发能力低,新开发的产品少,农产品专用程度和品质不能满足加工量的需求;从纵向看,加工深度不够,加工转化和增值率低。

3. 对农业龙头企业的扶持还缺乏力度。随着农业产业化经营快速发展,中山市农业龙头企业数量不断增加,企业规模进一步扩大,由于融资量不断增长,引致企业利息负担压力增大。

社会福利篇

1. 社会福利机构数量少,募款能力弱。中山市社会福利机构的数量相对较少,募款能力相对较弱,捐赠水平较低。

2. 慈善事业的相关法律、法规滞后。我国慈善事业发展所必需的法律制度还不够健全,这成为制约我国慈善事业健康发展的瓶颈,确立一部专门用于民间公益捐赠的法律已成为当务之急。

3. 社会福利机构缺乏透明且客观的信息公布平台。目前,社会福利机构就定期向有关部门、捐助者和社会公开其经费收支情况还没有形成硬性的制度规定,尚未完全实行财务公开和透明管理。

4. 我国公民慈善意识不强。中国人均捐款仅为0.92元,志愿服务参与率仅为全国人口的3%,慈善还没有成为我国公民的一种习惯。

四、针对各个调研行业所存在的现实问题提出建议

追随社会的步伐,贯彻"十二五"规划纲要,积极响应实施团省委有关大学生"三下乡"的文件精神。我系社会实践队确立主题为"幸福中山行"的暑期"三下乡"社会实践活动,深入各个行业进行调研。通过细致分析调研的情况和收集的相关资料,总结出各个行业的问题所在,现针对此些问题提出建议和对策:

进一步发展完善金融市场的建议

1. 进一步完善多层次金融市场体系建设，加快金融市场发展；

2. 大力推进多层次资本市场体系建设，完善市场交易机制，满足多元化的投融资需求，避免市场大幅波动；

3. 积极推进金融市场发展，完善社会主义市场经济金融的避险机制；

4. 加快我国市场基准利率的培育建设进程，进一步推进利率市场化，促进金融市场发展。

关于推进建设新型农业的建议

1. 进一步改善农业投资环境，加大农业招商引资力度，积极引进良种、技术、设备、资金、人才及经营管理经验，吸引外商投资建基地、办企业，改造和提升传统产业，实现与国际水平接轨；

2. 以基地建设为基础，加快农业创新建设，提高现代农业发展水平；

3. 突出重点，进一步扶优扶强；

4. 努力提高产业化科技水平。

发展我国社会福利事业的对策

1. 加快慈善立法进程。不仅慈善事业法律立法进程要加快，同时，还需要不断调整和完善涉及慈善事业的各类法规。通过慈善立法规范慈善活动，保障慈善真正成为中国社会保障体系的重要组成部分；

2. 建立健全慈善组织的约束机制；

3. 要在全社会大力宣传慈善意识。

五、结束语

通过为期5天的暑期"三下乡"社会实践活动，我们从多方面、多角度去了解中山的发展和人民生活的幸福指数。中山市政府也出台了一系列政策：规范金融市场，完善社会保险体制；大力扶持现代化新型农畜业，抓好"菜篮子"工程；加强社会救助及完善社会保障制度。这些措施的落实将大大改善人民生活，同时也是备受民生关注的重点问题。

对于建设"幸福中山"，我们作为中山市民以及居住在这座城市的居民都有义务去贡献自己的一份力量。我们通过为期5天的社会实践服务活动，从各个行业深入调查获取资讯，撰写报告，希望可以从我们报告中获取相关有用的信息，为中山的发展献计献策。展望中山的未来，经济将越来越发达，人民生活水平不断提高，幸福指数越来越高。

暑假实习报告
——尚艺美容美发专业连锁机构之行

经济管理系：吴俊成　指导老师：全雄伟

实践是检验真理的唯一标准。在课堂上，我们学习了很多理论知识，但是如果我们在实际当中不能灵活运用，那就等于没有学。暑假实习就是将我们在课堂上学的理论知识运用到实战中。

我们怎样才能把课本上的知识灵活恰当地运用到生活、工作当中去，成为对别人对社会有用的人才，成就自我？我们怎样才能适应当今飞速发展的社会，怎样才能确定自己的人生坐标，实现自己的人生价值呢？

抱着这些想法，以及在学校的安排下，2011年酷暑7月，我走进了尚艺投资管理有限公司旗下尚艺美容美发专业连锁机构深圳周刚成区域南山创业店。在那里，我接受了更为有用的连锁经营管理知识，而每天的学习和实操活动，又增强了我的实战能力，使我迈出了成功的一步。

我感觉，在南山创业店里，我学到的知识很多。在此，我感谢给我这次实习机会的尚艺总公司的汪晓燕小姐和南山创业店总经理李翔先生以及南山创业店全体员工。

一、实习目的

这次尚艺连锁企业顶岗实习，是在我们经过系统的企业营销专业理论知识和连锁经营管理专业理论知识的学习之后，为了增强对专业的理解，更好地掌握企业营销活动和连锁经营管理的基本方法和基本技能以及运营模式；进一步提高我们运用学到的理论知识分析、研究解决实际工作中问题的能力，培养动手能力和社会工作能力以及对团队的管理沟通能力，以便毕业后能较快地适应连锁企业营销及管理方面的工作。

二、实习时间

2011年7月17日至8月21日

三、实习地点

深圳市南山区周刚成区域南山创业店。南山区创业路西海湾花园7-40号。

四、实习过程

按照实习目标书的安排以及与店总李翔的联系，根据自己的实际情况，我于7月17号早从广州出发，下午15：00到达实习目标店铺：深圳市南山创业店。

到店以后，店铺美容经理张晓丽（私称小丽姐）热情接待，适逢星期天，店面工作非常繁忙。初到一个新的环境，很多人都会说很不自然，很难适应。这只是相对来说的。我感觉我个人有点不一样，不知道为什么，我感觉我自己很自然。可能这是我平时很多机会进行社会实践的缘故吧。半天下来，我和店里的员工都混熟了，甚至于平时在店里没怎么有人敢惹的坏脾气19号技师我也跟着他拍肩搭背的。有人会说怎么可能有共同语言！其实不然。我觉得我作为一个实习生的角色参与进企业当中，只要我能进行一个角色身份的转换，用心与人交流，把自己这一种所谓的大学生架子放下去，不断尝试与人"接轨"，总会能与别人成功沟通的。人与人之间的沟通，如果说语言是交往的桥梁，那勇气就是桥梁的基石，如果连基石都没有你还怎么来搭建一个好的桥梁呢！勇敢的迈出交往的第一步："向人发出邀请"。

说到初到店铺，就不能不说当时的住宿环境。当初刚刚到店，忙到晚上10点半下班，买好生活用品跟着七哥黄海强回去宿舍，看到那环境，真的想当逃兵：整栋楼弥漫着垃圾的恶臭；宿舍屋顶在漏水，臭积水淤积；不管地面还是墙壁都非常脏，垃圾满地，烟头满地；厕所不能洗澡，要洗澡必须去厨房；厕所厨房都没有灯，只能摸黑；找个睡的地方都没有，没办法，屋顶在漏水，下铺都让员工住满了，想了很久，找了一个不怎么漏水的上铺安顿了下来。窝在17号准师汪洋的床上，一夜无眠，不停在想要不要放弃这一次的顶岗实习，不停的想要放弃……终于熬到早上，我决定留了下来。因为我觉得我应该感谢这种环境，如果这么恶劣的我能坚持下来，那么以后我还会害怕其他吗？我应该感到荣幸。其实店长三哥李翔也是十分讨厌甚至可以说憎恨这种环境的，但是苦于找不到房子搬离，就一直在边找边忍。后来我通过网络寻找，在58同城网上为男同胞们找到了新房子，并于8月13日搬进去了。

根据尚艺门店实习目标书，我在这一个多月时间内要轮着在前台接待、客户管理、门店陈列/环境管理、项目顾问、门店促销管理等多个岗位，了解店铺基本情况、掌握接待岗位工作流程及具体操作、掌握客户管理工作流程及具体操作、掌握门店陈列及环境标准、规范、掌握门店项目运营及顾问式销售技巧、掌握促销方式及技巧等多个目标进行N多项目的学习，其实就是除了技术活，我什么都要学。实习目标书，说真的，如果要掌握的话，一天时间就能基本完成，那么，平时那么多的时间，我在干吗？同时过去在隔壁店的一个同学说没有事情可干，无聊。但是，我很忙。因为我是进行连锁企业认识实习的学生，同时店面上根本没有所谓固定的职位工作，所以店长根本不知道应该将我放在什么岗位上，平常时间，我可以做前台，可以在门口作为大堂经理，可以做倒茶的服务员，可以在店长身边和管理人员们开会甚至帮助店长处理店子的营业问题，更可以在店面逛来逛去擦擦玻璃，扫扫地板，拖拖水迹。我对自己的工种描述只有两个字：全职，前提是技术工种除外。接上题，这样子来说我会很轻松，为什么我会说我自己很忙？其实是我觉得既然我是以顶岗实习的身份过来南创店，我就是这里的一分子，我就是一个新进门的新手菜鸟，我就应该用学习的态度面对这间店子，学习靠主动，所以平时我都会忙得不可开交，包括卫生方面，我都会去做，甚至帮客人擦头发那堆脏毛巾，我也是经常与其"打交道"。正是因为这样，我对南创店所有的职位都有所了解，也对一些问题有所认识，用三哥李翔店长的话，虽然我没有办法解决这个问题，但是我可以用各种位置上的眼光看待并且发现问题，然后上报给店长或者有关管理人员解决。

我做到了美发经理十哥周晓东所说的：主动出击，主动学习，用不同的眼光看待问题，认真做好每一件小事。

43天，看似平凡，实质轰烈。

服务是一项有偿回报的工作，在服务过程中，你做得好了会得到别人的肯定，得到别人的尊重。我真的感觉很好，因为我帮助了别人，让人变得更美丽。虽然我是个男生，但是我长得真的很白，而且不是一般的白，所以我一直佩戴着美容顾问的工牌，因为这个工牌，我帮助了很多女生，教她们美白，教她们做美容，顺便推销点产品，很有成就感。

我还为我们南创店策划了两次促销活动，一次是网络微博宣传，创建了属于我们南创店的企业认证专属微博(http://www.weibo.com/nscy)，利用自己的不小的粉丝数量在微博上面成功举办了多次宣传销售活动。宣传成本10元。第二个是和店长三哥利用深圳大运会的机会策划的迎大运活动，同时吸引了不少大运会志愿者以及大运会观众前来消费。到此为止，我的实习目标超额完成。只要企业微博维护得好，被微博宣传吸引过来的顾客会逐步增加。

五、潜在问题

（一）服务的问题

问题反映在两个大的方面，首先是技术方面，相当多的美容师缺乏正规的技术培训，技师文化程度低，技术良莠不齐，交际口语不流利，推销术语不专业。在这样的情况下，很难保证通过技术来达到服务的质量，因此，返工、不满意的情况时有发生。其次是产品方面，为了留住顾客，就必须想方设法引进具有强烈作用美容美发产品，让顾客真正感受到效果，从而建立起对店铺的忠诚，对发型师、美容师的信任，甚至依赖。服务品质的欠缺与不稳定性严重影响了店铺的形象，并在一定程度阻碍了店铺的发展。

（二）价格的问题

店铺的盈利来自于产品销售与技术服务这两大块，在产品销售方面，店铺的产品价格历来就处于一个不稳定的状态，并在少数情况下，店铺的产品价格严重失真，超过了产品应有的价值。根据对店铺产品的了解以及对顾客心理的研究，我建议同一产品分档次消费，并在原有价格的情况下上扬30%~50%。客人消费往往看重的不是产品本身，而是销售人员的说服能力，以及专业性。在技术服务方面，服务项目的收费更缺乏价格标准，我甚至看到有的发型师118元烫发都能说出来。我觉得加强发型师销售术语势在必行。

（三）信誉的问题

店铺的信誉问题主要还是来自于其服务质量与服务承诺的不对称所造成的信誉缺失。有发型师、美容师在经营方面为了吸引顾客美容消费的兴趣，不切实际地随意承诺美容功效、美发效果，致使无法达到预期目的而导致顾客的消费权益受到侵害，因而演变成为欺诈性消费，店铺必须安排重新返工，这种现象比比皆是。

综合上述三大问题的根源，其实质在于缺乏统一严格的行为标准与服务规范，致使店铺服务陷入混乱状态。除行为标准与服务规范性条文外，店铺整体无明确的行政主管职能单位。

店铺发展建议：

（一）尽快强制执行规范与服务标准。建议采用并建立类似酒店星级管理式模块来规范店铺发型师、美容师评优标准，对于符合评级标准（如顾客满意度高）给予评级挂牌公示。

（二）加强美容美发教育管理规范和教育标准。美容业是一个以服务为主导的业态，服务标准通常要靠相关教育培训来进行强化方能达到实施服务标准的目的，尚艺的技术教育已经做得很好，但是对于发型师、美容师销售术语、专业性术语培训有待加强，掐住上游，才能有效引导下游，而教育就是这第一环节。

（三）建立店铺质量监管体系与监管处罚条例。定时或不定期对地区店铺进行突击检查，重点检查相关服务质量与卫生状况。对于不符合销售要求、低价销售、二流服务等要严格查处，对于卫生状况差的店铺要限期整改。

六、总结

短暂的实习转眼而过，回顾实习生活，我在实习的过程中，既有收获的喜悦，也有一些遗憾。那就是对企业管理有些工作的认识仅仅停留在表面，只是在看人做，听人讲如何做，未能够亲身感受、具体处理一些工作，所以未能领会其精髓。但是通过实习，加深了我对连锁企业经营管理模式的了解，更加有用的是学会了很多三哥李翔置身言教的做管理做人的道理。

没有绝对的开始，没有绝对的结束。要说开始与结束，这便是我最简单的开始与结束。我的实习之旅是结束了，可是我觉得我的旅程才刚开始，实习让我发现了太多的新东西，让我对连锁企业的很多理念有了新的了解，兴趣告诉我，我刚开始，我刚启程。从满腔热血开始，从满腔热血结束，还有比这个更好的旅程吗？

在实习报告的最后，把我实习的所有总结成一句话：报志愿那一天我在志愿表上填写了唯一一间学校唯一一个专业：连锁经营，我就爱上了连锁企业文化，现在我依然爱，并且爱得更深沉！再次感谢尚艺公司和南山创业店李翔先生给我这次实习的机会，以及尚艺南山创业店管理层对我的亲身教导！

在中山伟信公司从事市场销售的实习报告

经济管理系：李国江　指导老师：全雄伟

一、概述

（一）实习单位简介

中山市伟信计算机技术有限公司成立于2000年，是一家以电脑产品零售、分销、网吧工程及企业维护和系统集成为一体的高科技私营企业。经过多年的发展，公司在中山西苑电脑城和颐高电脑城以及小榄电脑城拥有7家连锁卖场机构。一直以来，公司都在积极构建中山市一流的IT供应链与物流配送体系，建立了零售、SMB（中小企业）、网吧工程、同行产品批发四种不同的销售体系。与Intel、AMD、技嘉、微星、优派、飞利浦、HP（惠普）、联想等数十个国内外IT知名品牌进行了广泛而深入的战略合作，初步形成集采购、零售、行业销售、仓储、配送、调试、维修、保养于一体的连锁营销综合产业模式。已成为广东地区电脑行业里具有影响力的公司。

（二）实习过程的基本回顾

时间过得很快，不知不觉我在数码港店面进行销售电脑工作已经快两个月了。想起我接到伟信公司的电话，通知我已被录用为伟信公司大信店的一员的那一刻，心情激动的我在感谢伟信公司给我这次珍贵的机会的同时，更在心中暗暗下定决心要在本次暑假实习中锻炼自己，提升各方面的能力，积累更多有用的社会经验，与外界接轨。我希望这个暑假能够过得不一样，过得有意义。通过到店里参加了几天非常有趣的培训，我对电脑的一些产品系列和一些销售技巧有了更深一层的了解和认识。在这几天生动有趣的培训中，我认识了许多志同道合的朋友，收获了珍贵的友谊。我觉得他们都非常厉害，每个人都有自己独特的地方，都是值得我学习的榜样。我坚定地相信，在同事和店长的陪伴和引导下，我在这个夏天一定能够过得非常的充实和有意义，并能收获我想要的。记得我到店面里工作的第一天，我提前了差不多2个小时到达店面。由于我是中午两点上班，所以那时店面已经开始营业，但是我不想第一天到新的环境工作就迟到了。等到店面时，店长亲切地把我介绍给其他店面一些老员工以及一些跟我一样新来的员工认识，并叮嘱老员工要多点帮助我们，同时我也很热情地向他们介绍了自己。接下来，店长就让我们熟悉一下店面以及店面销售的有关产品。由于对店面太多的笔记本电脑等产品不是非常的熟悉，一些具体情况和各种机型的具体配置和配件不是非常的了解，所以第一天我感觉过得有点不知所措和吃力。看着店里林林总总的电脑和配件还有它们各自的价格，我顿时感到有点茫然，不知道如何把它们记下来。不过在其他店员的善意建议下，我很快冷静下来了，开始明确自己应该完成的任务。在以后的实习期里，一方面我在其他店员向客人推销电脑时，我在一旁听着，学习他们的推销技巧。另一方面，我利用下班时间把要记的配置资料先看一遍，把不懂的地方留着明天问其他同事。我认为推销成功的首要条件是要对产品本身熟悉。如果自己对产品的各种配置情况也不熟悉的话，还怎么向客户介绍产品的卖点呢？所以，我会好好利用自己的空余时间，去熟悉一下各种机型的配置，为以后的销售工作打下坚实基础。

注重营销，注重用户的需要，注重与其他企业的协调发展，注重企业整体形象与整体素质，已成为新世纪的企业求生存、谋发展。迎接新挑战的战略指导思想。

通过不断学习，到后来我对店里的一些产品也熟悉了，也知道跟顾客沟通的一些基本技巧。在接待了几天顾客后，终于有一天有一个顾客在和我沟通后买了一台笔记本电脑，我当时异常地激动，也不断叫自己冷静点。在我顺利完成交易，送走客人之后，店长特地走过来问我感觉怎么样，我思索了一下，便跟他说："卖出一台电脑真爽。"店长听到后鼓励我好好加油，还跟我说万事开头难，以后锻炼得多了就熟能生巧。店长对我们这些新来的员工很照顾，也很有耐心帮助我们解决困难和解答一些技巧知识上的问题，这让我感觉到很温心很感动，也刺激了我要好好学习。同时我在公司培训时也积极做笔记，遇到不懂的就问店长和老员工，有时在销售过程中遇到困难时都会尽量先自己解决，实在不行才去问店长和老员工。在培训和实践的那段时间，我在对产品的熟悉度和控价方面有了很大的提高，同时在跟顾客沟通的过程中也没有了那种不自然的感觉，即使遇到问题也能从容解决。所以在实习的那段日子里，不管是对产品的熟悉度，销售技巧和胆量口才等方面都得到了很大的提高，一方面有自身努力的关系，另一方面更是因为店长和老员工们的悉心教导。

二、实习项目简介

(一)项目介绍

我是在中山伟信公司的大信分店里从事销售工作，部门名称叫大信正洋数码港。我的任务是通过了解店里的相关产品，包括笔记本电脑和台式电脑以及一些电脑的相关配件等，跟进入店里的顾客进行沟通交流，并把公司的产品销售出去。我所在的部门属于总公司的一家分店，主要的作用是作为总公司的一个分销点，负责把公司的产品销售出去，为公司赚取利润，增加客源，提高公司信誉和知名度，提高公司在市场中的竞争力。

（二）基本原理

我们每天按照班表排的班来按时上班，上班时都要先用指纹打卡，如果迟到则会罚款5~10元，具体罚款额度是根据迟到的时长决定。如果有事要请假必须提前跟店长说明，而且请假会扣掉20元。公司会在每个月中对各员工选3天进行休息，如果要进行3天连休则要跟店长申请。如果店长和员工迟到，早退，请假或者上下班忘了打卡，则该月份将没有全勤奖励。主要是在店里的各个入口迎接顾客进店，顾客进店后我们主动打招呼并且跟进顾客，当顾客看中某样产品时而提出疑问我们负责给予解答，当顾客提出试下该产品的功能时我们负责演示给顾客看，当顾客对该产品的价格有异议时我们负责跟顾客沟通交流。当顾客认为价格太高而离开时我们都会尽力留住顾客并且去电脑查产品的低价，然后进行适度的降价，当店长在时我们则跟店长商量看能否申请到一个更低的价格来留住顾客。如果可以则回去跟顾客进一步交谈，如果实在没办法降价只能跟顾客抱歉并解释原因。当顾客决定购买该产品时我们则去收银台开单，在白色单里写好日期，产品的型号和价格以及把保修的标签贴在产品上，然后把其中垫底的带字印的红色底单交给顾客，并邀请顾客到收银台进行付款结账。而黄色的底单则交给收银台的工作人员保管，其中产品的最终售价与公司所给出的低价中间的差价就是公司所赚取的利润，也是算入我们的个人业绩中。当我们的业绩达到4000元以后开始算提成，除去4000多元出来的利润乘以20%就是我们的提成，周期为1个月算。当一天的营业结束，我们都会把店里的东西收拾好，然后店长会把今天店里卖出的东西上交到总公司。有时店里的货物不充足的时候就会叫总公司运一些货物过来补充，而我们则会拉小车去物流车到达的地方把货物运上店面的仓库。当顾客买东西时我们就会从仓库里拿货给顾客，当仓库没货时我们就跟顾客说仓库没货，要不就直接拿店里摆放的商品，并跟顾客解释摆放的也是从仓库里拿新的摆放的，质量保修各方面都没有问题。如果顾客坚持要没开封的我们就会叫总公司运新货过来，一般是15分钟左右运到，当然，交易是否成功还是看顾客的决定。

三、实习内容综合分析

（一）本人承担的主要工作

我主要负责在店里接待顾客，并跟顾客介绍产品的相关信息，解答顾客的疑问和出售商品时把握商品的合理售价。当交易成功时负责给顾客开单，并把商品打包好给顾客，由店长负责收取商品款项。有时也会帮店里的商品进行定时的清洁维护、整理补充等，当有货物运到时而自己又没有接待顾客时就会帮忙把货物运到店面仓库。

（二）方案实现的技术措施

由于我们店里有一批惠普笔记本电脑要处理，因此对惠普笔记本进行了相关的市场调研。

调研目的：调查市面上该型号的惠普笔记本的价格，并进行适当的降价来把电脑销售出去。

调查对象：惠普笔记本电脑。

调查组织：中山大信正洋数码港。

调查方法：上网调查或去其他销售惠普的店铺进行调查。

数据处理的技术方法：Photoshop，Word，标价牌。

（三）专业知识和技能的应用（或创新点）

第一，需要用到的专业知识包括各个商品的价格、特点，以及怎么安装使用；也要了解到店里摆放的每个电脑的品牌的定位、价格、售后服务、知名度、产地、市场份额、功能特点等；也要懂得电脑零件的特点，如CPU、显卡等各自的价格定位，性能比较，适用范围等；在给顾客组装电脑时还要懂得如何搭配才能发挥电脑的最佳性能和要懂得控制每个配件的利润，不能售价过高，否则会导致交易失败，也不能让自己亏本等。

第二，需要用到的专业技能有如何使用电脑以及电脑相关产品的功能演示给顾客看，懂得一些软件的功能特性，要懂得如何组装电脑和安装电脑系统，懂得一定的维护知识，如果遇到返修的商品要懂得进行简单的检查维修和解答等等。

第三，营销方式和内容的发展是提高企业市场竞争力的最根本、最有效的途径。企业面临的市场经济环境决定了企业必须创新和发展才能生存发展。因此我也向实习单位提出了以下几个我想到的创新点：

1. 建议让店里的电脑卖出后可以给顾客免费安装一些日常使用频率高的软件和游戏等，也可以免费提供一些高清电影给顾客。

2. 有些产品的降价幅度可以大一点以凸显其性价比，以往都是我们销售员口头给顾客介绍时说出来的，后来我给店长建议弄一些外观抢眼的标价牌，标上低价后贴在原来的价位牌上面，原来的价格则用两条线划掉以此告诉顾客该电脑的降幅有多大。也因此吸引了比较多的顾客驻足，而且也因此卖了不少此类降价抢眼的电脑。

3. 遇到一些外观或者原来保护膜比较旧的电脑我则建议用相关的保护膜进行更新和贴上，以此显得电脑又焕然一新。

营销的各个方面，无论是市场调研、市场开拓、营销队伍和营销组合都显现出新经济的作用。一方面，国际市场营销的空间领域扩大了，营销的技术更先进了；而另一方面，营销的复杂性上升了，营销的难度也加大了。因此我们必须不断创新，在日渐激烈的市场竞争中找到一个更新、更好的营销策略来提高企业在市场上的竞争力。

四、实习总结

（一）收获与体会

每次培训完以后，我会不断回想着刚才几位同伴分享他们的实习经验的得与失的情景，感触良多。我觉得自己其实很幸运，被分配到了一家以零售为主要业务、地理位置和工作环境都还不错的店面，遇到一群还挺肯帮助我的同事，工作得还挺充足和愉快。我应该感恩，因为我去到一个位置好的店面，至少不像某些同学那样去到一个死胡同的店面；我应该感恩，因为我遇到一个还挺照顾我和帮助我的店长，至少不会像有些同学一样遇到一个正式严肃的店长，第一天上班就被骂得狗血淋头。是的，我很幸运，我需要感恩，感恩是一种心态，一种进步。其次，我也发现了自己的销售技巧还有待改善，还没有真正地找到一种适合于自己的销售方式。有时面对一些难缠的客人时，向他们报的价钱必须拿握得比较准，既不能太高也不能太低。在价钱报得太低了，店面将会无利可图；但若价格报得虚高了，除了"水鱼"之外，一些事先探过低价的顾客便会认为你无诚意而立马离开。由此可见，对报价拿握得准是十分重要的，培训时也是重点提到我们销售员一定学会控价。但这种技巧并不是一朝一夕就能够完成的，需要一段时间去摸索和领悟一下。通过在店面一段时间的销售实战，我慢慢地学会如何把客人分等次，确定客人是现在想要买还是他只是来走一下，顺便探一下价钱而已，然后根据客人的具体情况再报出让自己能赚钱而且客人也会感到满意的价格。除此之外，我还总结出了如何判断客人真的现在就想买的规律。他们的主要特征表现在：

第一，客人逗留在店面超过5分钟，这类客人通常有心买却拿不准主意买哪台。这种情况需要我们主动出击，向他们推荐几款适合他们的机型。

第二，客人在你向他们推荐的过程中不断讨价还价的，希望能把价钱压到最低。这类客人的情况跟上一种客人恰恰相反，他们通常是已经打定主意买这一款机型，但是却因为价钱的问题望而却步的，或者想再占点便宜，通常这种情况比较棘手，不易处理。

第三，客人来到你的店面，什么也不说地就叫你报某一种系列的价钱。这种客人跟上面一种情况相似，也都是打定主意买那一款机型的，但为了不让自己吃亏，就多转几家店面，多问几个价格，最后就挑报价最便宜的一家店面来购买。这种客人一般都比较精明，对所购买的机型已经有深入的调查，所以我们报价时必须报一个比较低的价格，以留住客人。

有时在下班回家的路上，我就会回想前段日子，我发现自己确实有了一些变化：

1. 更有勇气更从容地和顾客沟通交流。

之前几天有客人来时，我总在心里挣扎：是让其他店员去接待客人还是自己主动去迎接客人，大胆自信地向客人推销呢？由于害怕自己推销得不好而使店面白白丢失一个客人，所以通常在我挣扎的时候，客人通常都会被其他店员接待了，自己又浪费了一个锻炼自己的机会。后来我对店面各种产品的详细配置有了一定认识，我决定不再犹豫了，主动迎接光临店面的客人，自信地向他们推销产品的卖点。

2. 心理承受能力变得更强，学会了些如何活跃销售气氛的技巧。

这让我想起我刚去店面上班时，一位很健谈的老员工跟我说："做我们这一行啊，脸皮一定要够厚，不要说害羞啊什么的，不然你永远没法成功。"我听后，觉得他说得很对，很有道理。于是，我便开始经常在店面门口，务求能第一时间跟顾客接触。顾客来时就主动说："你好！欢迎光临正洋数码港！"而且我还学会在推销产品时，如何不顾面子地对客人"死缠烂打"，最终说服他心甘情愿地买下我推销的电脑产品。

3. 对电脑产品的熟悉程度有了进一步的加深，并且对营销理念的理解更加深刻了。

店长在开会的时候跟我们说："推销成功的关键就是要对产品熟悉，并把它们应用在推销产品上，让客人感觉你们很专业，那么他才会心甘情愿地掏腰包去买你的产品。"没错，店长说得很正确。所以我之前几天便利用一些空余时间先熟悉一下店面内几种热卖机型的配置详情，之后再慢慢熟悉其他机型参数。在对产品有了详细的认识后，我发现推销时才不会那么慌张和不知所措，推销产品也会更容易些。而我这几天里推销出去的两台电脑都是我熟悉的机型，这就证明了只有对产品有一个全面而深刻的认识，才会让你的销售之路走得更顺利一些。

（二）观察到的问题与探讨

通过我的观察，我认为店里有些地方做得出色，有些地方还是稍显不足的。包括有以下几点：

第一，店铺摆放的组装电脑中配置有高中低三种类别让顾客选择，而且放在一起让顾客一目了然，从而更好地根据自己的需要进行选择，也让我们在销售的过程中更加便捷，这一点我认为是很好的，但有时候店面卖出电脑后不能及时组装一台电脑，缺乏效率，当顾客过来时就少了一样选择，也浪费了一个摆放商品的位置，因此我认为当店面摆放的商品销售出去后，我们应该尽快摆放出新的商品展示给顾客看，不要让店面给人感觉显得地方大商品少。从电子商务的角度看，互联网络是一种利用通讯线路，将全球电脑纳入国际联网的信息传送系统必将是未来市场营销最重要的渠道。因此我们在网上销售时也要合理布局网上店铺，尽量不要出现有空缺的位置，毕竟可以选择的商品种类多了也起到了提高竞争力的重要作用，而且网上的店铺位置是不需要成本的，因此该用的我们不应该浪费。

第二，店里的某些商品标了价格，有些却没有标价格，有时顾客会因为不知道商品价格而离开，有时通过询问销售员得知价格后会感觉是销售员随口说的，没有明码实价那样有说服力，也让顾客质疑商品的价格是否可信等，因此我建议每样商品都尽快把价格标出来，让顾客可以在选购商品时知道该商品的售价，而不需要每次都询问销售员，也不用担心销售员是否信口开河。从电子商务的角度看，我们在网上交易时，价格和信誉都是至关重要的，因此网上的商品价格一定要清楚表明，否则网购的人看不到商品的价格大多数就会转移其他店铺的了。如果仅仅是因为价格的不明确而导致顾客打消购买欲望，不仅顾客没买到想要的商品，也让销售员和公司损失利润，更重要的是公司的客源流失，信誉也打了折扣，实在是因小失大，得不偿失啊！

第三，店里有一些桌子和椅子是提供给顾客休息或者让销售员跟顾客坐下慢慢谈的地方，这对留住交易，留住客源十分有帮助，而且我们店里吊一台高清的大电视，当我们营业的时候会放一些好看的高清电影来吸引顾客过来，而且我们也会选一些不同类型的音乐来播放，这些对店铺的人流起到很好的作用，也留住了顾客，如何留住顾客，并与顾客建立长期稳定的关系，是关系营销的实质。要维持现有顾客，培养对企业高度忠诚的长期顾客，企业必须重视建立与客户的良好关系，并为顾客提供能带来价值增值的服务。从电子商务的角度看，如果我们的网上店铺也可以多给店铺进行装饰整理，播放一些音乐，一些图片甚至视频，让网购的朋友能更好地了解商品，对网店的浏览量人气等也会起到不可估量的作用。

第四，我们店铺除支持现金交易，同时也支持刷卡消费，这也极大地方便了来购物的朋友，毕竟没有多少人喜欢揣着巨款去逛街。从电子商务的角度看，我认为网上的店铺也应该尽量提供更多的支付方式，例如一些主流的网银支付，支付宝支付，充值卡支付等等。

五、结束语

通过在正洋数码港一段时间的实习，我系统学习了销售技巧等实用的知识与经验，也提高了对电脑各产品的熟悉度，对商品的控价等，也增强了跟顾客在沟通交流过程中的一些技巧，也了解到了一个店面的操作流程和运营方法。更重要的是通过实践后，我的经历和经验比以前更加丰富了。比起以前的我，现在的我无疑是更进一步了，虽然有自身的努力因素，但更重要的是受到身边老师们的苦心栽培，传授我营销理论知识；同时也离不开公司提供的平台支持以及店长和同事们的帮助。希望在以后的日子里我能再接再厉，继续丰富自己的阅历和知识技能，让自己能在社会找到属于自己的一片天地，开创属于自己的未来，属于一个团队的未来！

"三下乡"社会实践之幸福中山行
——安信证券公司调研

经管系"三下乡"社会实践队　指导老师：黄　煌　林玉蓉

摘要：在中国经济跨入到"十二五"规划阶段，一个新格局的产生势必对金融业提出新的要求，"十二五"的目标之一就是转变经济发展方式使其取得实质性进展。而在这一个过程发挥金融业的支持与引导作用，证券自然就成金融业不可回避的课题。经济发展的加速使人民生活水平不断提高，证券投资就成为人民生活中不可或缺的一部分。

关键词：证券发展；人民生活水平

调查目的：证券投资是近年来经济发展的一个重要发展趋势。中国经济发展势态良好，经济快速发展，越来越多的人们参与到证券投资中，证券公司深入民众，使大多数的投资民众有了"归属感"，结合经济管理系专业特色，于2011年7月18日赴安信证券中山营业部开展了调研活动。

调研时间：2011年7月18日

调研地点：安信证券中山营业部

调研对象：安信证券总监，客户部经理

调研方式：与安信证券总监及客户部经理访谈，提问

一、安信证券公司基本情况

安信证券股份有限公司是由中国投资保护基金有限责任公司、深圳市投资控股有限公司共同出资，于2006年8月18日经中国证券

监督管理委员会批准成立的综合证券公司，并于2006年8月22日领取深圳市工商行政管理局核发的企业法人营业执照。成立时注册资本151,000万元，2009年8月26日，经中国证券监督管理委员会批准增加注册资本87,975万元；截至2009年12月31日，公司注册资本238,975万元。

公司经营范围：证券经纪；证券投资咨询；与证券交易、证券投资活动有关的财务顾问；证券承销与保荐；证券自营；证券资产管理；融资融券业务；中国证监会批准的其他证券业务。

二、证券行业发展现状分析

（一）行业整体发展现状

在宏观经济快速增长的大背景下，随着上市公司股权分置改革、证券公司综合治理等多项基础性制度改革工作的基本完成，历史遗留的一些突出的制度障碍和市场风险得以化解，我国资本市场发生了转折性变化，宏观经济晴雨表日渐显现。自2008年第四季度以来，我国政府采取了迅速而有力的措施来应对经济危机，出台了一系列有利于经济长期发展的制度性举措，宏观经济出现复苏迹象，投资者信心得到一定的提振。随着宏观经济的逐渐复苏以及资本市场改革的不断深入，国内证券市场将继续健康、稳定发展。国民经济快速的发展奠定了证券市场整体水平提高的基础，三十年来，随着我国经济体制改革的逐步深化，国民经济水平得到了较快提高，中介机构和机构投资者不断增加。

（二）证券行业发展特点

1.风险控制和管理能力成为证券公司今后发展的趋势

2007年7月，中国证监会下发《证券公司分类监管工作指引（试行）》和相关通知，标志着以证券公司风险管理能力为基础，结合公司市场影响力的全新的分类监管思路已进入落实阶段。同年12月，根据证监会下发《关于做好第四批行政审批项目取消后的后续监管和衔接工作的通知》，中国证监会将依法对证券公司实施业务牌照管理。这就意味着证券公司风险控制能力的强弱将直接关系到其是否能够获得更为广泛的业务范围。

2. 现有证券公司抵御能力普遍得到提高，竞争状态日趋激烈

在2004—2007年间，中国证监会进行了证券公司综合治理工作，平稳处置了一批高风险公司。通过综合治理，这些证券公司普遍提高了风险防范意识，抵御风险能力得到进一步加强，业务经营过程更加合规，从而也使得今后我国证券公司之间竞争将更加激烈。

3. 部分业务出现向大型证券公司集中的趋势

在综合治理工作分类处置、扶优限劣的监管思路下，国内证券公司竞争格局发生较大变化，一批存在较大风险的证券公司退出竞争舞台，而一批风险控制能力强，资产质量优良的证券公司则得到迅速成长。

4. 国内证券公司将面对来自境外同业更为激烈的竞争

处在成长期的中国资本市场吸引了境外证券公司通过各种方式取得国内证券业务资格，随着证券行业对外开放的步伐进一步加快。将有更多国际证券公司进入中国资本市场，这意味着今后我国证券公司面临的外资证券公司的业务冲击也将越来越激烈。

三、证券对人民生活的影响

"十一五"期间，我国资本市场规模显著扩大，层次结构日趋完善，市场透明度明显提高，整体承载能力大幅提升，实现了在更高层面为经济社会发展全局服务。资本市场已不知不觉改变着我们每个人的生活。股票、基金、债券已成为老百姓不可或缺的投资品种，公众对宏观经济和产业发展的关注不断升温；农民在田间地头说着期货价格，以此为依据决定是否种植和卖出小麦、大豆、棉花。

四、安信证券对投资者的建议

安信证券公司仍在起步，证券业是半垄断企业，有国家掌控，在国内的冲击较大。公司本着企业文化经营理念：安全，合规，以客户为中心，让客户资产稳步增值，给投资者指点指导，给出宏观的市场分析、专业的理论知识指导。

关于城乡幸福指数的调查报告

外语系：黄雅思　指导老师：葛展奕

调查时间：2011年7月19日至22日

调查地点：珠海市斗门区乾务镇区、夏村

调查对象：乾务镇区部分居民、夏村部分村民

调查方法：走访调查、问卷、采访、参考资料

调查人：广东理工职业学院外语系暑期"三下乡"社会实践活动全体队员

调查内容：幸福是指人们对生活满意程度的一种主观感受。为了全面了解城乡居民幸福指数，我们利用暑假时间组织开展了对珠海市斗门区夏村河村部分村民、珠海市斗门区乾务镇镇区附近部分居民"城乡居民的幸福指数"的调查。本次调查采用走访调查、问卷、采访、参考资料调查方式进行。调查内容分为：居民幸福指数；居民认为最幸福的事项；居民对幸福指数各因素的感受，涉及收入、住房、生活、工作、健康、家庭、物价、休闲活动（旅游）等各方面，现将调查结果报告如下。

一、幸福指数的含义

幸福指数，就是衡量幸福感受具体程度的主观指标数值。幸福感是一种心理体验，它既是对生活的客观条件和所处状态的一种事实判断，又是对于生活的主观意义和满足程度的一种价值判断。它表现为在生活满意度基础上产生的一种积极心理体验。

二、调查概况

调查结果显示斗门区居民感觉自己生活幸福的占63%，其中非

常幸福占12.4%，比较幸福占50.7%；感觉不幸福的占26.9%，其中不太幸福占14.3%，非常不幸福占1.7%；其他未说明的占4%。调查数据说明随着斗门经济的快速发展，人民生活水平得到了明显改善，许多城乡居民都感到生活幸福。从调查对象的分类看，有以下特点。

（一）城市居民幸福指数高于农村居民

城市居民认为自己生活幸福的占81.4%，不幸福的占19.6%；农村居民认为自己生活幸福的占73.4%，不幸福的占26.6%。男性居民幸福指数略高于女性。男性居民认为自己生活幸福的占82.6%，不幸福的占17.4%；女性居民认为自己生活幸福的占79%，不幸福的占21%。

（二）年轻居民幸福指数高于中、高年龄居民

17~30岁居民生活幸福指数最高为85%，不幸福的为15%；30~50岁居民认为自己生活幸福的占80%，不幸福的占20%。

（三）高学历居民幸福指数高于其他学历居民

学历越高幸福指数越高。大专、本科及以上居民认为自己生活幸福的占88%；高中以下学历为76%。

（四）月收入高的居民幸福指数高于收入低的居民

个人月收入在4500元以上的居民认为自己生活幸福的占92%；月收入在2000~4500元占85%；月收入在2000元以下占76%。表明在当前生活条件下，居民收入直接影响着对幸福的感受。挣到"钱"才能挣到"幸福"。但是也应当看到，也不是越有钱，人们的生活就越幸福。

三、分析影响居民幸福指数的因素

（一）居民觉得幸福的主要因素

1. 生活水平提高

居民对目前生活水平满意的占57%，觉得一般的占20%，不满

意的占23%。居民的消费水平不断提高。对衣、食、住、行都有了不同层次的追求，许多家庭买了汽车，购买汽车对许多家庭已经不是遥不可及的梦想了。

2. 居民收入增长

居民对家庭月收入满意率为54%，不满意占46%。居民收入是生存的前提，幸福的源泉，和谐的基础。他们认为，家庭收入稳步增加，日子一天比一天好，这些都是多年来的期盼。

3. 住房条件改善

居民对目前住房满意率为61%，不满意的为39%。他们的住房环境、房屋质量都得到了不同程度的改善，生活压力和负担也相对少了许多。

4. 家庭和睦幸福

居民对自己的家庭满意的占78%，不满意的占11%，其他未说明的占9%。家庭和睦也是影响幸福指数的重要因素，家庭和睦也受很多方面的影响，经济的发展，生活水平的提高，很大程度上也影响了家庭的和睦幸福。

5. 健康水平提高

随着收入水平增加，生活改善，斗门区的医疗卫生事业发展，居民的健康水平显著提高。城乡居民对自己的健康水平满意的占73%，不满意的占26%。其中城镇居民对自己的健康水平满意的占76%，农村居民对自己的健康水平满意的占71%。表明城乡各项医疗普惠政策的有效实施，为广大群众病有所医提供了保障，使他们感受到身体健康、生活幸福。

6. 居住环境优化

居民对社区环境满意率占60%，不满意的占40%。他们认为居住地的治安、绿化、卫生等方面与过去相比有了很大改观，但是也仍需要进一步加强。

(二)居民觉得不幸福的主要因素

1. 物价增长过快

居民对目前的物价水平不满意率达到64.4%,物价水平与我们生活息息相关,与幸福指数紧密相连。物价增长过快导致物价不稳定,也直接影响着居民的幸福指数。

2. 城市房价居高不下

居民对城市房价最不满意,满意率仅占11.6%。斗门区房价居高,房价不透明,有些地方价格和价值严重背离。住房问题也是影响居民幸福指数的因素之一。

3. 工作职业满意率低

居民对工作职业现状满意率为20.1%,其中城镇居民对工作职业现状满意率为56%,不满意率为44%;农村居民满意率为46%,不满意率为54%。城乡行业、职业工作人员的收入的差距,对居民工作环境和从事职业的满意度和幸福感有着很大影响。

四、对提高城乡居民幸福指数的建议

通过这次调查发现,影响居民幸福指数的因素有很多,造成城乡居民幸福指数差异的因素也有很多,如收入、住房、生活、工作、健康、家庭、物价等各方面都会影响城乡居民幸福指数。

珠海市近几年的发展可以看出珠海市的经济发展状况很好,但城乡居民的幸福指数也反映出了很多问题,如收入、住房、生活、工作、健康、家庭、物价等。通过对这些问题的分析和总结也有助于推动珠海市经济的发展,总之,我觉得这方面需要很大程度上依靠政府。下面是对这次社会调查作出的一些总结以及建议:

(一)增加居民收入

这主要靠政府,加快推进经济的发展,促进城乡居民充分就业。

结合斗门区现时的产业基础和土地资源状况，在推动现有一些企业增资扩产、提升水平的同时，扩大就业机会和空间。加快社区商业布局发展，扩大城乡居民就业渠道。也可以激励群众自主创业，提高城乡居民收入。

（二）正确引导经济发展

目前在经济方面居民最不满的是物价和房价，政府要发挥宏观调控作用，正确引导经济发展，政府还要充分了解居民生活的现状，并采取相应的措施，每个地方的经济发展水平不同，所以应对的措施也不同。

（三）提高居民健康水平

都说健康是福，很多因素影响居民健康，比如生活条件、医疗条件、工作压力等。居民生活条件好了，生活水平提高了，工作压力小了，居民区的医疗条件好了，也会影响到居民的幸福指数，随着这些因素的改善，居民的幸福指数也会有所提高。

（四）提高居民文化水平

根据这次调查可以发现，居民的文化水平也会影响居民的幸福指数，居民文化水平高低会直接影响到居民的就业问题和精神文化素质，也会影响到他们自身的收入、生活、工作、健康等方面的问题。

中山海逸酒店餐饮部实践报告

外语系：林晓心　指导老师：谢淑英

我们实习的单位——中山长命水海逸酒店，坐落于中山市五桂山长命水村，地理位置优越，交通便捷，距中山市区仅5分钟车程。

中山市长命水海逸酒店占地面积1万多平方米，总建筑面积近2万平方米。由主、附两幢楼构成。其中：主楼高6层，附楼高5层，内设客房、中餐厅、西餐厅、KTV夜总会、康乐中心、沐足中心、棋牌室、多功能宴会厅等经营项目。

一、准备工作

虽然我们只在酒店进行为期一个月的实习，但酒店还是按正规的实习生对我们进行了系统的培训，培训工作分为三大块：一是人事部的岗前培训，进行了四个课时的室内培训和游览培训，主要是介绍酒店的概况，同时也对我们进行了员工素养及酒店管理制度的培训，这让我们对工作有了大概的了解；第二是消防安全意识培训，酒店特别安排了工程部的经理助理为我们现场讲解授课，让我们对酒店安全和消防常识有了更深入系统的了解；第三是业务技能培训，这一培训贯穿着我们实习的一个月，由部门负责人员为我们进行不间断的技能指导，一个月的实习让我们对部门工作有了基本的了解，这也得益于酒店系统而全面的培训。这些培训对我们以后的学习和工作都是非常有用的。餐厅主要承担的是团队客人和散客的用餐，有时候也承办大型的宴会和其他活动，餐厅员工有将近20人，包括主管一名和若干领班及服务员数名，工作比较繁忙。

二、实习过程

长命水海逸酒店并没有给服务员们制定具体的岗位职责和工作描述，在刚刚走进工作岗位的几天，我们就像无头苍蝇，完全不能领会工作的流程和要领，只是听从领班和老员工的安排和他们手把手的教导。庆幸的是基本所有的老员工对我们都特别的友好，主管还专门为我们每人安排了两名师傅，负责引导我们的工作。在后面的日子里，我们基本都能熟练各项工作了。

我们的工作除了迎宾、摆台、折口布、传菜、上菜、撤台外，也得兼任勤杂工、扛桌子椅子、铺地毯等一些脏活、重活。我们实习生的上班时间是8时工作制，一个月休息4天，主管根据我们的需要，为我们排了两头班，即上午4小时和晚上4小时，这样我们中午就有了休息的时间。但往往下班的具体时间是不确定的，经常根据实际情况加班加点，但是加班时间都有记录，适当的时候会有补休，虽然没有加班费，但每个月都会有提成，我觉得这种制度还是很灵活合理的。

酒店员工都穿着工作服，由酒店统一发放自己换洗，但我认为酒店的服务员制服太过简单而且比较陈旧，常有破损的现象。不过令我欣慰的是：酒店的员工大都是热情友好的，不管哪个部门，他们并没有因为我们是实习生而对我们冷漠生硬；在劳累之余，同事们的一个甜美的微笑，一句再普通不过的"辛苦了"都会让人分外感动；在休息和饭堂进餐的时候，我们都会聚在一起聊天，分享彼此的感受，就像一家人；而管理层中的几位经理也很和蔼，没有什么架子，但偶尔还会对没有做好工作的下属发发脾气。

三、心得看法

以上是我在实习过程中的一些感受，以下是对在经营管理过程中出现的一些问题的个人看法：

（一）各项规章制度落实不是特别到位

所有酒店的管理制度其实是大同小异的，关键是要看谁落实得怎么样，效果怎样。中山市长命水海逸酒店的各项规章制度也很完善，但我个人认为贯彻得就不是很好，毕竟中山市长命水海逸酒店是一间四星级酒店，服务需要标准化，所以我觉得建立一套规范的服务执行和监督机制是酒店管理的一个当务之急。

（二）加强对餐厅卫生的管理和监督

曾经在网上看过一个调查，有70%的人对酒店的餐饮卫生不放心。在餐厅实习的一个月的时间里，通过自己的切身体会，也确实感受到了其中的问题。据我观察，餐饮部门并没有一个明确的对员工个人卫生要求的条例，而且员工的卫生意识也并不是很强，如没有养成经常洗手的习惯。

（三）建立一套公开透明的激励机制和晋升制度

据我了解，很多老员工工作的时间已经很长了，个人服务意识和技能也达到了非常高的水平，但是由于酒店的相关机制的限制，他们并没有获得什么激励和晋升，而个别员工表现得并不是很好却能依旧留在原职；另外酒店的激励机制中也过多的注重于物质上的激励（最多也只是发钱），事实上，除了传统的奖惩激励外，还有很多的激励方式值得管理者借鉴。

（四）树立一种能够凝聚人心的精神性的企业文化

一个民族有它自己的民族文化，一个企业同样也需要有它自己的企业文化。在一个月的实习过程中，我发现中山市长命水海逸酒店似乎并没有一个深入人心的文化核心（可能是我工作的时间太短了），即员工在里面没有一个统一的坚定的信念，似乎很多员工纯粹是为了自己的生活而工作，工作的积极性不够，而且工作缺少创造性。

四、总结

酒店实习的日子结束了，这次酒店实习也是本人的第一次专业见习。总的来说，在这些日子里自己确实学到了不少的东西：除了了解到餐饮的服务程序和技巧，也学会了如何调整自己的心态，如何处理好自己的利益和酒店的利益，如何处理好与同事之间的人际关系，如何与顾客打交道；同时，更让我认识到作为一个服务员应该具有强烈的服务意识；更为重要的是，在一个月的工作中，我深刻地体会到了酒店行业的艰辛，也看到酒店发展的前景，更加明白了自己以后学习的方向和侧重点。最后，感谢酒店能提供这样的实习机会，在此祝愿酒店能够越办越好。

关于大学生暑期生活的调查报告

机械与自动化工程系：陈兴光　　指导老师：陈波涛

暑假，对于很多学生来说是一个放松身心，提高自身修养的大好时机。能够把握这短暂的两个月时间真正去学点什么，做点什么应该是我们当代大学生所考虑的。

跨进了21世纪，又是个新的开始，当代大学生是新一代的代表，是祖国的未来，我们必须坚持中国特色社会主义理论体系，必须在它的指导下阔步前进。作为新世纪的大学生，就应当肩负起历史赋予我们的重任，做一名合格的大学生。充分发挥我们的才能，壮大我们的国家，使中国走进强国之列，这就是我们21世纪大学生的伟大使命。合理支配暑假时间，充分利用把握机遇。

暑期来临，大学生又一次离开校园，开始了暑期生活，为此我就广东理工职业学院学生暑期生活安排做了一项调查，内容如下：

一、调查对象

大学生

二、调查方式

问卷调查，以询问为主

三、调查内容

广东理工职业学院学生对暑假生活的安排，并注重对大学生兼职情况作一定调查

四、调查地域

广东理工职业学院

五、调查结果与结论

通过调查了解到当代大学生暑假生活大致分为四类：1. 参加社会实践兼职打工；2. 埋头苦学，参加各类培训班；3. 出行旅游度假观光；4. 蜗居。

1. 社会实践，兼职打工

调查结果显示，现代大学生打工的主要目的是：有35%的大学生是为了增加收入；有36%的大学生是想自食其力；有29%的大学生认为要锻炼自己的能力，对报酬无所谓。随着社会的变革和思想观念的转变，大学生打工的形式开始变得异常丰富起来。有22%的大学生选择网络公司；4%的大学生选择暑期教师；19%的大学生选择市场调研员；13%的大学生选择营销策划员；16%的大学生选择做志愿者；9%的大学生选择做促销；5%的大学生选择到快餐厅做钟点工；12%的大学生选择其他。社会实践是大学生接触社会，了解社会的一条重要途径。到企事业单位实习的大学生也为数不少，这样既可锻炼自己，提高专业水平，又可开阔视野，接触社会，为日后工作积累社会经验。暑假兼职打工赚钱是许多学生的选择。"流自己的汗，吃自己的饭；自己多吃点苦，父母少花点钱。"这是时下不少大学生"打工族"秉承的至理名言。传统的家教、推销翻译到现在的网吧管理员、市场调研员、快餐店钟点工，甚至是一些大胆另类的选择，如在网上建立自己的商店或替网络公司试玩游戏等都成为现在大学生打工时所选择的职业。尽管大学生"打工族"具备"初生牛犊不怕虎"的勇气和自信，但他们也同样有着缺乏经验和辨别能力有限的"先天不足"。正因为如此，大学生因打工而上当受骗的事件才层出不穷，有的甚至被骗入传销组织而走上违法犯罪的道路。

我很幸运，我在暑假找到了一份稳定、安全的工作，一个月的暑期实践使我切身体会到生活的艰辛和父母的不易，作为一个男孩，又是一名大学生，生活的全部物质支持来自父母，通过此次实践使我觉得大学生应靠自己的双手去努力赚钱，以减轻家庭的经济负担。所以我呼吁大学生应在平时利用业余时间做一些兼职，既锻炼自身能力为将来步入社会积淀力量，又减轻家庭负担，缓解父母压力。

2. 埋头苦读，继续深造

暑假，成为一些大学生备战的"黄金时期"。参加各类培训班早已经成为一道亮丽的风景线，各类形形色色的招生广告在校园内随处可见，暑假报名参加英语、电脑培训班的大学生，大都是为了在原有基础上"更上一层楼"。另外，考研、考证、参加社会招聘考试的学生借助暑假时间积极备战，以求在学业、就业上取得突破。我们深知将来的社会需要的是复合型人才，掌握多种专业知识，取得多个文凭、证书更有利于找到理想的工作。还有不少大学生趁暑假的充裕时间报名参加汽车培训，为了将来更方便找工作，即使找工作时用不上，也对自己有好处。此外，不少大学生到图书馆、书店"充电"，摄取精神食粮，完善自己的知识结构和技能等。

3. 外出旅游，饱览风光

大学生到大自然中去接受美的熏陶，饱览祖国山河风光，使生活张弛相济、劳逸结合，使人脑得到精神保健、生命获得和谐运动，现在已经成为一种时尚潮流。部分大学生利用暑假欣赏名山大川，不仅丰富了阅历，增长了经验，从外出经历中体会人生，感触社会，同时也能体验到出门在外的不易。出行旅游，度假观光，与同伴相互照顾，增进了解，培养提高了与人交流的能力。另外，上海世博会的召开更加吸引此类人群前去观看，以求领略世界文化的盛宴。通过世博使其有机会切身参与志愿者活动，得到一个很好的锻炼自身机会；通过世博能让他们开阔视野，更好地了解世界；通过世博让他们能近距离感受到世界的魅力；通过世博丰富他们的世界观；外出旅游何乐而不为。

4. 蜗居一族，无聊度日

有些大学生虽然在放假前已经制定了周密的暑假计划，但是回到家后睡觉、看电视、上网、看小说却成了部分大学生在假期的主要活动，没有暑假盼暑假，暑假到了又觉得无聊，短暂的一个月就像流水一样一去不复返。无聊、郁闷成为"蜗居族"暑假生活的主旋律。

另外，此类"蜗居族"生活在父母周围，吃父母、花父母不说，而且还经常因为一些琐事跟父母吵架，严重影响到家庭和谐及家人之间的关系。

六、建议、对策

暑假为我们自身发展和知识扩充提供充足时间和广阔空间，我们必须亲自去挖掘它宝贵的资源，实现其价值。通过调查，提供以下建议：

1. 暑期时间参加志愿活动，实现自身价值，增加社会责任感和使命感。

2. 提高自己的综合能力，学习自己的专业知识。

3. 在假期生活中，切不可让放纵、懒散、无知冲昏了头，要加强体育锻炼。

通过对暑假生活的社会调查，我们不由得感到欣喜，我们可以从中领略到当代大学生积极向上的风貌，同时也感悟到大学生们独特的思想意识和价值取向。暑假成为很多大学生学习的新阵地，是大学生展现青春风采，施展一技之长，增长知识，吸取经验的大好机会。总之，大部分大学生能够根据自己的实际情况，度过一个健康有意义的暑假。

暑期社会实践调查刑法的报告

机械与自动化工程系：钟美妮　指导老师：谢坤锐

一、调查动机

进入21世纪，在我国经济取得突飞猛进的同时，我国的法制也取得重大发展，而关于人权的观念以及其他一些新观念逐渐地改变人们对于原来认为合理的事物的看法。我们想通过此次社会调查来了解河源市人民对于死刑方面的态度是否随着经济发展而发生重大变化，同时加强关于这一方面的法律知识宣传。

二、调查目的

通过亲自参加社会调查，我们能更好地理解课堂中学到的关于社会调查的相关理论知识，达到理论联系实际的目的。还有就是在面对社会中不同群体时，初步了解他们的情况，同时锻炼我们的交际能力。

三、调查任务

我们10人针对河源市4县中的11种职业群体，包括农民、国家工作人员、公检法工作人员、律师及其他法律工作者、产业工人、学生（初中）、老师（初中）、学生（高中）、老师（高中）、大学学生、大学老师，做了3150份关于死刑民意社会调查问卷，以及针对一些群体进行死刑知识宣传。

四、初步认识

死刑，也称为极刑，世界上最古老的刑罚之一，指行刑者基于法律所赋予的权力，结束一个犯人的生命。而有关犯人通常都在当地犯了严重罪行，尽管这"严重罪行"的定义时常有争议。但普遍来讲,"杀人偿命",对于现时保有死刑的国家,"蓄意杀人"必然是犯人被判死刑的其中一个可能。在调查前准备中了解到目前已经有近100个国家从法律上废除死刑,140多个实际上废除死刑。在这种国际大趋势下国内学者各执己见,但是我作为普通的一个学生和大多数人的观点一致,属于传统的"杀人偿命"观点。虽然百人百性,但是由于近千年传统观念影响我想大部分民众也是支持死刑制度。

五、实践状况

(一)实践前准备

从期末考试结束后,我们就开始着手准备相关资料和就某些问题进行讨论。我们对调查问卷的设计经过我们的几番讨论和指导老师的指点才定稿的,还有关于调查中与人交流可能出现的问题进行讨论,然后就是关于安全和路线及食宿问题进行相关的部署。

(二)实践情况

我们的活动从2011年7月10日正式开始,经历17天的努力圆满地完成任务。由于活动所面向的对象之多,加之活动前的准备还不是很完善及相关单位的不合作等因素,我们的活动出现意想不到的困难。但是经过我们10人共同努力克服一切困难顺利地完成这一项任务。比如活动刚好是在初高中师生放假时间,学校人员稀少,很难集中地去调查。我们最后集中对一些在补课的学生进行调查,老师是通过他们进修的集中地进行调查。还有就是我们在活动前没有考虑到郊县没有大学这一情况,最后通过在9区里面的大学进行集中调查。再还有就是我们对律师行业分布情况和人员不了解,导致对律师的调查成为我们的一个巨大的困难。最后我们通过地毯式搜索还是完成了任务。

(三)统计结果

调查问卷共有21道问题,我们总共调查了3150份,统计的总体情况如下：

1. 有近57.33%的被调查者认为死刑还是一种残酷的刑罚。

2. 对我国关于死刑方面的法律有近乎90%的被调查者是不清楚或根本不知道。

3. 对于设置死刑目的，大家认为是威慑，预防犯罪。

4. 对于犯罪原因，更多的人认为财富分布不均和个人道德水平低下有关，因此对于预防犯罪措施，接近60%人认为从犯罪原因和个人道德抓起。

5. 对于我国的死刑制度，有52.19%的人支持，还有8.92%的人强烈支持。

6. 在社会存在冤假错案的事实下，他们的态度几乎不改变。

7. 对于每年被判处死刑的数量，52.48%人认为应该公开。

8. 对于废除死刑，有近60%的人反对或是强烈反对。

六、实践后的认识

经过13天的调查和4天的统计，我在调查别人及查看一些资料的同时发现我的观点慢慢地发生一些改变。我的认识比起实践以前有进一步的提高。以下是我实践后的认识：

1. 虽然大家认为死刑是一种残酷的刑罚，但是大家还是比较支持死刑这一制度。可是在此同时看到随着经济的发展和一些新观念的出现，人们不再是一如既往支持一个事物而是辩证地去看待，所以调查中有许多人保持中立。

2. 还有就是每个人的社会经历不同及文化程度的不同，加之职业的区别，导致每个人看问题的角度不同，因此每个人的态度也就不一样。比如一个农民和一个大学生看待死刑的态度是截然不同的，还有一个从事司法活动的人和一个非法律专业的人的态度也不一样。

3. 虽然我国法制在不断地改善，但是民众对现行的法律不是不知道就是不满意。还有就是关于法律的执行力，民众表示怀疑。还有通过此次调查我了解民众的法律知识缺乏，因此应加强普法宣传，尤其是在贫穷落后的山区农村。

4. 还有一点就是，通过实地调查，我发现我们在学校学习的理论在实践中是很难得以应用，因为理论和实践差别太大了。因此我们大学生除了学习理论外还应积极地去实践中锻炼。

综述，这一次是我第二次参加暑期社会实践，但是这次我感觉学到了更多东西。并且我的个人交际能力得到了提升，还发现了自己的不足之处，这对我来说是一笔不可估量的财富。

无法磨灭的美好回忆

经济管理系：陈丽丽   指导老师：谭   琳

　　白驹过隙，时间一晃，为期5天的"三下乡"活动已经拉下了帷幕。虽然，这5天的朝夕相处、酸甜苦辣、情同手足，或许谈不上是刻骨铭心，但我们都非常清楚，它在我们心中已有了一定的地位，那是一段无法磨灭的美好回忆。

　　此次，我们队伍下乡的目的地是山清水秀的中山市东升镇。东升镇是中国的脆肉鲩之乡、文化名镇、旅游新城。这次我们下乡的目的主要是配合东升镇政府努力打造"财富东升、生态东升、和谐东升"。

　　在"三下乡"的5天里，伙伴们都表现得非常积极，大家的亲密值成指数飙升。活动也在预期中一项一项地慢慢完成，大家齐心协力、各司其职，展现的是我们优秀团队的精神面貌。"把优秀进行到底"是指导老师送给我们的一句话，听君一席话，胜读十年书。这句话就像一股无形的动力推动着活动的开展。在所有的活动里，最让我感到刻骨铭心的是支教活动——暑期快乐辅导班！

　　俗话说得好，好事多磨。晚上的支教活动都在阴晴不定的天气里进行的，而白天却是风和日丽。支教的第一晚，做好充分的准备：布置课室、合理分组、联系家教学生、校门接人等等，大家忙碌有序的画面真让人感动。可惜天公不作美，接近黄昏时候，突然晴天霹雳，整片天空变得黑压压的，几声震耳欲聋的雷响后，整个东升笼罩在倾盆大雨里。虽然现场并不像伙伴们想象的那样热闹，但看见他们湿漉漉的身子、求学上进的眼神，大家依旧不遗余力地和孩子们一起学习。为了合理利用时间，把有限的时间用在刀刃上。我们及时改变晚上活动策略，并为第三天的敬老院之行做充分的准备。

支教活动让我们学会了深入思考、随机应变，让我们明白了，不要太过抱怨问题的出现，因为问题的出现正给了我们发挥主观能动性的空间，问题的出现让我们得到了更好的锻炼机会。正如"敬老院之行"的节目表演者忽然生病，像这类突发情况却让我们学会了凡事都不可能按照你的意思去走，活动后备方案是必不可少的。"社区服务"范围不清楚导致我们小组的活动时间的延长让我们明白成功有效的沟通是双向的，沟通是完成任务的重要前提；某些项目的经费远远超出预算，导致另外一些项目经费预算不得不缩减，从而影响了活动的质量，这让我们明白了"计划赶不上变化，但是没有计划就是在计划着失败"，对活动进行合理的财务预算和行动计划，是我们活动取得圆满的一道瓶颈口。

"三下乡"活动也给我们提供一个感受集体生活乐趣的平台。5天里，我们21个人吃同一道菜、做同一件事、想同一个问题。我们的关系从原来的只知道名字的陌生同学变成了知道对方是否吃辣的贴心朋友，我们的感情从原来的普通同事到现在的嘘寒问暖的知心好友！在这里收获的友谊如此珍贵，让我们特别珍惜，"三下乡"活动已经结束，但是希望这仅是我们友谊之旅的开始，让我们一起珍惜这份来之不易的友谊吧！

"三下乡"是大学生走出校园走进农村的很好的社会实践，参加"三下乡"的收获是巨大的。这里不仅仅可以体验集体生活的乐趣，也能考验大家团结合作的意识，还能收获到人生路上又一美好回忆，真的很适合我们大学生去努力为之付出。自己的体会真的是要自己实践过了才会深刻，也许有些难以表达出来，但经历过就够了。

　　虽然"三下乡"活动已经结束，但在这里学习到的吃苦耐劳精神、养成的艰苦奋斗的习惯会一直伴随着我们，我们会把暑期的快乐延续下去，回到学校继续努力学习，任重而道远，为理工的明天、自己的未来而奋斗。

我们的旅程

文法系：谢飞娜　指导老师：谭　琳

一节生动的课堂，一段珍贵的记忆。为期5天的"三下乡"实践活动在一片泪水与汗水的欢呼声中画上完美的句号，5天以来，在老师的带领下我们过得很充实很快乐，我们的付出与收获让我们加速成长，缘分把我们带到了东升，让我们相聚在一起，一起共度这段难忘的时光，这五天不敢说是刻骨铭心，但也在我们每个成员心中占有不可估量的分量，我们团结友爱，互帮互助，一起完成了我们的任务。

每一天的行程都在井然有序的过程中开展，每一天我们都在努力并收获着，那美好的画面历历在目，那份真实的感动藏在心底。

正如活动的伊始，一个嘹亮的出征仪式角号就奏响了暑期"三下乡"活动。按分配好的团队，我们来到位于中山西北部的东升镇，活动算是正式开始。紧接着，一场篮球赛，不仅展示了现代大学生的体育风采，更是在两个组织的心中，萌发了一种叫做友谊的情愫。

精彩继续，每天晚上进行"三下乡"的重要项目之一——支教，那时的天气总是阴雨绵绵，阴晴不定，为了方便给孩子们上课，每天晚上我们都在大门口等待那些风雨无阻的学生，就是那些小学到高中的学弟学妹们。我们还跟东升高级中学借了两间教室，我们专门用一间做教学课堂，而另一间则为我们简单的工作室，我们都在为我们的教学努力着，每天晚上看到学生们冒雨前来补课，埋头苦读的背影，我们都在默默地感动着，每个"老师"并没有真正老师的架势，更多的是像大哥哥大姐姐一样细心地教着他们，每一题都有过我们的笔记，我希望没有我们的暑假快乐辅导班，他们也能快乐开心地学习，快乐开心地成长，长大以后实现自己的梦想。

第二天，我们一队人来到了东升脆肉鲩基地，车主任为我们讲解了脆肉鲩的生长条件和环境，还有很多关于脆肉鲩的知识，车主任还为我们讲诉了他的创业经历和过程，那每个字眼都蕴含着他的每一份汗水，我们希望能在主任的人生建议和经历中吸取教训，努力学习主任的那种拼搏的精神，之后在一片回忆留恋的氛围中我们离开了基地，在车上我们都在思考着自己脚下的路，我们的眼神慢慢的变得坚定了。下午我们随指导老师来到东升最大的婴儿车制造厂商——隆成有限公司。接待我们的是余先生，他为我们介绍了公司的基本概况和公司的四大理念：创新、卓越、诚信、务实，余先生在向我们介绍他们公司时，都是挺立着腰为我们介绍公司的文化的，全程连水都没有喝一口，都是以最好的状态和精神面对我们，我们很感动，他让我们领略到公司的文化，感受到公司的素质，之后余先生建议我们大专生要自信，保持良好的态度面对事物，在校期间多多参与实践活动，还有认真读书，增强我们的能力和自信，我看到大家都在认真地听着，在这些听到的和看到的种种，我觉得都是我们大学生应该学习的。

第三天是最充实开心的一天。在东升镇，多数都是外来务工者，对于火灾的预防以及灾难发生后如何自救的重要的知识都是模模糊糊，一知半解的样子，基于这种情况，我们协助当地消防局进行消防知识和安全措施的宣传，我们尽力把所知道的知识传递给居民，还到一些商店派发宣传资料，避免发生不必要的伤害，希望在任何时候都对人们有帮助，我们自己也学会了很多消防知识和消防栓的使用。在进行消防知识和安全措施宣传的同时，我们也在进行一份问卷调查——东升居民幸福感来源，活动进行得如火如荼，尽管太阳很大很晒，但是同学们不怕苦不怕累地工作着。幸福，我们每个人都有自己的一份标尺，都有自己最幸福的来源，苦并幸福着。到了下午，我们分成几个小队去裕民区打扫街道，平时并不很了解环卫工人的艰辛，每天在街道上清除垃圾和死角的淤泥，夏天顶着毒辣的太阳，冬天冒着严寒，默默无闻地工作着。每个街道都有很多垃圾桶，人人都主动地把垃圾扔进垃圾桶，一方面减少了环卫工人的工作量，另一方面也体现了我们市民自身素质，从现在开始我们携手保护我们共同的家园，这活动在我们的汗水中结束了，看着宽敞干净的街道，同学们脸上都洋溢笑容，心满意足地走了。

第四天上午，我们来到了敬老院，这个活动也是我们精心筹备的，每一个动作都有我们的心血，希望我们能为老人们带来无限的欢笑，唱歌是我们的开头炮，在第一炮打响之后就是我们专门准备的手指操，活动锻炼大家的手指，使之变得更灵活，令我印象深刻的是我们一起亲手教爷爷奶奶折纸鹤，每个笨拙的动作都有一种认真的眼神，虽然折出来的纸鹤都是不太漂亮的，但那是爷爷奶奶的成果，纸鹤象征着长命百岁，我们把我们和他们折的全部粘在我们自己做的祝愿栏上，这也是我们对他们的祝愿，祝愿他们长命百岁，寿比南山。这一天爷爷奶奶还有我们都过得很开心，在大家脸上的幸福笑容证明了这一切。下午我们慰问了一些贫困家庭和单亲家庭，他们家庭困难但他们还是微笑着，乐观面对我们，每个家庭有难念的经也有开心的词典，我们感受颇深，为此也感到很开心。

最后一天也是最轻松的一天，在总结会中结束了我们的旅程。付出与收获总是平等的，泪水与汗水也是同时的，我们流出了汗水收获了感动，5 天的旅程，发生的故事和收获到的知识，对于我们是永远的值得珍藏的感动，是永远值得回忆的故事，在此我要谢谢全程陪伴我们的老师和师兄师姐，谢谢你们的教导和关心，因为有你们我们才能做到更好，才能圆满完成任务，当然还有我们一起走的队员们，我们共进退、齐努力、乐成长，因为有你们，这5天才能过得如此精彩，我也要谢谢你们的陪伴，谢谢你们的关心。活动结束了，但行动永远不会停止……

共建幸福东升

经济管理系：陈思洁　指导老师：谭　琳

一眨眼，为期5天的"三下乡"活动就完满结束了，这短暂的5天，让我受益良多，学到很多课本上学不到的知识，也让我认识了一班可爱的朋友，大家工作时一起拼搏努力，生活上互相帮忙，相亲相爱。我很荣幸能加入东升这个团队，与大家度过流金般的日子，"三下乡"活动在我大学生涯里留下激情的一笔，绚丽而精彩……

一、深入调研宣传，共建幸福东升

我们顶着火辣辣的太阳，在壹加壹商场附近开展了关于东升人民幸福指数的调查问卷以及宣传关于普法、家庭用火的安全知识等活动。这天是我们最辛苦的一天，与此同时，也是感觉最充实、有意义的一天。这次的调研可以看出东升人民的幸福指数是相当高的，同时也有很多热心人民对"构建和谐东升"这一课题提出了很多宝贵的意见，我们相信东升能在大家的努力下共同建造出更加美好和谐的社会环境。

在活动过程中，给我印象最深的是一个60岁左右的老奶奶，看不懂问卷上的文字还很热心地完成问卷。我一题一题地为她解释，她都认真细心地听，当问到有关家庭时，她不由地扬起幸福的嘴角，并跟我分享她家的幸福趣事。看到这么开朗的老奶奶，也让我想起我的家人，很感谢我的爸爸妈妈含辛茹苦地把我养大成人，让我有这样的机会去体验这世界的精彩。"谁言寸草心，报得三春晖"，我会好好珍惜机会，认真学习，爱惜自己，将来好好报答我的父母。

二、思想学术交流，学校企业共发展

在当地团委和我们的指导老师的组织领导下，我们走访了当地脆肉鲩养殖基地和世界500强企业——隆成集团，在这次的参观中，我们学到了很多在学校学不到的知识，也让我们明白了很多社会道理，这也是为我们这些即将踏入社会的大学生提供一次宝贵的机会。

当地脆肉鲩养殖基地的车主任给我们分享了他20年的经商之道，也让我们更好地了解脆肉鲩的养殖情况，他没读过几年书，却能成为脆肉鲩之乡的代表人物，可见，他所付出的努力和辛勤的汗水是难以想象的。他教育我们要多多学习，增长知识，更好地充实自己，这样才能更好地提升自己并在当今的社会上立足。此外，隆成的人力资源徐经理更是让人佩服，在一个半小时的讲座中，一直都是站着，一口水也没喝，这体现一个企业的素质，也是对我们的尊重。徐经理的知识方面很广泛，无论我们问什么问题，他都能很有序、清楚明了地回答，还能给我们举一些相关的例子。这让我深深佩服，这让我不断反省自己，也让我暗下决心，把书本的知识与社会的所见所闻结合起来，不断地充实自己。

三、汇聚爱心探望老人院，倾情慰问困难家庭

那天，我们为公公婆婆们准备了丰富的表演和礼品，也为困难家庭带去最深切的慰问。当我们教公公婆婆们手指操的时候，老人们摆动他们不灵活的手指，我感到有点心酸，真是岁月不饶人啊！我去慰问的贫苦家庭是一个烈属家庭，她的丈夫离开几十年了，老奶奶依然那么坚强地生活着。我们在那陪着她聊天，帮她按按摩，揉揉不灵活的手指，她对我们的到来表示欢迎，热情地招待了我们。

时间飞逝，想想自己，已经20岁了，对自己将来要走的道路依然是那么懵懵懂懂，对自己的人生一点规划都没有。时间过得如此飞快，从以前什么都不用操心到现在自己独立生活，什么都要自己

干，自己成长了很多，但是对未来，还是茫然……

　　这并不算忙碌的5天，给我上了人生很重要的一课，这也是即将踏入社会重要的经验。让我印象最深的是每晚的支教，虽然时间不长，仅有的3个晚上，但让我明白什么是无私的奉献，什么是艰苦而又感到由衷的喜悦。在那3个晚上，我都是陪伴那个即将升初一的小女孩，她的坚持与毅力让我深深佩服。她每晚都是自己骑自行车来到我们指定的学校教室，每晚都是那么认真、虚心地请教。这一点让我自愧不如，我本身就是一个没有什么耐心的人，刚开始来支教是凭着好奇好玩的心态，当我看到小女孩领会到知识点时，那高兴感谢的眼神，我感到无比自豪，有人说："耐心其实不用培养的，你一旦有了明确的志向，并愿意为之而奋斗。"小女孩给予我的恰恰是那盏指引我前进的明灯。

　　通过这次的活动，我学会了什么是团队精神，学会了自主，学会了注重细节，学会了珍惜，也让我们体验乡村生活，深入了解农民生活，提升了自己的价值观、人生观、社会观。"艰辛知人生，实践长才干"，只要你愿意去尝试和经历，并坦然地接受过程中的酸甜苦辣和结果的成败得失，人生就会很精彩。虽然"三下乡"结束了，但是我们的服务精神会继续下去，这样的精神会伴随我们一生。

就是你，不平凡的归属感

数码设计与制作系：林美茵　　指导老师：谭　琳

我一直在找一样东西。

那样东西，它不是我遗漏的三角板，所以我不知道它的形状；它不是我丢弃的包书纸，所以我不知道它的颜色；它不是我抛弃的甜甜圈，所以我不知道它的气味。

它不是我拥有过的任何东西，所以，我甚至不知道它在哪里。

它是什么？

但我知道，我唯一知道的是，如果有一天，当它映进了我的眼，无论是广阔的云间还是静谧的角落，我都一定能知道——

"嗨，我知道，就是你。"

"一直以来，我想找的就是你啊。"

2011年7月，我终于找到了这一样东西，终于说出了这一句："嗨，我知道，就是你"，"一直以来，我想找的就是你啊。"

这样东西，就是"三下乡"过程中，付出努力之后的幸福感以及团队合作的归属感。

这个暑期，我参加了为期5天的"广东理工职业学院赴东升社会实践服务团"的实践活动，作为实践队的通讯组的一员，参与到了这次社会实践活动，把自己的所见所闻所想所愿，都用文字和照片记录了下来，把实践活动的精神传播开去。

实践活动的第一天，我就感受到了这一支队伍的温暖和合作，在18日上午的2011年暑期"三下乡"社会实践活动出征仪式结束后，抵达我们的实践地——东升镇。中午休息时间，我急着把上午的出征仪式的通讯稿赶出来，于是独自一人在宿舍的电脑旁奋斗，为了把这次实践活动的第一篇通讯稿写得有质量，我花了不少时间构思。此时，宿舍的其他人都在午休，想不到同组的另一为队友默默地来到我身边，说了一句"美茵，我们一起写吧"。就是这么一句轻轻的话，把我深深地感动了。下午的篮球赛通讯稿，凯苑很尽职地写了一遍又一遍，还不停地问我的修改意见，一份只有300多字的通讯稿，我们花了一个晚上修改过无数遍才完成的。就是队员们的这一份认真和执著，让我感动，让我温暖。

在开展"东升居民幸福感调研"活动以及宣传法律、消防知识的活动的时候，看着队员们忙碌的身影穿梭在人流中，和居民们交流的样子，突然觉得，我们的实践活动真的很有价值，既让我们感受到了普通居民满满的的幸福，又让我们在宣传法律、消防知识的时候，实实在在地帮助到他们，为他们的幸福贡献出自己微弱的力量。

在"清扫卫生死角，共建和谐社区"活动中，我看见的是一支团结有力的队伍，每人手里都拿着清洁工具，每个人发扬了不怕苦不怕累的精神，对裕民社区内的卫生死角进行了检查和清除，也对社区内乱张贴的广告纸和宣传标语等进行清洁。队员们用心用力的样子，社区居民投来赞许的目光，就是我们最大的安慰，再苦再累也都无所谓。

如果你问我这次实践活动中，最有感触是什么的话，我会毫不犹豫地回答你，那就是敬老院的"快乐夕阳红"活动中，和那里的老人的交流。不会唱歌的我努力地练唱《万水千山总是情》，和同伴们在爷爷奶奶面前唱给他们听，爷爷奶奶拍着手听着歌，脸上的皱纹很深很深，笑容也很深很深，嘴里的牙虽然也掉落得七七八八了，但看见他们嘴角上扬的弧度，突然觉得很亲切，就像家里自己的亲爷爷奶奶一样，会慈祥地看着我们……我们一起练手指操，一起折千纸鹤，一起聊天……敬老院里的爷爷奶奶的性格都很独特。有一个爷爷很怕热，不喜欢穿上衣，看见他的肚子上有一块长长的疤，他很爱热闹，会和我们一起大声唱歌，会使劲鼓掌，还会大声地说说笑笑；还有一个爷爷很倔强，他不喜欢喝饮料，只会喝白开水，不喜欢吃零食，全程都没有碰过桌子上的食物，不喜欢唱歌，但是却会静静地听我们唱歌，不喜欢说话，但是敬老院里的其他爷爷奶奶都很了解这个爷爷的性格，会和我们说"他就这脾气"。或许，生活在一起久了，他们也就一起分享孤独，彼此都很了解了吧。

给当地小朋友辅导功课，参观脆肉鲩养殖基地，参观隆成日用制品有限公司，慰问走访当地贫困家庭，所有的活动都是那么有意义，为我的暑期生活填上了五彩的颜色。社会实践活动，让一个平凡的人享受到了不平凡的幸福感和归属感。

心灵之旅

数码设计与制作系：韩学仲　指导老师：谭　琳

在这个物欲横流的时代里，城市成了每一个为事业奋斗的人想要驻足的地方，许多毕业生夜以继日地学习，为了就是能在城市里找到自己的一席之地。而对于7岁就被带到城市里生活的我来说，乡村带给我的，是我一生都难以忘怀的最纯真最快乐的童年。

开始听师兄师姐讲关于"三下乡"的活动时，我心想，我一定要去参加。我的执著或许源于我童年时对乡村给我纯真的美好，或许源于一名大学生想要把自己学得的知识找到用武之地的实践，或许源于一名年轻人想要为社会贡献自己一份力量的责任感。能在师兄的推荐下加入东升队的行列是我的荣幸，在这个群星璀璨队伍里我也感到了不小的压力。从分到调研组开始，组里做的每一项任务我都细心地听组长的讲解与安排，与组员同伴一起解决问题，共同分享劳动成果。这支充满活力的东升队伍的每一位成员，能在出色完成自己任务的同时，也能帮助同伴解决问题，这种和谐温馨的气氛由始至终的伴随我们队伍度过最有意义的5天。

我们队伍的住宿地点是东升镇的东升高级中学，出发前了解到这是一所以艺术类为特色的中学，我把自己的琴谱也带上了，颇有期待。到达这所学校的时候，我被这里优美的校园环境深深吸引了，挂满雕刻壁画的长廊，宁静幽香的荷塘，别具一格的雕塑……能在这种充满艺术气息的校园里生活对于我们来说，实属荣幸。第二天早上6点不到，我便起床了，洗漱过后，想到校园里走走，走到宿舍一楼的时候，发现大门紧锁，看旁边的开门时间是6点25分，或许因为我是调研组的，我没有返回自己宿舍，就在原地等。快到6点25分的时候，一名女同学下到一楼，她手上拿着水壶和面包，与我相视一笑。起床铃声响了，她看还没开门，就去敲宿管房门，等宿管开门后，她便匆匆向画室走去，看着她匆匆的背影，向着前方自己即将实现的理想，我哽咽了。曾经对艺术生不太了解的我，在这位如此为理想执著的女同学，找到了自己前进的动力。也提醒自己要好好珍惜美好的大学时光，为理想付诸行动。

我们每天都有新的任务，也有固定的任务。新的任务是日程安排里的参观脆肉鲩养殖基地，普法宣传，去敬老院慰问老人等等。而固定任务就是，每天晚上为当地一些小学初中生做一些假期的作业辅导。我和杨锐同学的辅导对象是一名初一的女生，她要辅导的科目是数学，而我对数学的兴趣一直很浓厚，对于她的辅导也充满激情。开始和她交流的时候她不太愿意和我说她的想法，我就先从别的话题开始聊，聊明星，聊点我不懂的八卦等等，当她愿意和我沟通而且感到轻松愉快的时候，问题就迎刃而解了。我知道，要在短短的几天内给她讲多少关于数学的知识点来让她成绩提高，是不可能的。如果能让她记住你，记住你给她讲的道理，能在她以后的成长道路上有帮助，我认为这就够了。在辅导她数学的过程，从她的接受能力、反应速度来看，我觉得她是个非常聪明的女孩，问题就是太粗心，做题的时候操之过急，想一步登天。找到弱点，我就对症下药，就逼着她按步骤一步一步答题，她很听话地照着我的方法做，我相信，用足够的耐心教她这些方法，比多讲几个知识点取得的效果更好。短暂的假期辅导结束后，我们为每一位学生送上小礼物，然后拍照留念。我把联系方式给了我的这位"学生"，现在偶尔能在网上听她讲讲关于学习或者生活的趣事，也是一种快乐，多少有点"一日为师，终生为师"的感觉。

　　这次下乡，对我来说，是心灵的"旅行"。虽然我们每天都有很多"任务"要去完成，但是，当我们真正用心去完成每一件有意义的事的时候，这种"任务"带给我们的一定是最美丽的笑容，我们必定会换来最美好的回忆。"三下乡"结束了，我们的脑海依然浮现着五天里的一幕又一幕。或许我从中学到的东西并不多，但这种潜移默化的感染力却一直留在我心中。它指引着我不断向前，不断超越，不断为自己的人生留下最美好的记忆！

一次尝试，一场收获

经济管理系：罗凯苑　指导老师：谭　琳

> 时间一过，就成为回忆；尝试一次，就收获一场。生活，总是需要尝试过后，才知道什么是你想要的。
>
> ——题记

7月的理工，校道上陆陆续续走过的学子，已经能嗅出暑假的气息了。湛蓝的天空，白白的云朵，昏黄的路灯，走在这样的校道上，我对于这个暑假，怀着期待与希冀。

7月18日，广东理工暑期"三下乡"东升社会实践队，正式起航，乘着开往东升的汽车，展开了这次的"三下乡"社会实践活动。如果有可能，我很想为自己走过的路拍一部片子，制成我的电影，传递给每一个人，我可能只是拍下路上遇到的每一个人，看着他们的来来往往，忙忙碌碌。但这一次我们都是主角，都是这部写满青春、感动、情谊、收获的片子的主角。

关于青春，在《现代汉语词典》里的解释有两种：一是青年时期；二是指青年人的年龄。而我是这样看它的：它不只是一个时期，更是态度和年龄的结合。我总是怀着"年轻就是资本"的想法，来看待青春，但通过这次的社会实践，我对于青春有了更深刻的认识：它是我们在青年时期，一往无前的态度，敢作敢为、有所作为的年龄。正如我们对于从未接触过的事物的一次尝试，一场收获。

对于那些映入眼中的人和事，在这次的"三下乡"社会实践中，看见了很多现阶段看不见的场景，于是有了很多的感动：在敬老院探望老人时，跟老人一起练习手指操，一起折纸鹤，老人们脸上的幸福笑容；在走访单亲家庭时，那位坚强而又伟大的母亲，独自抚养着两个体弱多病的早产儿的母亲。她面临着经济社会的压力，但她却并没有弯下她挺直的肩躯，可怜天下父母心。

晴朗的天气，夹杂着夏天的风，在这次的"三下乡"社会实践中，是热心而又恬适不过的了。倘若，有人对你微微一笑，或是拍拍你的肩，这样的表现与动作简直是舒心而又鼓舞不过的了。队员与队员之间，队员与辅导学生之间，队员与老人之间，帮助者与被帮助者之间……在这个夏天，我深深地感受到了，简单而又真挚的情谊。这样的画面，是值得记录的，可惜，情谊是拍不下来的，但我们却可以从表情与动作中获知。

转眼，"三下乡"社会实践活动已经从镜头中一晃而过，我希望它们能定格在我的镜头中，在倒退回忆的时候，能让人充满怀想。

回想，来到东升的时候那是一个炎炎的夏日，炎热的天气把我们的心也滚得沸腾了。第一餐，我们坐在一起吃午饭的场景；第一场，我们观看、参与的篮球比赛；第一次，我们走进脆肉鲩的养殖基地和工厂的制造车间以及询问东升居民幸福感的问题……这些，点点滴滴的回忆，这些，一次次的尝试，带来的一场场的收获。

时间一过，就成为回忆；尝试一次，就收获一场。一次尝试，一场收获。

凝聚汗水的横栏之旅

计算机技术系：高　翔　指导老师：方　晓

横栏"三下乡"，已经在我的心中成为了一件刻骨铭心的事情，因为这里凝聚了26个人的汗水、泪水、欢声、笑语，还有就是那真诚的友谊。

一

7月19号下午我们就动身来到横栏镇有名的花木基地参观学习。听了当地的一位劳动模范陈炎连会长慷慨激昂的演讲之后，内心顿时产生了许许多多的感慨。这使我知道了横栏镇的花木产业使得当地人民发家致富，带动了当地经济的发展。陈会长的精神更是给了我人生的重大鼓舞。我最记得就是他口口声声说他没什么文化，说出来的话不好。但是至少我知道，他的言语慷慨激昂，生动具体，丝毫不失大家风范，这已是很大的学问了！

二

我们彼此都带着兴奋激动的心情来到了下乡的第二日。因为今天肯定也会有许许多多意想不到的、充满激情的、新奇的事情等着我们。

吃过第一顿非常满意早餐之后，我们就准备动身去参观两家大企业。

首先，我们来到的是大志·一川灯饰公司，一进去公司的办公大楼，就已经给我一种大气宏伟的感觉。在公司负责人的带领之下，我们参观了他们公司的灯饰展示……

"哇…好漂亮啊！"这句话是出自众多同学之口，因为那些华丽的灯饰真的令人叹为观止。

也由于我是学习平面设计专业的，所以一进公司之后，我就开始发散目光，寻找我专业对口的东西来仔细琢磨，以便增长我的专业能力。我寻寻觅觅地找了许久，还是没有找到，毕竟这家公司做的是产品设计行业，但是我还是在他们的公司logo等地方学到了不少东西。

三

7月20日下午我们来到了当地的敬老院探望那里的老爷爷老奶奶，刚去到那里，看见那些行动不方便的老人，心是酸酸的感觉。当我了解到他们之中，大多都是孤寡老人后，这种心酸的感觉就更强烈了……

接着我们给老人们带来了一系列的活动，比如送水果、文艺表演、教他们做手指操等等。活动之后，感觉晚年的他们在这里受到了来自社会各界的关怀和爱护，因此我又觉得他们是幸福的。

四

7月21日，我们秉着真诚为横栏人民服务的态度，来到横栏镇横东村做街道大扫除和卫生知识调查、宣传工作。

在车上分配任务的时候，我庆幸分配到给我的任务是问卷调查而不是拿起扫帚去扫大街！但心里暗喜的同时也提醒自己要把手上的工作做好做足，给当地居民留下良好的印象，留下我们理工积极服务的身影。

经过几个小时的奋战，我们终于把任务出色地完成了，大街顿时变得焕然一新。就在我们都汗流浃背之际，清洁阿姨们给我们带来了一大箱矿泉水和凉茶……

下午，我们带着无比激动的心情去参观了中山著名的景点"水印江南"。一到达那里，我们都不由自主地发出感叹："哇！真是很漂亮，古风与古韵并存呀！"我们在不是导游但是比导游还专业的洪哥的带领下把这里的景观都游览了一遍。

五

7月22日早上由于前一天晚上咱们男生在深夜拼酒，所以导致今天这美美一觉睡到了9点多，下去吃了早餐之后就开始为今天晚上我们的文艺演出准备了。

时间不一会儿就到了中午，吃完饭之后不能休息，因为重要的任务来了，要带上伴奏去方老师的宿舍里截好。去到他宿舍之后，由于我当时的疏忽，弄来的伴奏质量很不好，所以真是苦了志明这孩子了，大老远把好多伴奏给我们送过来。最后，总算功夫不负有心人，把当晚的伴奏音乐弄好了，接着就进入了晚会的准备阶段了。

吃过晚饭后，我们都带齐装备来到了横栏镇中心医院的会议厅里进行节目彩排，经过紧张的彩排之后，我们就开始各司其职，纷纷准备妥当，准备展示自己最好的一面。

晚会精彩纷呈，很快就到我上场的时候了，开始我淡定地唱着，但是问题总是发生在不经意之间！就是因为那个伴奏已经被切得很短了，很快就进入副歌部分，我竟然没有注意到，致使我有些歌词没唱出来……唉，很失败的一个演出，但是我的歌声却迷倒了众多的同学。

六

时间飞逝，今天已经是"三下乡"最后一天了。这5天时间里，回想起来尽是欢笑和友谊、感动和泪水。

由于下午我们要开"三下乡"总结大会，所以中午时分，我在紧锣密鼓地准备着一份发言稿，因为我知道，下午的大会上，我要发言，到时候肯定是掌声与笑声并在，所以我也非常期待。

来到我们总结大会的会场，听完几个领导和同学的发言之后，我的心就痒痒了，很快，我就接到了工作人员递过来的麦克风，然后我就非常幽默诙谐，生动具体地讲述着我的感受和体会，说完之后那真是一阵又一阵的掌声呀。我说话期间也发生了非常搞笑的事情，就是我把方老师的"台"给拆掉了……

就这样，晚上时分，我们就坐着小巴，唱着欢快的歌曲，结束了5天的横栏之旅。

一直以为，在毕业前再没有机会参加暑期"三下乡"实践活动了，然而这次意外得到通知，有机会加入横栏这支队伍，除了收获了开心还有很多很多值得纪念的意义。

铭刻在心的片段

这是我第一次参加"三下乡"活动，在师兄师姐的有趣介绍下，我对"三下乡"充满了好奇和期待。有些事情是很容易让人感动的，下乡的几天我就经历了许多能改变我人生的事情，在我的记忆里烙下了无法磨灭的痕迹，我的记忆里存留了"三下乡"横栏之行这几天完整的片段。在我们离开学校踏上征途的时候，在户外拓展我们相互介绍的时候，在大家欢快的歌声和笑声里，在自己忐忑不安的心里。

无论是以一种什么样的姿态来面对这次"三下乡"服务团队之行，但是我坚信的就是我们会把我们那么多天在考试中抽出时间来整理的东西全部充分地利用上，我们所有的努力会在横栏开出异样的奇葩。

写调查问卷，游戏互动，条幅签名，拍照留念，听歌赏曲，在这些我们准备的内容下，我通过镜头能看到的当然是一种合一的状态。虽然我们并没有一开始所说的那样做很多很多的事情，在每个早晨醒来总觉得没有睡够的样子，每个人都是睡眼惺忪，简单地抱怨一下也继续第二天的活动，依然高涨的热情孜孜不倦。当问到更多的问题的时候，当有点冷场的时候，没有人表现出厌烦和毛躁，有的是我们这个年龄所有的沉着与冷静。不是我夸大其词，在结束这么久之后，我依然可以深深地感到这份心境。

作为一名入党积极分子，在这5天的"三下乡"活动里，通过理论知识学习和参加"创优争先"社会实践活动，认识到"创优争先"

是以"学习优，作风优，素质优""工作争先、服务争先、业绩争先"为目标的活动。作为一名大学生和入党积极分子，既要身体力行地投入到此次活动中来，又要立足自身的实际，真抓实干地工作；不断地加强自身的素质，不断学习，坚守党的纪律；不断地学习新的理论知识，培养良好的学习习惯和好的学习能力；不断加强理论知识的同时要树立坚强的党性原则，服从纪律，服从组织召唤，顾全大局；坚持严格要求自己，决不利用手中权力为自己和他人牟取私利；在工作中，坚持原则、作风民主、心胸豁达、善于团结同志，维护党的团结。

困难是有的，心酸也是有的，幸福还是有的，我们的吃喝住行都是很好的，还有空闲的时间出去游玩，多么的人性化，没有我们想象的那么多的艰难困苦，学到了，玩到了这是最最重要的。"三下乡"活动真的让我们学习到了很多很多知识，更重要的是交到了这一帮好朋友！

不一样的感动

文法系：张曲浩　指导老师：方　晓

2011年的暑假因中山市横栏镇而变得非常有意义，我们有了不一样的体验，不一样的体会，不一样的感动。短短5天，不敢说刻骨铭心，但我们广东理工职业学院校级赴横栏镇"三下乡"的26位队员每个人都知道，这份难忘，这份感动，这份记忆，在每个人的心中都会有一个位置，有属于它的分量！

参加此次由广东理工职业学院校团委组织的赴横栏"三下乡"社会实践队使我对于社会的了解，对于今后的努力方向有了更深刻认识！现将此次实践活动的有关情况报告如下：

一、敢为天下先，争做排头兵

此次"三下乡"的地点为中山市的横栏镇，通过5天全天候的接触，让我们感受到了在横栏的这片热土上，许许多多的创业人士在此实现了他们的梦想，成就了他们的事业。在横栏就有"全国劳模"陈炎连这个著名的例子，在横栏还是偏僻小镇之时，率先承包起十几亩地种植花卉获得成功，成为中山先富的一部分人之一。这就是敢为天下先，在别人尚未起步之时，作出大胆的决策，将决策付诸于实践。这与当今社会的创业热也是同样的道理。

2011年是"十二五"规划的第一年，广东转型升级的关键一年。我们是否做好了充足的准备，迎接这新一轮的挑战？在此大形势下，我们必须敢为天下先地去干，大胆地去开拓属于我们的那份事业。作为祖国事业接班人的我们，只有抱着这么一个决心，才能实现广东的新一轮起跑不会败下阵来，继续推动广东经济的新一轮大发展。

二、扎实理论基础，实现人生目标

伟大的理想，必须依托于强大的理论基础。现在我们依然是温室中的花朵，在大学的我们还未真正涉足社会的实际情况。此时我们需要做的就是夯实基础，努力学习自身专业知识，提升技能本领，增强自身竞争力。

在"三下乡"的5天行程中，从镇领导的科学发展报告到参观三沙花木基地，从灯饰企业和童车企业的参观到"水印江南"等，都让我们深刻地了解到没有强大的理论作为基础，先进的技术力量作为支撑，任何项目事业都不可能很好地发展起来。要想成就大事业，这里面的艰辛与积极向上发展的势头成正比。

三、规划人生，从心做起

此次的"三下乡"让我再次体会到，老师在课堂中多次提到的"规划好自己的职业未来"是多么的重要。没有一个好的规划，就没有强而有力的步伐，就没能很好地一步一个脚印。从"三下乡"卫生意识和安全知识宣传活动中懂得，政府要有规划，企业发展要有规划，自己的人生更需要规划！

要规划就必须从心做起，所谓的心就是恒心、耐心与信心。在活动中，我们为横东村清扫街道，清理街头死角卫生。这中间也有几位清扫街道的婆婆帮助我们一起清扫街道，她们的心态让我们折服！她们没有什么做得多或少，只有什么是为大家服务。我们在就业创业的过程中是否也应该有这样的心态呢？她们的感谢，以及对我们的帮助至今在我们的耳边萦绕，铭刻在我们的心里。

这次"三下乡"对我们的启发有很多，发现了许多做得好的地方，和许多仍然做得不是很好的地方。例如：在文明礼貌方面我们做得比其他学校好的多，但在自身才艺上我们也需要加强，等等。我们会继续努力，成为合格的社会主义接班人。

难忘"横栏"情

5天的"三下乡"活动很快地结束了，还记得7月23日那天傍晚，我们的车驶出横栏中学门口的那一瞬间，大家都不舍地跟它挥手告别。还有不少同学说，一定会再回来的。

确实，我们从5天前的担心到最后的不舍，不得不说，经过几天的相处，我们建立了深厚的感情。这当中的点点滴滴，都是难以忘怀的。队员之间，仿佛一个大家庭，无拘无束，彼此关心体谅，从不计较得失。每天的早餐，都是男生们轮流早起并帮我们买回来的。他们默默地付出着，看着一边吃包子一边擦着额角上的汗的他们，心里面感动并怜悯着。每天吃饭时间，一部分同学帮另外一部分同学端饭送汤，饭桌上，我们谈心说笑。我们就是这样，友好地相处着。每天晚上的总结会议，是我们最放松的时候，看着一张张真诚的脸庞，很亲切。那种感觉，就好像认识了很久，一起生活了很久。

有活动的时候，我们都全力以赴。参观三沙花卉基地时，我们积极地向基地负责人提问，认真地记录下有关的笔记；参观企业时，我们遵守纪律，专心听讲；到敬老院进行志愿服务活动时，我们对老人们关怀备至，嘘寒问暖；赴横东村清扫街道以及做卫生调查时，我们不怕苦，不怕累；举行联欢晚会时，我们尽力表演，尽情欢呼；开展快乐暑期夏令营拓展活动时，我们与小朋友们打成一片，达成默契；与横栏镇团委及青年团干座谈时，我们踊跃发言，激情响应；最后的篮球友谊赛上，我们奋力拼搏，努力进取，一直坚持到赢得比赛。

就我个人而言，我觉得我非常幸运地认识了25位友好的、善良的队友，从而组成了这支"永垂不朽的横栏队"。短短的5天，我在这支队伍里收获的东西太多了。我学会了共赢，学会了宽容，学会了付出，学会了合作，学会了勇敢，学会了谦让……

因为我很少会去争取一样东西，或许我是想法很多，但做得却是很少的一个人。所以我很幸运地被给予了这次机会，这段经历会伴随我走以后的道路。

短短的几天，却是我上大学以来过得最充实、最有意义，也是最值得怀念的几天。

激昂青春，挥洒汗水

外语系：饶梦玲　　指导老师：方　晓

7月，热情如火的7月，亦是收获的7月。当同学们沉寂在惬意的暑期时光中的时候，为了响应团委的号召，大学生暑期"三下乡"社会实践活动的号角已在我院吹响。此次"三下乡"实践活动为我深入学习实践科学发展观提供了帮助和引导，也进一步指引我在社会实践的浪涛中锤炼自己。

到达横栏镇的首日，我们在三沙花木协会会长陈炎连先生的指引下参观了该种植基地，用调查问卷的方式对种植基地的运营状态、发展形势等进行了深入的分析与探讨。在与陈会长的交流过程中，我们了解到了花木产业在经营中所遇到的种种困难和挑战，体会到了我们应该树立清晰明确的目标、具备吃苦耐劳、顽强拼搏以及勇于面对艰难险阻的心理素质的重要性，这不仅对学习而言是重要的，并在往后的工作和生活中也将不断地激励我们奋进。而参观大志·一川集团和乐美达集团时，每一处都无不体现着企业的创新文化，企业流水线中的每一个零部件和产品都体现出了企业的严谨作风，深深体会到抓好细节工作、把握重要环节、脚踏实地做事的重要性，对我们将来的学习及工作具有重要指导意义。

真正体现我们当代大学生精神面貌的应属7月21日在横东村宣传卫生安全知识的活动了，看似轻松的清扫街道工作却包含着种种哲学。环卫工人们在这炎热的夏季要进行街道清扫，他们的毅力与恒心让我感动，他们的辛勤劳动和无私奉献的精神更值得我钦佩和学习。每当我在往后的学习、工作和生活中遇到困难想退缩的时候，他们的恒心与辛劳都将鼓舞我前进！社会福利康乐中心这一程更是让我受益匪浅，带着为爷爷奶奶买的水果、准备好为他们表演的节目以及一颗对爷爷奶奶感恩的心。看到老人们脸上洋溢着的幸福，我备感欣慰。老一辈们为社会、为我们美好的生活付出了多少汗水与辛劳，而现在他们该安享晚年了，该轮到我们好好孝顺他们了。

美妙的时光总是过得很快，不舍这朝夕相处，不舍这横栏情怀。然而，天下无不散之筵席。虽然再相聚的机会变少了，但我相信"三下乡"横栏志愿团队一直都在服务，我相信我们的情一直都在延续，把"三下乡"的精神投入到接下来的工作学习中，坚持不懈地朝自己的梦想努力前进。

这次"三下乡"社会实践活动给了我一片美好灿烂的回忆，给我的人生增添了又一道光彩，也给了我许多启发，从中认识到自己的不足与问题。"努力不一定成功，但不努力就一定不成功。"在此次"三下乡"中，我重新认识了这句话，非常正确；并且，"要让事情改变，先改变自己；要让事情变得更好，先让自己变得更好。"这是我在这次"三下乡"活动中得到的另一感悟。"三下乡"的环境是艰苦的，但就在这环境里，我意识到我们只能去适应环境，而不是让环境去适应你。

短短5天之行，有汗水、有疲惫、有欢笑、有感动……每天我都觉得生活很充实，总有一种家的气息围绕在我身边，温暖着我，给我动力，让我前进。几天时间，我见识到许多有意义的事物，了解了横栏镇的风土人情、淳朴民生，以及企业的迅猛发展等，也让我更加深刻地认识到我应该努力提高学习能力、团队精神、和谐相处、待人处事等方面的能力。同时，横栏镇委及村民的"谢谢"是对我们这么多天以来最大的肯定，给了我无数的力量，作为一名大学生的我们，也已经以一名大学生的具体行动证明了我们的价值。

这次"三下乡"也是我参加时间最长的一次集体活动，也是最有意义的一次，它锻炼了我，成熟了我，给我的人生留下了一段美好的金色记忆。

沉甸甸的收获

计算机技术系：黄铿浩　　指导老师：陈吉生

为了磨炼自我，锻炼自我，提高自我，在烈日当空的酷热暑假期间，我参加了广东理工职业学院计算机技术系首次举办的暑假"三下乡"社会实践活动。转眼间，为期5天的"三下乡"社会实践活动就结束了。这短短的5天，值得我深深地回味，因为从中收获了很多，也得到了很多的感悟。

在真正下乡开展活动前，我们就利用课余时间做了充分的准备。我们是一个团队，合作精神很强，准备工作也做得很好。主要的准备工作有："三下乡"活动的宣传海报，科普知识的宣传单，关于电脑使用情况、电脑知识的调查问卷，还精心挑选了一些书籍，学习用品赠送给当地的学生，也准备了礼品给当地的村民朋友们。那些准备工作看似简单，我们的队友们都认真看待，细心做好，花费了很多精力去为即将开展的社会实践活动做准备。能进入这样的团队，我感到很自豪。

等待已久的"三下乡"社会实践活动终于在7月18日早上开启了。这次"三下乡"的活动地点是：广州市白云区太和镇永兴村。我们历经3个多小时才到达目的地。我们的落脚点是永兴村的永兴小学课室。我们布置住处时，不是把他们的课桌乱摆乱放，而是有序地摆在一边，以便离开时摆回原样。我们就在这课室里打地铺，其实我觉得已经很好了，因为有瓦遮头。

初来永兴村，首先由我们计算机技术系的吴书记带领我们到永兴村村委拜访永兴村的徐书记，并向徐书记了解了永兴村的概况与现状，以便更好开展我们的服务活动。我们手里都拿着永兴村的介绍书。了解永兴村的概况后，我们就讨论接下来的工作，开始分配任务，携手完成这次社会实践活动。

7月19日，我们正式在永兴村开展我们的社会实践活动。我们的活动主要包括：电脑义务维修、宣传电脑知识、科普知识、计算机普及和使用情况的调查等活动。我们一共有14位队友，还有一个领队——陈老师。我们分为3个小组，每个小组都有相应的技术人员。我是第一小组的成员，主要负责电脑的维修，当然也会协同其他队友一起完成他们的工作。我们第一小组的地点在永兴村的合福楼。那里是村民比较集中的地方，有利于我们更好地服务于他们。

从我担任的技术人员来看，深深感受到永兴村村民对我们的热情。他们相信我们，愿意把自己的电脑交给我们维修，有的甚至直接带我们去他们家里维修电脑。这一点让我感到他们是那么的淳朴，我感到很开心，因为得到他们的信任与认可。通过与村民的交流，了解到，他们对电脑的维护意识很薄弱，只知道使用基本的操作，没有去维护电脑的意识。我就跟他们谈了关于维护电脑的知识，还帮一些村民安装了杀毒软件等等。看到他们心满意足的笑容，我也乐融融的，因为自己能帮助到他们。

白天，到村里为村民义务维修、维护电脑；晚上，就为最后一天的文艺汇演做准备，排练节目。我和其中一个队友一起准备了一个"诗歌朗诵"节目。因为是临时准备的，所以要经常排练，背词，还要培养朗诵的感情。因此，每天晚上，无论多晚都会排练一段时间，只为了给村民一个精彩的节目。此外，我还参加了团队的"手语"节目和《萍聚》的歌唱节目。尽自己的能力，为团队贡献一点力量，争取机会锻炼自我，提高自我。

其中，我们还与永兴村民举办过一次友谊篮球赛。一向不善于打篮球的我也上场了，积极参与于其中，乐趣无穷。永兴村有专业篮球队，我们并不是他们的对手，但他们很友善，有时会让着我们，以至于结果不会太难堪。永兴村的管理制度适合他们的生产力，以至于永兴村的发展蒸蒸日上，村民的生活越来越好。他们很注重精神文明的建设，村里有很多公共娱乐设施、娱乐场所，他们不但培训有专业的篮球队，还有专业的舞蹈队、乒乓球队等等。可见，他们的精神生活很丰富。

就在这几天中，与村民的交融生活中，我们的行动感动了他们，得到了他们的认可，因此，他们建议我们到位于广州市的省博物馆参观参观，说是，也让我们多见识些，增长知识。在村民的强烈要求，还有书记的建议下，陈老师就带我们到省博物馆参观了一个下午，拓展了我们的视野，收获甚多。见了很多新鲜的珍藏品，了解到不少古代的生活作坊、生活方式、古代穿着等方面的知识。

参观完省博物馆，我们依然没有忘记我们是"三下乡"的服务团，还是争取时间排练节目，为文艺汇演做最好的准备。每次大家一起排练完后，我都会继续排练自己的朗诵，害怕到时会出错。我的拍档也陪我一起练，其实她早就练好了，只是我的记忆力太差了，要重复练习，但是她并没有嫌弃过我，依然陪我一起练习。我很感谢她，是她给我锻炼的机会。

在广州的最后一个晚上即将来临，我们早早来到合福楼前面的小广场，为了布置场地，大家都没有吃晚饭，在匆忙之中吃了几个小包子就算一餐了。村委会大力支持我们举办的活动，也为我们增加了三个精彩的表演。看那舞蹈队阿姨们整齐的步伐，听着那强有力的扇声，我们被那专业的舞蹈水平和满怀的热情感动了。掌声不停，笑容不落。我们服务队的表演也很精彩，虽然是在匆忙的几天中排练出来的，不过质量还是很好的。晓东的口琴表演，建坤和建锋的合唱，碧美的孔雀舞，我和我拍档的诗歌朗诵，还有集体手语表演《感恩的心》和大合唱——《萍聚》，匆匆准备上场，汗水见证奇迹。

最终，我们的演出很成功。整个文艺汇演都很成功，得到很多村民朋友的支持。村民也积极参与到我们的互动节目中来。村民的大力支持，队友们的尽心尽力，让我们的文艺汇演取得圆满结束。这是一个值得回忆的夜晚，一个让人回味无穷的夜晚。再见了，永兴村的父老乡亲，再见了，徐书记！我们感谢你们的关心，感谢你们的热情招待，感谢你们给予的一切帮助。

通过参与这次"三下乡"活动，我深深地体会到了大学生"三下乡"活动是青年学生健康成长、将自身价值与祖国命运紧密相连的一条道路。把学习书本知识与投身于社会实践统一起来，自觉走与实践相结合、与人民群众想结合的道路，努力缩短自身成长与社会需要之间的距离，提高解决实际问题的能力，这对我们青年大学生具有十分重要的意义。

生活感悟：

1. 农村是一个绿化很好的生活环境，但是在高科技方面还需要加紧改善的脚步。

2. 在建设社会主义新农村方面，经济发展很重要，文化发展也很重要。

3. 农村里的农民们文化水平普遍不是很高，发展教育很关键。

4. 农村人的生活很淳朴，我们感觉到了一颗颗真诚的心一直陪伴着我们度过了下乡的时光。

让彼此的心灵更贴近

计算机技术系：沈志敏　指导老师：陈吉生

七月骄阳似火，我们学校奏响了奉献的激情乐章。向日葵顶着炎炎酷暑。正是这样的盛夏时节，一年一度的大学生暑期"三下乡"活动正在热火朝天地举行……至此，我们学校纷纷开展大学生暑期社会实践，以期望通过开展此项活动达到在提高大学生社会适应能力的同时，服务社会的目的。在我很幸运地参加了此次活动并且亲身经历了大一结束后暑期"三下乡"社会实践，我不由得要对大学生暑期"三下乡"社会实践发表一下自己的看法和体会！

学校2011年暑期社会实践"三下乡"出征仪式，吹响了我们为期六天的"三下乡"社会实践活动的号角。7月18日，那是一个特别的日子。这是我们广东理工职业学院计算机技术系"携手科技，共建幸福""三下乡"社会实践服务队出发到广州市白云区太和镇永兴村进行的一次义务维修、科普知识宣传的活动。此次活动，共有15位志愿者参加，而我，正是担任此次的"财物部部长"，此"财物"非彼"财务"，我是个既管钱又管物的财物部部长。6天的下乡生活，6天的百感交集，6天的真心付出，天天都有新的精彩，天天都有新的心情，我们领略到了乡村的村容村貌，人文风采，收获了乡亲们赞许的目光。6天下来，乡亲们与我们同乐，深刻而难忘，我们与乡亲们结下了深厚的情意，虽然现在已经离开了那片曾经挥洒过我们汗水与泪水的土地，不过，6天的日子还历历在目，让人回味，让人感动。想想已经结束了一个月，回顾那段难忘的日子，我感慨良多，留给我们的不仅是感动，还有成长。对比以前，感觉自己成长了不少，变得更加成熟、勇敢、自信。生活对我们如此慷慨，让我在付出一点点的时候却让我收获了很多，学会了很多为人处事的道理。而这些都是我人生不可缺少的财富。参加暑期"三下乡"，我真的感到很荣幸。短短的几天，科普宣传，义务维修，村民互动，走访家庭，文艺汇演……在这过程的点点滴滴，我仍然历历在目，却无法用笔一一记录。每次，当我想起大伙在例会上激烈讨论的情景，我满腔热情；当我想起在每次活动中大伙忙碌的身影时，我满怀感动；当我想起乡亲们淳朴的笑容时，我满盈开心。

"三下乡"开始前期，由我去购买"三下乡"需要的物品，如小礼物、生活用品，还有叫"三下乡"的志愿者们准备身份证复印件，一寸照片，准备好通行证（我们在一个小学落脚，出入需要通行证）。准备好了这些，还要提醒志愿者们带他们所需的生活用品。

2011年7月18日，是我们"三下乡"出发的日期。出发的前一天，我就来到活动室清点物资，显示器、单反、摄像机……这些都是要清点好的。出发之前，我就记录好了所有的物资，大至显示器，小至一些颜料，全部都记录了下来。平时我是个挺马大哈的人，但是这个时候却不敢乱来，生怕落下了哪些东西。上车的时候，还由我收齐所有志愿者的伙食费。平时我是挺怕带太多钱在身上的人，但是这个时候没办法，安排了下来，怕的事情也要硬着头皮上了。

接下来到了小学，我发现这个永兴村其实也挺先进的，应该本身就是城中村，所以和其他的农村还是不太一样。

这里的人都很好，帮你们带路，跟你们聊天，还有看门的大叔，虽然我们有时候会忙到很晚才回来，但是他一点都不介意，还好心地提醒我们这提醒我们那的。到了这里的第一天，其实也没感觉陌生，还挺兴奋的。

来到这里，其实我发现我们这个团队的男生们都好有绅士风度，搬搬抬抬，跑跑腿，一点都没抱怨，觉得他们都好可爱。还有技术组的同学，一大早起来买早餐，佩服啊。

"三下乡"第二天，开始进行了我们的工作，我们分成3个小组进行踩点宣传我们的义务维修活动。可能是由于地方不是很熟悉，第三个小组，去宣传的地方人流不是很多，所以我们也在中午之后实行B计划——转移阵地，到人流多的地方去。

这次"三下乡"我们举办与当地村民的篮球友谊赛，很是精彩！其实刚开始我们都不知道对方的实力，以为对手的技术不怎样，但是当我们看到他们的队员之后，吓傻了。怎么村里面有如此正规的篮球队，技术还是很厉害。但是比赛呢，虽然结果不是最好，但过程也是最棒的！

还有我们的文艺汇演，是我们此次"三下乡"经精心准备的重头戏。队员们每日都在晚上回小学休息的时间里努力的排练着，大家分工合作，不亦乐乎。文艺汇演之前，我们还一起动手做了一张文艺汇演的海报。

在此次"携手科技"暑期"三下乡"社会实践活动走来，我感觉成长了很多，收获了很多。

珍惜。缘分，让我们能一起参加"三下乡"，认识这么多可爱的乡亲们，为了共同的目标，付出自己的真心。6天的时光，如白驹过隙，很快就过去了。期间的点点滴滴，无法用言语道尽，只能用照片留住片刻，只能给我们好好珍惜。珍惜我们队员之间纯洁的友谊，珍惜我们与村民的乡民情。

细节。"细节决定成败！"任何一份工作，一次活动，都需要去精心策划，需要去细心准备。未经深思熟虑，肯定会忽略了很多细节，以致顾此失彼，那就会对工作造成诸多不便，降低效率。细节永远是我们不能忽视的敌人。

团队意识。来自不同个体的人，在一起工作，一起生活，良好的团队意识是一切活动成功的前提。我们是一个团体，一个集体，一切都应该服从，不论是做什么工作，一切都应该为大家着想，为团队着想。

沟通交流。每个人不断地都会有些新的想法与体会，也许是喜悦，也许是忧伤，经常与队员们谈心，听听大家的心声，了解大家的感想，可以促进理解，可以集思广益，或是分享喜悦的心情。

理解包容。每个人的性格都不同，我们不能要求其他人都像自己那样做事，更不能把自己的意愿，想法强加给他人。学会理解，包容别人，包容社会，包容世间的一切。其实从下乡的筹备活动到整个活动的结束，事情都不是一帆风顺的，但每次遇到问题时，我们都会共同商量找出解决问题的办法。虽然在商量的过程当中，往往会意见不一致，但我们都能互相理解。慢慢地我也学会了包容，学会了体谅，更加懂得站在别人的立场想问题。

当然，在我们这次活动取得丰收的同时，我们也必须承认，我们的工作仍存在着诸多不足或做得不够的地方。但我们依然相信，有收获、有经验、有挫折、有教训的活动才是一个真正意义的完整的实践活动。作为当代大学生，这也是一份社会责任感，用我们所学的去回馈给予我们更多的社会。一步一个脚印，希望我们的足迹可以遍布乡村的每一个角落，让希望在乡村中蔓延。

归途的时候，我们是分两批人马，一批自行回校，一批在广州搭车。回中山的大巴徐徐开动，带走了我们，但带不走我们之间的情谊。车没开动时，强忍着没怎么看车上面的同学，我知道他们许多人眼中都噙着泪。车开动后，偷偷回头远眺地平线上目送我们而久久不愿离去的一群人，心中感动永存！希望我们能收拾心情，努力奋斗，向各自的目标前进，大家共勉！希望我以后还能有机会见见这些可爱的乡亲们。

这次的"三下乡"对我来说不仅仅是一次难忘的经历，更重要的是我从中所得到的崭新的思考，永存的感动。

腾科培训心得

计算机技术系：陈财枝　　指导教师：马　艳

2011年暑期，由广东理工2009级网络专业一行8人组成的小团队来到位于广州市天河区的乐天大厦腾科总公司进行访问学习。在活动期间我们受到了公司的热情接待。科研人员深入浅出的讲解，技术职工的深厚情谊……都让我们深深感到每一个IT人作为IT事业的一员的骄傲。在这里我们不仅找到学术理论的体现和验证，而且在实践中充分学习。

虽天气酷热，夏日炎炎，我毅然踏上了社会实践的道路。想通过亲身体验社会实践让自己更进一步了解社会，在实践中增长见识，锻炼自己的才干，培养自己的韧性，想通过社会实践，找出自己的不足和差距所在。

我们来到了广州腾科网络有限公司，开始了我这个假期的社会实践。我们接触到的是一个完整的、有条理的公司管理系统，包括销售部、职前培训部、售后服务部、人事部等部门都有自己的一套运行机制，分工明确。很多在学校读书的人都说宁愿出去工作，不愿在校读书，因为这样的分工合作也只有真正踏入社会才能体验到、学习到。

实践，就是把我们在学校所学的理论知识，运用到客观实际中去，使自己所学的理论知识有用武之地。在这里我看到了我们网络专业所学习的很多东西，但是运用起来就不是那么得心应手，理论归理论，讲到路由和交换机之间的排错问题就抓不着头脑，只学不实践，那么所学的就等于零。在这里，我们更看到了面向未来趋势的语音设备，看到了全国各个分公司的人在视频前面就可以同时进行项目的商讨会、表决会。

另一方面，实践可为以后找工作打基础。因为环境的不同，接触的人与事不同，从中所学的东西自然就不一样了。要学会从实践中学习，从学习中实践。在中国的经济飞速发展，又加入了世贸组织后，国内外经济日趋变化，每天都不断有新的东西涌现，在拥有了越来越多的机会的同时，也有了更多的挑战，前天才刚学到的知识可能在今天就已经被淘汰掉了，中国的经济与外面接轨越密切，对于人才的要求就会越来越高，我们不只要学好学校里所学到的知识，还要不断从生活中、实践中学其他知识，不断地从各方面武装自己，才能在竞争中突出自己，表现自己。

在实践的这段时间内，我们接触到了拥有丰富社会经验的经理，这些都是在学校里无法遇到的，在学校里也许有老师分配说今天做些什么，明天做些什么，但在这里，不会有人会告诉你这些，你必须要知道做什么，要自己去做，而且要尽自己的努力做到最好。在学校，只有学习的氛围，毕竟学校是学习的场所，每一个学生都在为取得更高的成绩而努力。无论是学习还是工作，都存在着竞争，在竞争中就要不断学习别人先进的地方，也要不断学习别人怎样做人，以提高自己的能力！记得老师曾经说过大学是一个小社会，但我总觉得校园里总少不了那份纯真，那份真诚，尽管是大学高校，学生还终归保持着学生的身份。接触那些刚刚毕业的学长学姐，他们总是对我说要好好珍惜在学校的时间。在这次实践中，我感受很深的一点是，在学校，理论的学习很多，而且是多方面的，几乎是面面俱到；而在实际工作中，可能会遇到书本上没学到的，又可能是书本上的知识一点都用不上的情况。

学校是一个小社会，我们不再是象牙塔里不能受风吹雨打的花朵，通过社会实践的磨炼，我们深深地认识到社会实践是一笔财富。社会是一所更能锻炼人的综合性大学，只有正确地引导我们深入社会，了解社会，服务于社会，投身到社会实践中去，才能使我们发现自身的不足，为今后走出校门，踏进社会创造良好的条件；才能使我们学有所用，在实践中成才，在服务中成长，并有效地为社会服务，体现大学生的自身价值。今后的工作中，是在过去社会实践活动经验的基础上，不断拓展社会实践活动范围，挖掘实践活动培养人才的潜力，坚持社会实践与了解国情、服务社会相结合，为国家与社会的全面发展出谋划策。坚持社会实践与专业特点相结合，为地方经济的发展贡献力量，为社会创造新的财富。

回想这次社会实践活动，我学到了很多，从我接触的每个人身上学到了很多社会经验，自己的能力也得到了提高，而这些在学校里是学不到的。在社会上要善于与别人沟通是需要长期的练习。以前没有工作的机会，使我与别人对话时不会应变，谈话时有冷场，这是很尴尬的。人在社会中都会融入社会这个团体中，人与人之间合力去做事，使其在做事的过程中更加融洽，事半功倍。别人给你的意见，你要听取，耐心、虚心地接受。在工作上还要有自信。自信不是麻木的自夸，而是对自己的能力作出肯定。社会经验缺乏，学历不足等种种原因会使自己缺乏自信。其实有谁一生下来就什么都会的，只要有自信，就能克服心理障碍，那一切就变得容易解决了。

知识的积累也非常重要。知识犹如人的血液，人缺少了血液，身体就会衰弱，人缺少了知识，头脑就要枯竭。这次接触的行业，对我来说很陌生，要想把工作做好，就必须了解这方面的知识，对其各方面都有深入的了解，才能更好地应用于工作中。

在今后的学习和生活中，我们将摆正心态，正确定位，发奋学习，努力提高自身的综合素质，适应时代的需要，做一个对社会，对人民有用的人。

　　每次的社会实践，我都有新的感触：人的一生中，学校并不是真正永远的学校，而真正的学校只有一个，那就是社会。大学生社会实践是引导我们学生走出校门、走向社会、接触社会、了解社会、投身社会的良好形式，是促使大学生投身改革建设，培养锻炼才干的好渠道，是提升思想、修身养性、树立服务社会的思想的有效途径。通过参加社会实践活动，有助于我们在校大学生更新观念，吸收新的思想与知识。

快乐惠东行

文法系：尹超明　指导老师：张嘉乐

今天是"三下乡"的第二天，经过昨天一晚上的休息，早上队友们都精神饱满。早上8点吃过早点后，稍做整理，9点30分就出发前往到惠东县振丰鞋厂进行访谈。抵达振丰鞋厂后，振丰鞋厂的领导们热情接待了我们。振丰鞋厂厂长向我们介绍：厂内一共有职工354人，产品大多出口美国，属劳动密集型产业，外来员工占85%，广东地区的员工占15%，工厂经改革实行派工方式（把工作表现突出的员工放到一个特殊的位置工作，以此进行表扬）后，不但提高了劳动生产数量，也提高了劳动生产质量。工厂内部招聘90%是基础工，管理层人员占10%，要求管理人员要懂得应变，要具有专业的管理知识。工厂一直为不断改善员工福利而努力，基本稳定员工的流失问题，不存在用工荒的现象。随后我们在厂长的带领下参观了工厂产品运作的流水过程，也对部分的员工进行了问卷调查。

下午我们来到飞鹅岭森林公园进行游览参观，了解到飞鹅岭森林公园概况，并为明天的普法宣传做好充分准备。随后，我们带着我们从学校带来的书籍，并代表广东理工职业学院文法系将书籍捐赠给惠东县大学生协会，期间，我们还一起交流了一些大学生活的经验与想法，并得到了惠东县大学生的好评与感谢。

晚上，我们与司法局的工作人员进行交流。

今天的行程相当紧凑，整体下来虽然比较累，但是长见识有收获，心里还是很开心。记得在振丰鞋厂的时候，厂长就说到在创业之初曾提出，"人就是要有一股气，对一个国家来讲，就是要有民气；

对一个集体来讲，就是要有士气；对一个人来讲，就是要有志气。"细细品味这段话的含义，对我触动很大。是啊，人总得有一种精神，为什么说一些人死了可他们还活着，而另一些人虽然活着可在人们的心中已经死了，这其中的原委就是有的人有一种精神，他虽死犹生，而有的人却如同行尸走肉，虽生犹死。可以说，铁人精神就是这种令人虽死犹生的精神，它体现了一个国家、一个民族、一个集体实现自己崇高理想和奋斗目标的势不可挡的意志。这种精神在任何时代、任何地方，都是一种奋发进取的力量：有了它就会前进；失去了它，也就失去了进步的动力。

"民族精神是一个民族赖以生存和发展的精神支撑。"铁人精神曾激励了整整一代中国人。如今，飞速发展的中国处于一个与铁人生前完全不同的时代背景，产生于特殊年代的铁人精神到底离我们这一代有多远？对于我们这群90年代出生的青年人它又蕴含着怎样的内涵？

铁人精神是一种为国争光，为国分忧的高度觉悟的爱国主义精神。

铁人精神是一种不计名利，不计报酬，埋头苦干的奉献精神。

铁人精神是一种不畏艰难险阻、战天斗地的艰苦创业、忘我拼搏精神。

铁人精神是一种对技术精益求精，为事业练就一身硬功夫、真本领的科学求实精神。

铁人精神是一种不安于现状，不拘于常规，奋发思变的创新精神。

如果说发自肺腑地感受到铁人精神的伟大是学习的一个"初级阶段"，那么如何将铁人精神转化为我们立足本岗、做好工作的内在动力和实际行动，则是学铁人的"高级阶段"和最终目标。

作为一名学生干部，学习铁人精神，查找自己的不足，我认为自己应当做到以下几点：

一是要加强学习，要利用一切可以利用的时间和机遇去和书本学，和实践学。要在自己的内心形成一种压力，让这种压力敦促自己，成为一个有上进心的新时代青年。今天在社会就业压力如此之大的环境下，我走上了如愿以偿、令人羡慕的岗位，仍然不要忘记给自己施压，要拿出我们在学生时代学习的那种韧劲、那种不怕吃苦的精神，踏踏实实、认认真真沉下来，学进去。因为"人不读书，不能成才；人不学习，不能生存"。因为只有学习，才能启迪心智，净化思想，陶冶情操，升华境界；只有学习才能总结完善自己，提高自己的修养水平；更是因为只有学习我们才不会被快速发展的时代所遗弃，才能永远做时代的宠儿。

二是要慎独慎行，树立正确的权利观、地位观和利益观。

三是要经常自我反省。一个人如果不经常自我反省，就很难有很大的进步。要经常在工作中从人格上、从道德上、从灵魂深处反省检讨自己，发现不足，及时修正，努力做到时刻保持清醒的头脑。

四是要求认真务实，扎实工作。要立足本职工作，埋头苦干，奋发进取，做业务上的尖子，实践中的实干家，工作中要讲究细，讲究实，讲究准，讲究严，讲究精，讲究新，讲究快，只有这样才能创造一流的工作业绩。

铁人这个神奇的人物，他为我们的前辈、为我们的民族精神渲染上了浓墨重彩的一笔，让我们在铁人精神的感召和激励下，自强、自信、自尊、自律，为实现自己的人生价值，为美好的明天，储备学识，储备能量。

崎岖的惠东之旅

文法系：温添祥　指导老师：张嘉乐

2011年7月21日。

今天早上，我们来到了惠东县劳动局。劳动局各位领导热情地接待了我们，也大方地接受了我们的访问。在访谈中，各位领导为我们讲述了惠东县近几年的经济发展状况以及对待外来工的一些保护措施和法律援助，为我们本次的调研活动提供了重要信息。访谈结束离开劳动局后我们又马上赶到了惠东县飞鹅岭公园。而我们的任务就是在这公园门口设点摆摊为路人市民做普法工作。虽然太阳猛烈，但却丝毫没有影响我们想要把普法工作做好的决心，每个队员都头顶烈日积极地对路人宣传法律知识，也热情地向前来咨询的市民解答疑问。虽然在工作中流了很多汗，但是每个队员的笑容依旧那么灿烂，因为我们相信这一切都是值得的！

"三下乡"是一段路，时而坎坷，时而沿途风景美好。她告诉了我，没有一个人的前进道路是平平稳稳的，即使是河中穿梭航行自如的船只也难免颠簸，因此生活受伤难免，失败跌倒错过并不可怕，可怕的是因此而一蹶不振，失去了人生的方向。只要你没有因此失去方向，你就会欣赏到独特的风景。

此次活动让我们感触颇深，我们此次活动非常成功，因为我们团队的成员都非常优秀。有人受伤，也有人生病，但是没有一个人喊苦喊累，没有一个人抱怨生活条件的艰苦。此次团队活动中，大家分工明确，互帮互助，团结努力。大家都在此次社会实践中学习到了很多实用的经验，我相信大家会在接下来的在校生活抑或毕业工作后都会很好的运用。

其实在这里，我只想对他们说，自己的人生自己把握，世界上是没有后悔药的。其实我有过这样的经历，但后来我每天问自己，我到底想要干什么，我所做的跟我所想的方向是不是一致的。但越是这样自我解剖时，越能发现过去的自己所做的一切都很傻。自己所做的每一样，所负的责任最大的还是自己。所以自己的人生，自己掌舵。

这次下乡，又使我的人生经历多了一点。其实我很喜欢一句话"经历未曾经历的，感受未曾感受的"，忽然想起琦君曾提到的一句话：眼因流多泪而愈益清明，心因饱经风霜而愈益温厚。我希望我能经历不同的生活，感受未曾感受的情感，最终希望我的心变得温厚而仁爱。同时我也希望大家也能多经历那些未曾经历的，感受未曾感受的，愿我们的心变得敦厚仁爱。

赴惠东暑期"三下乡"个人心得

文法系：郑智聪　指导老师：张嘉乐

2011年7月19日至7月24日，我系"信技先锋行，服务新农村"大学生暑期"三下乡"社会实践服务队一行16人，前往惠州市惠东县开展暑期社会实践活动。在短短5天里，我们在惠东县组织开展关于惠东县外来工情况的调查、对外来工和当地人民群众的普法活动和参观了解惠东县等活动。本次活动受到我系同学和惠东县团委和县人力资源和社会保障局，以及当地企业和群众热烈欢迎和大力支持。

虽然只是短短的5天时间，可是我学到了很多的东西及做为一名大学生该做的事，我的深刻体会主要体现在以下几点：

1. 大学生参与"三下乡"活动具有重大的意义我们通过大学学习后，要想尽快成为现代化建设的有用人才，适应社会的需要，就要在学习期间，积极参加社会实践活动，认识社会，认识自己的社会位置，明确自己的历史使命，激发自己的学习热情，调整和完善自己的知识结构，战胜各种困难和挫折，锻炼意志和毅力，为适应以后的工作做一定准备。这是我参加"三下乡"活动的目的之一。

大学生参与"三下乡"活动是青年学生健康成长、将自身价值与祖国命运紧密相连的必由之路。把学习书本知识与投身于社会实践统一起来，自觉走与实践相结合、与人民群众相结合的道路，努力缩短自身成长与社会需要之间的距离，提高解决实际问题的能力，到改革开放和现代化建设最需要的地方去见世面，长才干，这对我们青年大学生具有十分重要的意义。

2. 普法活动的开展，不仅使得当地外来工对法律法规有了更深一层的认识，也使他们学到了保障自己合法权益的有效方法和途径。不仅如此，法律知识的普及也使得一些当地的人们的法律意识有了一定的提高。我们也在活动中对法律有了更好的理解。

3. 践行荣辱观，服务新农村从准备下乡到下乡结束，我始终都怀着学习进步、提升自身的思想来积极参与暑期"三下乡"社会实践。在惠东县外来工情况的调查中我们深切地感受到，在惠东县，外来工和当地的人民和平相处，而且在当地政府关心和政策的帮助下外来工生活水平不断提高，他们的权益也受到了保障。

4. 团队意识和沟通交流的培养，我们团队的成员虽然是同一个系里的学生，但是我们来自不同的工作部门，这样的一支队伍在一起工作生活，最重要的便是团队意识和沟通交流。良好的团队意识是一切活动成功的前提，我们是一个团队，所以我们的出发点就应该以团队为首要考虑，一切应该为大家着想，为团队着想。良好、有效的沟通交流可以集思广益让工作变得高效，同时也可以聆听每个队员的心声，分享大家的收获。

这次的"三下乡"活动在我们收获颇丰的同时，我们也必须承认有一些不足之处。如对"三下乡"的认识不够深刻，由于经验的缺乏，使得一些准备工作和实际工作有一定的差距。但我们相信，有收获、有经验、有挫折、有教训的活动才是一个真正意义上的活动，才能让我们在活动中学得更多，从而更快地成长。

音像制品生产实习报告

数码设计与制作系：梁　晶　指导老师：郭丹丹

生产实习是我们大学生涯中少有的能够深入实践的学习过程，它是学习课本知识的重要补充部分，也是教育体系中的一个不可缺少和替代的重要环节。

在大二学年的暑假，我进行了近一个月的生产实习，这次实习时间长、参与的生产类型多、形式与内容丰富多样。通过这次实习，我觉得自己不仅对以前课堂上学习的知识有所巩固，也从中学到了很多新知识。

生产实习是我们在学完基础理论课程及技术基础课程的基础上，对过程装备的典型机器、设备制造工艺和装配工艺过程进行实践的教学环节。通过实习，我了解到一些典型的产品制作以及装配方面的制造过程，了解一些大型现代化工业生产的工艺过程和装置，熟悉一些典型机器设备的总体结构、特点、工作原理及主要零部件的作用及生产过程，了解机器型号、规格及主要性能参数、使用特点等。

一、实习动员

在第一天的实习中拉长便为我们讲解各项工作安排，并以满腔的热情动员我们，让我们从思想上重视这次实习，认识到实习不是游手好闲，而是在另一种环境下的学习过程。让我们有了完成好此次实习任务的信心。

随着拉长的带领，我们也基本了解车间的工作环境和生产制作音像制品中需要注意的安全事项，随后我们便根据车间的人员使用情况被安排到不同的流水线上。

二、拆装流水线实习

车间是无尘室设计，绿色的塑胶类地板，操作人员统一戴着帽子、防静电手环，穿着整齐的工衣，车间的气氛融洽和谐。

在同一个车间里有几个不同的音像制品生产区域，每个生产区域都由一个拉长以及数个助拉管理，每个助拉负责一条流水线的生产。而我实习的第一个生产部件就是音像电路板的装拆，由3人组成一条简易的流水线。

由于在起步和尝试阶段，在刚开始的操作中我也曾犯过忘记绕线等小毛病，但随着对制作过程的渐渐了解以及熟悉，我也能专注于每一步的操作及技巧，速度也渐渐赶上了前辈们。

三、更多的认识与了解

随着对音响制品的生产过程日渐熟悉，我也前后被分配到不同的流水线实习，难度最大的要数十几人一队的机械式流水线，每一个工位的人员都必须在指定的进度内完成任务以流至下一环加工，直到最后一环加工结束方算作该该流水线的制作完成，并由QC检察产品是否有制作漏洞及使用瑕疵。

比如一款播放装置的流水装配，QC首先会检察外壳及按钮是否有磨牙或刮花，再连接机体查看按钮使用是否正常，有无装反装错情况，机内螺丝是否有松动或不全等，待每一项（即前方流水线有否操作失误）检查合格，该产品方算制作完成，否则要退回重做。因此以我们助拉的话说，生产制作人员要的不只是简易的劳动力，而是一个制作者的责任心。

的确，一套完整的音像制品，无论音箱、喇叭、功放甚至是简单的一个按钮的修剪装配，一颗螺丝的打入，都经过无数个流水线人员尽心尽责的操作以及QC的反复检测才得以进入市场，进入万家百姓的生活里。

　　设计一款产品不容易，制造一款产品更不容易，因为在实习过程中我深刻地体会到设计与生产制作之间的交互性。许多在办公室的年轻设计人员不愿意到车间指导生产，使得生产人员与设计者之间得不到良性沟通，从而导致不必要的错误操作，这些不但是对生产资源的浪费，更是对产品设计的误解。

　　一款好的设计，应该不只是止步于与客户与使用者的相互式沟通，还应该考虑到生产方面的组装细节等问题，即使你设计得如何科技化如何现代化又能怎样呢？产品始终需要回归到生产这个大方向上，只有能够顺利进行批量生产的产品才能实现它的真实价值，才能为人类社会的美好生活添砖加瓦。

　　最好的音乐和产品最终还是需要用人的耳朵去承认和辨别。我认为还原最真实的设计初衷是我们追求的方向。通过此次实习，不但能让我领略音像制品的所有制造环节和过程，还能了解音响制造商的科技实力以及企业文化，使我获益匪浅！

艰辛知人生，实践长才干

数码设计与制作系：严子豪　　指导老师：郭丹丹

古人曰："逝者如斯夫，不舍昼夜。"短暂又难忘的社会实践就像白驹过隙般，一飞而逝，而在这段时间里感觉就像一个打翻了的五味瓶——甜酸苦辣一应俱全。在每天紧张而充实的工作环境中不知不觉间已经走过了一个月的社会实践，回顾这一个月的社会实践，我的心情充满了激动和无限的感慨。

"实践是真理的试金石"。学校是学习理论知识的好环境，但是缺少了实践，理论知识学得再多也是枉然！在如今这个社会，就业问题似乎总是围绕在我们的身边，成了永远都谈不完的话题。在街上，我们总能看到很多的招聘信息，但同时也能看到"有经验者优先"这些字眼。而我们这些还身在校园的莘莘学子又有什么工作经验呢？将来走出校门的我们又能拿什么工作经验去给别人看呢？为了扩展自身的知识面，扩大与社会的接触面，增加个人在社会竞争中的优势，锻炼和提高自己的社会能力，为自己在毕业之后可以尽快地真正地融入社会中，并且能够在生活中和工作中处理好各方面的问题，我毅然决定利用我的暑假时间到工厂里面实践。

"纸上得来终觉浅，绝知此事要躬行"。带着些许兴奋来到了厂里，开始了自己的社会实践。我们在领班的带领下进入了车间，该厂共有十多个车间，每个车间生产不同的产品。而我被分到了4A车间，刚进去的时候，感觉很陌生，车间有6条流水线，每条流水线上都有三四十个员工在不停地忙碌着，机器转动所发出的轰轰声令我感觉有那么一点压抑。我被车间的某一个拉长（也就是车间的其中一条流水线的主要负责人）带到了工作岗位，在拉长的指导下，我很快学会了那项简单的工作。虽然工作看起来挺简单的，但长达11个小时的机械工作，对于我们这些习惯了悠哉生活的大学生来说，真的很难忍受。还好我是一个从农村来的孩子，自幼就帮家人干农活，没过多久我就完全适应了这里的工作节奏。接下来的几天我换了好几个岗位，因为工厂主要是生产音响和DVD碟机，客户每次都是下几百或者一千左右的单，所以有的时候一个上午就能做完一种机型。一种机型做完了就要马上收拾材料，重新排拉，按照自己工位的工作指导书来做，不懂的就可以叫助拉（就是我们拉长的助理）过来指导你。所以我在工厂里面懂得了自学能力是很重要的。这不也是和大学学习一样吗？在一个多月的社会实践里，我发现在实际工作中用到专业知识的地方是少之又少，更多的是我们要耐心、细心、一步一个脚印、脚踏实地地去工作，基本工作做好了，才能赢得上级和同事的信赖。而上级的信赖和同事的支持是使我们工作更上一层楼的极大鼓舞。

"两耳不闻窗外事，一心只读圣贤书"的人已经不是现代社会需要的人才。一个月的时间让我明白到要在社会实践中培养独立思考、独立工作和独立解决问题能力是必不可少的。通过多参与社会实践活动巩固从学校学来的理论知识，增长来自实践中的知识和技能。面对日益严峻的就业形势和日新月异的社会。是时候懂得改变自己的想法了，不要再简单地把社会实践作为挣钱或者是积累社会经验的手段，更注重借机培养自己的创业和社会实践能力。培养好自己各个方面的能力，让自己在以后的工作中更能自由发挥。

一个月的社会实践让我收获了不少：

（1）正所谓"知己知彼，百战百胜"。我的综合素质在不断提高，对自己有了进一步的了解。

（2）让我明白了书本理论与实际工作运用的差别。学好专业知识理论是在实际中应用的基础，但是不能照搬过来使用。

（3）我的社会交际能力和自主自立能力得到了极大的提高。

作为一名大学生，应该把握和珍惜所有的机会，正确衡量自己，充分发挥所长，以便更快地走上社会的轨道。在这次社会实践中，我懂得了将理论联系实践，并达到了"学以致用"，这对我今后的生活和学习都有很大程度上的启发。

"天将降大任于斯人也，必先苦其心志，劳其筋骨，饿其体肤，空乏其身，行拂乱其所为，所以动心忍性，曾益其所不能"。就让我为我的未来磨炼一番吧！

三乡颐老院之行

数码设计与制作系：古　怡　指导老师：祝鹏

2011年7月18日早上9点30分，我们数码系16个学子伴同辅导员共17人，从学校出发，前往三乡颐老院，去慰问住在那里的老人。

因为路程较远，在路上所花的时间比预想中要长，所以当我们赶到时，已稍微超过了与颐老院中的工作人员约好的时间。当我们到达时，发现颐老院的老人已经在活动室等着我们了！

当我们一踏进活动室时，迎接我们的是老人们热烈的掌声和亲切的笑容，那一刻，我为这些善良的老人感动，也为自己的不守时而感到愧疚。

在向老人们问好之后，我们就为他们献上了我们带来的水果，我们一一为他们分发。老人们非常有礼貌，在领到水果时，他们都会很开心地对我们说声谢谢。

发完水果之后，我们就去到老人的身边，和他们聊天，在这期间，准备有节目的同学也陆续为老人献上精彩的表演。而我有幸作为表演的同学之一，为老人们献上了一首充满祝福的歌，祝愿老人身体健康，幸福快乐。老人们在我们唱完之后，很开心地为我们鼓掌，让我感到我们的努力是非常值得的。

其后，我们就和老人们深入交谈，了解他们的生活状况和身体状况。

我陪伴的4个老人中，有2个非常健谈，我坐在他们身边，了解他们的生活情况。老人家说他们的娱乐不算多，说起他们年轻的年代，老人家感慨连连，说那时的生活非常艰辛，为了生活劳碌奔波，非常不容易。有的因为那时工作太过辛苦，干的又是体力活，超过了身体的负荷，以至于落下了病根，现在人老了就多病痛。

对于这些老人的经历，我可能与别的同学有不同的感受，我是农村的孩子，自己的爷爷奶奶现已是八十多岁的高龄了。爷爷奶奶那时更是不容易，当时的农村人连温饱问题都无法解决，爷爷奶奶操劳一生，把父亲那一辈的人拉扯大，过得是极其艰难。小时候，就经常听爷爷奶奶讲述那些过去的事，他们那时所过的生活在现在的我们看来，是难以想象的，但爷爷奶奶终究是挺过来了，再经过父母的努力，现在的生活虽说不算好，但也是衣食无忧了，至少能有钱供我读大学，让我有了追逐梦想的机会。

以前的自己不懂事，不够努力学习，成绩不够好。但好在上了大学后，自己发奋用功，在努力地为梦想打拼，没有再辜负家人的期望。

现在和老人谈心后，感触甚深，老一辈的人对年轻的一辈期望很大，因为他们经历过艰辛的生活，所以才更珍惜现在的生活，希望自己的子孙能过上更好的生活，不用重走他们的道路。

住在颐老院的老人总是更值得同情的，他们有的是因为子女工作的原因，不在老人身边，无法照顾老人，所以把老人送到了颐老院。有的是不愿麻烦子女，所以自己住到了颐老院；有的是因为在家里寂寞，想找人聊天所以来到颐老院。有的直接就是子女不愿照顾老人，就把老人送到了颐老院。

在与老人的谈话中我了解到，这些老人大多都70岁以上，八九十岁的也不少，甚至我还了解到有一个老人已有106岁，只是可惜老人身体不好，行动已是不便了，头脑也不太清醒，有些痴呆。但令我欣慰的是大多数老人大体上还身体健康，虽然免不了还有些小病小痛，但他们生活上仍能自理，平时到处走走，做做运动，或者参加一下有益身心的娱乐活动。

老人们的生活总会有些单调寂寞，我们不敢深入地询问老人们家里的情况，怕会让老人伤心，这些老人没有子女在身边，需要更多人的关怀。在与老人的交谈中，我了解到，社会上也有不少人都会不时来颐老院慰问老人。说到这一点，老人很欣慰，他说现在的年轻人很难得，没有忘记他们这些老人家。对于这一点，我也是很感动，老人们历经沧桑，一路走来，这一辈子真的很不容易，他们为国家做了不少贡献，年老时却不能享受天伦之乐。但国家并没有忘记他们，社会没有忘记他们，所以不时就会有社会各界人士来探望老人，给予老人力所能及的关怀。

我们大学生，作为祖国的未来，作为社会的一分子，更不能忘记这些老人，我们带着感恩之心，关怀之心而来，希望能给老人们带来一些安慰与温暖。"家有一老，如有一宝"。老人们是社会上无可替代的财富，需要我们去珍惜，社会上许许多多的老人，需要年轻的一辈去关爱。

我们陪老人们聊了很久，直到他们要吃午饭时才依依不舍地离开，对他们这些老人来说，我不知道我们的这一次慰问能给他们多少慰藉，但从他们发自内心的欢笑中我能感受到，他们是非常希望有人能时时来探望他们的。

希望社会上能有更多的人经常来探望这些孤苦的老人，人世间自有爱，希望有更多的爱给老人带来温暖。

这一次"三下乡"的颐老院之行，不是做作，不是任务，只是作为年轻人，作为大学生，给予这些老人的一点微不足道的关爱，我无力给予更多，只是希望自己的行动，能让这些老人感受到这个社会上，还有很多人在挂念着他们，关心着他们。

愿老人们身体健康，生活舒心！

我的心路历程——"e路通"

管理工程系：王思亮　　指导老师：游　静

很快暑假就要过去了，在大学的第一年校园生活，想想就要过去的暑假，沉默过后更多的是感触。转眼间，大一生活已经过去了，而我也将要踏入大二的世界。印在脑海里的每一个足迹都是那么的深，真的说不出是什么感觉，伴着时间，就像和自己的影子赛跑，不可能从真实的两面去看清它，只是默默地感受着有种东西在逝去，也许更适合的只有那句话：时不待我，怎可驻足。

整个暑假，给我留下最深印象的就是跟我的队友还有老师前往北京参加"e路通"杯首届海峡两岸大学生网络商务创新应用大赛大陆赛区总决赛，并获得了专科组网络商务创新应用一等奖。这次比赛不仅仅是所学专业的一次社会实践，也是我人生中的一段重要经历。

面对所取得的成果，我慢慢地体会到这一路走来得不易。我和我的队友经历了大陆分赛区初赛、复赛、决赛，然后是大陆赛区总决赛，到最后的终极对决。在参加比赛的几个月中的辛酸只有自己能体会到。在这一次比赛的过程中，给我收获最大的是我对电子商务专业有了一个全新的认识，当我们在校园学习的同时应该和实践相结合。作为一名大学生，理论知识的学习是为以后的实践奠定基础。社会实践给我们带来了意想不到的效果，社会实践活动给生活在都市象牙塔的大学生们提供了广泛接触社会、了解社会的机会。

这次比赛对我走向社会起到了一个桥梁的作用，过渡的作用，是人生的一段重要的经历，是一个重要步骤，对将来走上工作岗位也有着很大帮助。向他人虚心求教，与人文明交往等一些做人处世的基本原则都要在实际生活中认真地落实，好的习惯也要在实际生活中不断培养。这次比赛也让我深刻了解到，和团队保持良好的关系是很重要的。做事首先要学做人，要明白做人的道理，如何与人相处是现代社会做人的一个最基本的问题。实践是学生接触社会，了解社会，服务社会，运用所学知识实践自我的最好途径。亲身实践，而不是闭门造车，实现了从理论到实践再到理论的飞跃。增强了认识问题、分析问题、解决问题的能力。

这次比赛，丰富了我们的实践经验，提高了我们的团队合作能力，使我们更加了解社会。作为一个21世纪的大学生，社会实践是引导我们走出校门、步入社会，并投身社会的良好形式；我们要抓住培养锻炼才干的好机会，为以后走入社会打下更坚固的基础！

不经风雨，怎见彩虹

管理工程系：陈金莲　　指导老师：金丽佳

　　一片叶子属于一个季节，年轻的莘莘学子拥有绚丽的青春年华，谁说意气风发的我们年少轻狂，经不住暴风雨的洗礼？谁说象牙塔里的我们两耳不闻窗外事，一心只读圣贤书？走出校园，踏上社会，我们书写了一份满意的答卷。我在酷热中迎来了作为大学生的第一个暑假，也满怀激情地报名参加了系的暑期社会实践活动。大学，就在于它更重视培养学生的实践能力，社会实践活动一直被视为高校培养德、智、体、美、劳全面发展的优秀人才的重要途径。暑期社会实践活动是学校教育向课堂外的一种延伸，也是推进素质教育进程的重要手段。它有助于当代大学生接触社会，了解社会。同时实践也是大学生学习知识，锻炼才干的有效途径，更是大学生服务社区，回报社会的一种良好形式。所以为了同一个目标，同一种信念，我们加入了暑期社会实践活动，来到了广东EMS物流速递公司。

　　公司的领导、员工对我们呵护有加，精心地帮我们安排食宿。等我们安定之后，公司给我们进行岗前技能培训以及安全培训，隔天正式上班（我们的职位多是仓库操作人员，最主要的工作地方是仓库）。

　　上班时，仓库的主管跟我们说一些注意事项、操作流程以及仓库的规章制度，然后把我们分成了几个小组，由老员工带着我们熟悉整个仓库货物。

　　刚开始，我们接触到的是出货，由写单人员到办公室拿打好的单据，对单据进行编码，之后发给拣货人员，由拣货人员到仓库按照单据一一拣货，捡完货后，由同组的人员对货物进行核查，确定无误后，在单据的背后签名，再交给专门的核查人员，等他们确定无误后就可以出货（把货物拉到指定的地方），如果发现有错误，拣货人员就要及时改正，改正后再把单据拿给核查人员再次核查，确定无误后就可出货。

接下来，我们接触到的是货物入库。当有货来的时候，就要有一个人接单（如果还没有拿到单据，绝不可以卸货，以免出差错），一板货卸完就拉到指定的地方，由验货人员进行验货，当全部的货物卸完、验完、确定数量无误后就可以入库，如果货物损坏、数量不对，就要在单据上写明。将货物拉进仓库，放在指定的位置，如果不够放，应调整库位。

当仓库内的人员较空闲的时候就到后台包装部帮忙打包装，后台包装工作比较繁琐，需要较细心、有顺序地工作，不可以马虎。

最后一个环节就是盘点，对每个品牌的每个种类的货物进行盘点，通过盘点得到的数据与电脑里的数据进行对比，就可得知哪个环节有没有出错，可较快地进行核查。

实践中，特别是在高峰期的时候，忙得不可开交，从上班到下班休息的时间不超过十分钟，每天晚上都是拖着疲惫的身体回到住所，但我们互相帮助互相关心，像一个融洽的大家庭，没有一个人觉得苦觉得累。在这种忙碌中，我们在渐渐变得成熟，感觉到什么是物流，什么是仓储，而我们的能力也从中得到了锻炼，能力也有所提高。理论加实践等于自己所具备的能力。

这次亲身体验让我有了深刻感触，这不仅是一次实践，还是一次人生经历，是一笔宝贵的财富。我觉得知识的积累非常重要。知识犹如人的血液。人缺少了血液，身体就会衰弱，人缺少了知识，头脑就要枯竭。学好专业知识，才能更好地应用于工作中，参加更多的社会实践，磨炼自己的同时让自己认识更多，使自己未踏入社会就已体会社会更多方面。

无声的音符

——走访五桂山逍遥谷革命路线

管理工程系：谢　娜　指导老师：金丽佳

阳春白雪

我伸出一只手，只一瞬，便有一片"羽毛"悄悄地落入我的手，像一朵小小的白云，载着希冀的梦幻。我不忍惊扰它美好的梦境，松开手，让它随风飘去，我看见它在风中纷飞旋舞，一忽儿上，一忽儿下，一忽儿左，一忽儿右，像在向我招手，又像在微笑。很快地，它与天空中的无数羽毛交融在一起，带着一粒种子的希望，飘向它梦幻的草地与湖畔，去撒下一地可见的生命。

幸福其实就那么简单，从一颗成长在母亲身上的种子，随着夏去秋来，随着风儿的飘飞，最终落地生根，茁壮地成长起来。因为我们都崇尚追求，都追求一种向往革命的荣光之道，于芳林之中，采红觅翠，没见枯枝败叶，却无触目萧索之感，反觉新陈代谢，生机盎然。此次革命路线之探讨让我深深感慨生活着的我们活得无拘无束、无羁无绊。上街无人围观，随便你纵横驰骋；开口没麦克风伺候，由着你畅所欲言；喜不自胜时，可以高歌一曲。

阳关三叠

行走在这条革命征战的大道上，走进古氏宗祠与看着纪念碑上面镌刻的文字，感叹着革命战士为了祖国、为了我们现在的幸福生活献出了年轻的生命，我们步在革命战士们辛苦奋战的幸福生活前面，不禁发出"感时花溅泪，恨别鸟惊心"的赞叹。

五桂山是抗日根据地，现存的古氏宗祠是广东抗日游击队珠江纵队司令部旧址，附近的纪念碑是为了纪念牺牲在石莹桥畔的16名游击队员而建的。这两个景点是重要的爱国主义教育场所。

大家虽然在阳光的烈照下，但是感觉还是幸福的，看着两旁成林的树木遮蔽了烈热的阳光，时不时地看着硕果累累的果树，好奇地欣赏着一对小狮子，走进田园人家，拍着我们喜欢的角度的照片……走在路上更时常看见大巴载着游客前往这里，这条革命大道的确带给我们很多的惊喜。

高山流水

在我们离开的时候，看着大家洋溢着幸福的笑脸时，让我们有"乘今日之马，挥明日之鞭"的向往。我们深思每个人都会在人生的旅途上迎春送风、风雨兼程。小莲说："太热了，但是还是喜欢。"此时大家的脸是满满的通红。我想，没有这次"高调"出巡或许我们并没有很认真地思考这样的美好，革命烈士们牺牲了自己年轻的生命，换来我们今日美好的幸福生活。

人生的道路坎坷、荆棘，曾经的我抱怨了好久。今天看着却让我由衷感动，即使有生活打拼上的困难，但还是洋溢着难以去想象的笑容面对着现在的幸福生活，我深受感动。今日的我轻松、慰藉、清新和超脱。

蓝天白云一如既往，一样的凉风、落叶；一样的晚霞、彩虹……日子消逝，这份感动在平淡中触动心灵。"非淡泊无以明志，非宁静无以致远。"

艰辛的征途，丰硕的收获

工程技术系：许国恒　指导老师：谭　希

　　阳光和煦，清风送爽，在这个美丽的夏日里，我系为深入贯彻党的十七届五中全会、省委十届八次全会和共青团十六届四中全会精神，引导我系学生深入学习实践科学发展观，培养大学生的创新意识、实践能力、创造能力和实干精神，根据《关于开展"幸福广东·青年先锋"——广东大中专学生主题社会实践活动的通知》（团粤联发〔2011〕7号）要求，结合我系的实际情况，工程技术系开展了2010—2011学年暑假"三下乡"社会实践活动。我们工程技术系暑期"三下乡"社会实践队一行12人，带着微笑，怀揣着信心，唱响"追寻南粤红色足迹、深入社会实践谋幸福"的口号，踏上前往广东省韶关乳源瑶族自治县的旅途，我们将以一颗真诚的心，与山区的人民一同度过这有意义的日子。

　　这是我第二次参加"三下乡"活动了。我心怀感激，感谢学校再给了我一次锻炼的机会，相对于其他新成员的紧张与期待，我更多的是感到有一种急不可待想给山区的群众带去我们的爱心，在完成我们这次下乡的任务同时，我想更多地深入群众中去，体会他们的艰辛与不容易，也把我们的知识和帮助带给他们，给他们多办实事办正事。

　　在经过几个小时的车程后，我们进入了这次的目的地——韶关乳源瑶族自治县必背镇方洞村。这条平凡的方洞村第一眼就震撼了我的心灵，这是一个我见过最美的村子，拥有如童话世界般的景色。我忘不了那在村口迎接我们的孩子们，那天真的面孔，朴素的笑脸，爽朗的笑声，还有在村委会迎接我们的村委干部，从他们的脸上我看不到贫穷和抱怨，我看到的是坚强和知足。这些天，对于我，像黄金般的日子，我收获了快乐，收获了友谊，收获了坚强，也收获了感动。5天的时间很短，我们不能教会村民们很多具体的知识或者带给这条美丽的村庄很大的改变，更多的是给他们带来欢乐。如我们在给小孩子上课的时候，讲台下，一双双充满渴望的眼睛望着我，课堂气氛十分的热烈。下课，孩子们站起来说："谢谢老师"，那一刻，我很感动，感动孩子们对我的尊重与对知识的追求。

自从我们去到村子的那一刻开始，我们的队员就开始努力地工作了，在组长的分工下，有的人深入群众做问卷调查，有的人负责研究瑶族建筑群的特色及为村子绘制一份平面地图。而我是在绘制地图的一组，我们汗流浃背的跑到村子的每个角落去测量和记录，然后晚上回到宿舍一起绘图汇到凌晨三四点钟。而我们没有一个人喊苦，当我们把地图交送到当地村民手中的时候，看到他们的满意笑容我们就知道这一切都是值得的。而在做这些工作的同时，我们队员之间一同经历了苦难与欢乐，我们产生了很深的友谊，我们一起工作，一起学煮饭，一起到河边洗澡，这一幕幕快乐的时刻让我至今难以忘怀。

眨眼间，为期5天的暑假社会实践"三下乡"活动圆满结束了，在这期间，我们走出校园，走出了课堂，走向了社会，走向农村，在此，我收获了成长与成熟。在这个调研的队伍里，我深刻体会到了团队力量无处不在。这段不可磨灭的经历，或许几十年以后，说起这故事，还会新鲜如昨日，实践活动结束了，感叹时光无法倒流，让这点点滴滴，幻化成彩虹，化成我人生中一段美好的回忆，沉淀，醇香。永远坚持着，背负着青春的理想，去追寻属于青春的辉煌。

实践出真知，调研促发展

工程技术系：郑建扬　指导老师：林卓歆　谭　希

这是一个从实践中去学到知识，把知识应用到实践中去的机会，给我们在校大学生提供了一个展示自我、认识自我、提升自我的平台。让我们暂时告别城市的喧哗与急促，到农村学习、体会不一样的文化、生活。在下乡的日子里，我不仅仅完成了下乡主题资料的调查，同时更得到心灵上的升华。

一、目的地与任务

本次下乡的地点是：乳源瑶族自治县必背镇——方洞村。那里的族人主要是靠种植"沙树"为生，是热情好客的一个少数民族。一路上，山体嶙峋陡立，山路盘山而绕，深入山林，山路窄小而又陡峭，坐在车里的我可谓把心提到嗓子眼上了。到达目的地后，村里的主任接待了我们。主任给我的感觉是出乎意料的亲切热情，一张亲切的笑脸使得我一路纠着的心舒缓了下来。座谈中，他为我们详细地介绍了这个村落的人文、习俗情况。这给予了我们这次下乡活动很大的帮助，也让我们能更好、更细致地融入到这么一个少数民族的生活氛围中去。

我们这次下乡的主要任务就是做"幸福指数调查"、房屋构造调研、支教、家电维修以及村里的地形图绘制。通过这一个个活动的展开，能让我们更加深入地去了解当地的人文习俗，学习和认识少数民族的文化，也给予了我们一个把外面城市的知识带到村里的机会，把农村和城市连接在一起。

二、收获与感悟

每个活动的开展，我都有所收获和感想。其中感受最深的是我做问卷调查座访时与村民的沟通交流，这样面对面的交流，让我有机会更加靠近地去了解到他们的真实情况。

通过访谈，我们发现，在这么一个深入山林的村落，不但交通成了一个制约经济与文化发展的问题，自然灾害也直接制约着村民经济的发展，严重影响到他们生活水平的提高。这里的经济来源主要是"沙树"种植，"沙树"的生长、收获周期是15年。而这期间，一旦遭遇洪灾、山火等自然灾害，就意味着村民这些年的血汗都被毁了，正是因为这样，这里的经济发展相当缓慢。另一方面，这里的村民热情好客，但由于交通不便，与外界联系几乎很少。座谈中得知，曾有骗子行骗至此，很多村民上当受骗后便产生"十年怕草绳"的心理，对外来人处处防范。心理上的抵触使得他们与社会外界的交流活动逐渐减少，形成经济发展的"内向"的局面。

同时也了解到，在教育方面这里是相当落后。整个村子，没有一间学校。这里的孩子要解决上学问题，就得到镇上去，而且因为离家太远，孩子都得寄宿在学校里。也就是因为学校远，家里经济负担大，很多孩子到了法定上学年龄都还无法入学接受教育。这次下乡有支教活动，虽然说只有短短几天，但对我来说能尽我的绵薄之力为孩子们服务，让孩子们感受一下学堂的氛围，我很满足。我把一些生活的常识带给了孩子们，如地震、火灾时如何躲避保护好自己，该如何安全用电等。同时也对现在通信及电脑应用等知识进行了一个概括性讲解。让孩子们对城市的发展现状有所了解、接轨。

我也问过很多村民，面对这么多艰苦的问题，为什么不选择走出山里？在他们看来，在山里，虽然日子艰苦，没有大都市那般繁华，但是可以自给自足、无忧无虑地生活，不用委屈于别人的威严下；更不用像都市里那样人人勾心斗角，在山里，大家坦诚相待，互帮互助。这样的生活，心里过得踏实。还有一个原因，就是作为少数民族的他们，因为之前受尽了汉族人的欺负，逼着他们隐居深山，虽然现在已经各族和睦相处，但多少还是有点心理隔阂。座访完的那晚，我静静地坐在床上，回想着村民的字字句句，心里久久牵动。艰苦的生活、恶劣的上学条件、落后的经济，个个都堆落我的心坎。一个自强不息的民族，一个勤劳朴素的民族，在深山里，过着他们自己的生活，不争世事，不乏互助。自懂事来，就从没听过汉族与少数民族的这种欺负的事，听到的只有和睦，只有互助。但今天我的确听到了，发生了。身为汉族人的我，真的很想为他们做些什么，但是，我一个人的能力，不是集体的力量。

三、回程

乳源方洞一行即将结束，我虽然踏上了回程的路，但是那种莫名的不舍不停地敲击着心头。回望那山头上挺昂的"沙树"；回想村民憨厚淳朴的笑脸。不舍那至美的自然环境；不忘族人的亲切热情……

"三下乡"结束了，我不会忘记这一行。因为我收获到了，我感悟到了……

学以致用，提升自我

工程技术系：陈庆杰　指导老师：何丰如

这个假期我们实践了自己所学专业的相关知识，过得十分充实。这次我的实习单位是广东长虹电子有限公司，公司有一套完整的电视机生产工艺，我工作的岗位是机芯点检，期中用到了很多我们专业所学的知识，它让我更坚定了认真学习本专业知识的决心，也让我理解了理论与实际是如何联系起来的。

在此次实践过程中我学到在书本中学不到的知识，它让你开阔视野、了解社会、深入生活、回味无穷。社会实践作为广大青年学生接触社会、了解生产、理解企业、锻炼自我的重要形式，对于青年学生的成长、成才有着极为重要的作用。

这次假期实践我以"善用知识，增加社会经验，提高实践能力，丰富假期生活"为宗旨，利用假期参加有意义的社会实践活动，接触社会，了解社会，从社会实践中检验自我，这次的社会实践收获丰硕：

一、沟通从心开始

要善于与别人沟通。经过一段时间的工作让我认识更多的人。如何与别人沟通好，这门技术需要长期的练习。以前工作的机会不多，使我与别人对话时不会应变，谈话时有冷场，这是很尴尬的。与同事的沟通也同等重要。人在社会中都会融入社会这个团体中，人与人之间合力去做事，使其做事的过程中更加融洽，更事半功倍。别人给你的意见，你要听取，耐心、虚心地接受。

二、自信使人成功

在社会中要有自信。自信不是麻木的自夸，而是对自己的能力做出肯定。在多次的接触顾客中，我明白了自信的重要性。你没有社会工作经验没有关系。重要的是你的能力不比别人差。社会工作经验也是积累出来的，没有第一次又何来第二、第三次呢？有自信使你更有活力更有精神。

三、知识的向导作用

工作中不断地丰富知识。知识犹如人体血液。人缺少了血液，身体就会衰弱，人缺少了知识，精神就要枯竭。知识在我们的工作中具有导向作用，如何学以致用以及在社会实践过程中不断丰富和发展自己的知识脉络，这是此次社会实践的一个重要收获。在工作的过程中，我不断地发现自己在知识积累方面的不足，这是我今后努力改正的方向。只有具备扎实的知识基础，才能更好地指导实践工作。

四、不畏艰难困苦

吃得苦中苦，方为人上人。吃苦耐劳是中华民族的传统美德，当前很多毕业生被社会贴上"眼高手低"的标签，这表明，社会对我们毕业生能力的一种怀疑。在这次社会实践中，我深刻地体会到吃苦耐劳、坚持不懈是工作取得成效的前提条件。因此，我下定决心不管遇到多大的苦难，都要坚持下来，尽管有些岗位很累，有些机器很吵，但是我还是努力去克服。

大学是一个教育我、培养我、磨炼我的圣地，我为我能在此生活而备感荣幸。工厂是一个很好的锻炼基地，能将学校学的知识联系于生产实际。实践是学生接触社会，了解生产，运用所学知识实践自我的最好途径。亲身实践，而不是闭门造车。实现了从理论到实践再到理论的飞跃。增强了认识问题、分析问题、解决问题的能力。为步入社会打下良好的基础。

虽然此次的实习只有短短的40天时间，但是带给我的影响却是深远的，不但锻炼了我吃苦耐劳的能力，也让我了解到了生活的艰辛以及一线生产员工的辛苦，在今后的学习和生活中，我会脚踏实地，用自己所学的专业知识好好地服务社会。

真情流露

经济管理系：郭瑞燕　指导老师：黄　煌　林玉蓉　全雄伟

2011年7月16日，这一天，真的是累并快乐着，苦但很值得，这一天，我感觉自己逝去的大学时光就像是放电影一样重新放了一遍，脑海里想到的不仅仅是过去的，更多的是未来的一切……

来到广东理工职业学院，我们上的第一课——军训。今天，就好像时光倒流一样，我们"三下乡"的第一课——户外拓展。这仅仅一天的户外拓展，让我学到的并不亚于为时一个星期的军训，同样的深刻，同样的充实，同样的有意义，同样的让我感悟重重。

虽然这次户外拓展站军姿并不是像军训一样在烈日下严拷，但我还是像从前一样的认真，站得直直的，一动不动，听从教官的指挥。从前的我，真的可以说是雄心壮志，斗志昂扬。但如今的我缺少那份对未来的憧憬，对未来的那份执著，那份激情似乎对于此时的我，已经远去了，我在想，是我堕落了吗？还是我已经变得麻木了？又或是我已经心有余而力不足……时间可以改变很多的东西。

感悟一

"经验"是最好的老师，在我们看来，似乎有经验的人就必然比没有经验的人胜一筹，这似乎成了一个潜规则，有这种现象也很正常，因为我们必须生活在这个现实的社会上。这次的户外拓展活动的拍纸牌游戏中，我们经管组相对于其他的两队有经验的组来讲，这是一个很大的挑战，很多时候我们强调的都是重在参与，重在过程，结果并不是最重要的。只要我们付出了，就没有遗憾了。但这次，我们并不仅仅注重那种不气馁、不认输、不放弃的精神，更多的是我们团结起来，共同斟酌最佳的方案，虽然我们在开始的时候出现了很多的漏洞以致失败，但我们并没有放弃，我们摸索到了这种游戏考验我们的是一种团队队员之间的那种默契和我们对自己本身工作的那种专注、认真，善于沟通，善于倾听，用心去感受队员的想法和积极融入团队。

感悟二

在当今这个人才济济的社会上，无论是作为个人还是企业单位，要想有一个稳定或者有一定的地位优势，创新的精神是必不可少的，在户外拓展活动中的运输气球这一环节里，我们深有感触，像在我们工作的时候，或许领导只会跟你大概说一下他想要的效果，方案就交给我们了，中间的很多的环节和小方案都需要我们自己去策划，可能不同的人最后都可以达到领导说的最终统一的那个结果，但是中间的阶段我们是如何策划的，如何做到更加有效利用各种资源达到资源利用的最合理化和效益的最大化，这就需要我们的一种创新型的精神，或者我们的这种创新的精神可以说得上是一种脑袋的灵活性和思维的转换。但很显然会带来不一样的效果，所以我们必须多方面去思考问题，灵活地处理问题，切忌古板，一成不变地做事，同时也要注意合理地利用身边的资源。

感悟三

在"喷画"剪图这个活动中，我们都感到非常愧疚，因为我们在考虑问题时过于仓促和模糊马虎而最终导致了不必要的资源浪费。这次的喷画剪图虽然不是非常贵重物品的剪图，但事实上就是我们错误的策略导致了这种不必要的败局出现了，其实很多的东西都是有关联的，我们对待每一样的东西都必须同样百分之一百的用心，不能只是凭借自己的感觉去做事，做事要有一个完整的方案和一个可以随时调整的备用方案，这样才能做到有备无患。团队间沟通是非常重要，一个集体，就必须要有集体主义感，不能意气用事，多听从身边的队友的建议，取其精华，尽量做到完美。无论事大事小，自己做错的事应该自觉地承担责任。

感悟四

棍子运送队员的这个活动中，同样是让人受益匪浅。当我们坐在"同一条船"的时候，作为一份子，我们应当义不容辞地奉献自己的价值，为了整个团队，我们应当同一条心，团队的整体胜利就是我们的胜利，团结就是力量，大家都用心地付出了，那么我们最后收获的就不仅仅是胜利，最重要的还有一份最真的情。

感悟五

"人生大剧"这个活动作为我们户外拓展的压轴式的活动，自然是无比的精彩。在这，我们似乎像预知未来一样，把自己未来在这一个活动中迅速地调整，把自己从小时候到未来直至老去的画面来了一个模拟。或许，过去的我们是幼稚的，对自己的未来并没有什么想法，都是一片的空白，就像白纸一样，但随着我们年龄的增长，这张白纸就开始变得多姿多彩了。这张白纸上面的画面都是靠我们自己去创造的，这些画面就形成了我们不一样的人生。这个活动就能够很好地让我们在懂得要珍惜现在的同时要更多地规划未来，给自己一个色彩斑斓的未来，我的未来我做主。

这一天，真的很累，但硕果累累，感悟重重，这一天，扬起了我们"三下乡"的旗帜，这一天，让我们斗志昂扬，热情澎湃地等待"三下乡"的到来……

人生路上脚印深深

经济管理系：王　瑜　指导老师：黄　煌　林玉蓉　全雄伟

人生之行悠远，人生之路漫漫，回首人生路上，每一个不会磨灭的深深脚印记录着你的风风雨雨，每一个不能忘却的足迹铭刻着你的深深记忆，每一个不可抹去的脚步镌录着你的种种情感……

拥抱生活，快乐是成长的脚步；拥抱感恩，奉献是成长的脚步；拥抱心灵，幸福是成长的脚步。正是因为有了一个个"三下乡"之旅的脚印，我的人生路值得回味，我的人生路将被永远地铭记。

脚印是一段段学习之路——作为经济管理系金融与证券专业的学生，通过证券公司调研活动，让我对证券行业发展现状有了另一种理解方式，简单的讲座、访谈，却让我真真切切地了解了不简单的中国证券发展。在我以后的学习之路上留下了知识的脚印。

脚印是一个个务实真理——南朗开心农场作为中山市"菜篮子"工程之一也成为了我们学习调研的一部分，随着百姓生活条件越来越好，相应地对生活水平质量的要求也是越来越高。这时出现的纯天然无污染的绿色食品就理所当然受到了大家的青睐，我们深入绿色农场学习了解粮食的内在，了解与我们息息相关的食品故事，进入农田"实战"为我的"三下乡"之路增添了别样的色彩。

脚印是一片片感恩关爱——因为有了父母亲的爱护，我们成长之路显得那么的温馨，一条荆棘之路开放着爱的花朵。用自己感恩关爱的心，我们实践活动队去募捐，去敬老院送关爱，从来没有参与过这些活动的我很是悲伤，当我们幸福地坐在家中时，那些缺少关爱的孩子，老人正在感受着悲凉，这是多么的令人哀伤。看过这些，我对家人的含义理解得更加深刻。

因为有了这些人生的脚印，我体会到了充斥在身边的每一条路，他们各有千秋，让我学到的东西也是五彩缤纷。在证券公司里访谈的对话，在农田里我们求知询问的笑声，在大街小巷向路人募捐的情景，在敬老院里与老人互动唱歌的幸福……这些就像昨天的事情一样。这当中我学到的更多是社会实践活动带给我个人成长的经验。

挥手告别我第一次也将是最后一次的社会实践活动。我不求每一个脚印都是欢乐与甜蜜，但求无悔于每一个脚印；不求每一个脚印都是幸福与微笑，但求无愧于每一个脚印；不求每一个脚印都是美好与痛快，但求无憾于每一个脚印。我可以在未来一个如水的夜晚，打开我记忆的阀门，细心体会曾经的脚印、往昔的种种情感，我会感到满足。

用心感悟那些平凡的美

经济管理系：李慧涵　指导老师：黄　煌　林玉蓉　全雄伟

生活中，我们总是匆匆忙忙的，忙着追寻梦想，构建理想的蓝图；忙着生计，图个安乐窝；忙着追逐，竞争中求生存。于是我们总是忙着忙着，却忽略了身边的风景，忽略了身边的她他它原来是那么的可爱。

2011年的7月是不平凡的，我带着大一新生独有的热情与冲劲，抱着雄心与梦想参加今年的暑期"三下乡"社会实践活动。5天的时间不长，但足以让我们再次成长，接触到平时没机会接触到的人和事，悲与喜。

5天的"三下乡"社会实践我收获了很多。无论是调研工作的准备、安排、分工、落实；团队间的合作协调还是社会实践经验，这都将是我一笔宝贵的财富，是不可取代的——作为调研组组长，调研工作的准备不充分导致收集资料时出现漏洞，这让我深深地领悟到细节决定成败的含义；作为一名志愿者，当我真的走进了那些连生计都成问题的家庭进行慰问，我才醒悟原来我的生活过得如此幸福，再一次唤醒了我，要懂得感恩这个简单却深沉的词；作为一名大学生，在我踏进企业聆听前辈的经验分享，我意识到肩上的担子日渐沉重，是不是该好好反思自己在学校的重心所在而不至于错失太多。

5天的"三下乡"社会实践让我感触很多。用一颗最平凡的心去体验这5天，让属于生活中那许多的隐形的美震撼着你——你会发现，原来即使顶着平时最痛恨的大太阳，但只要能为贫困的孩子送上一点心意，再苦再热你也会会心一笑；你会发现虽然淋着雨，脚踏着一路的刺脚小石子，手里为了除草而弄得满是黑乎乎的泥巴，但只要你抬头一看，同伴在你快滑倒时的搀扶，老师与你一起边笑边弯身除草，此时彼此的笑脸绝对是最美花儿；你会发现当你与老人家笑眼相投，甚至一起唱歌，其实也不是想象中那么有代沟，他们和我们一样年轻开朗。

　　5天的"三下乡"社会实践让我们增进了情谊。在同一片蓝天下，我们相遇，相识，相知；在同一片屋檐下，我们走过，笑过，爱过。我感谢这5天的时间，让我和一群本来就认识但是由于专业的不同地方的差异未能交往更深的朋友更加地融聚在一起。一起生活了5天，同吃，同乐，同实践，同分享，共患难，共同走完了这5天，见证着彼此的友谊日渐加深——坐公车相互靠在肩膀上小憩；提东西总是生怕对方拿多了会辛苦；对于生病的队员照顾有加；遇到困难大家一起想办法解决；闯祸了大家一起承担。这一切一切都深深地烙在我的回忆里，温馨，窝心，开心，贴心，永远不会磨灭。

　　平凡的我们参加了一次平凡的"三下乡"，从此多了一份宝贵的经验，一份深刻的友谊，一份平凡的美。

一段不可磨灭的深刻记忆

经济管理系：吴奥根　指导老师：黄　煌　林玉蓉　全雄伟

　　7月夏末，这是一个收获的季节；转眼间，为期一周的"幸福中山行"暑期"三下乡"社会实践活动已经正式落下了帷幕。一周的时间虽然不长，但是回想起我们一行19位队员一起度过的这段难忘的日子，每一幕都依然那么清晰，让我感受很多，受益匪浅，我们得到的不仅仅是一段不平常的经历，更获得一份珍贵的友谊，这将会是一段永远不能忘却的记忆……

　　因为这个暑假自己亲身经历的一些事情让我改变了很多看法和观点，也更多地了解了这个五彩缤纷而又错综复杂的社会。"三下乡"的日子是艰苦的，但再苦再累我们队员都没喊过累。来自五湖四海的我们，在这次"三下乡"活动中融合成为了一个大家庭，我们一起吃饭、一起工作，欢声笑语，苦累与共，我们收获了一份真挚的友情。

　　"三下乡"的活动每天在有序地进行，我们每天都在总结经验中获得进步，顺利完成任务。7月21日，是我们下乡的最后一天，我们与中山市火炬开发区敬老院的老人们联合举行了"传递爱心，理工经管尊老行"的文艺演出。我们的演出在得到敬老院的支持下取得圆满的成功。随之我们"幸福中山行"暑期"三下乡"社会实践活动也画上了圆满的句号。

　　"三下乡"活动的欢笑、努力与汗水，都历历在目。2011年经济管理系暑期"三下乡"社会实践活动给予了我人生一片灿烂的回忆。第一次排排坐吃饭盒，第一次下田除草，第一次在街头当志愿者，第一次陪伴孤寡老人谈心……许许多多的第一次，让我的大学生活增加了不同的色彩，也得到了很大的锻炼，经受种种挫折，也让我明白了一个道理："不见风雨，怎么见彩虹。""三下乡"生活将是我人生的一个回忆。

在这一周里总有辛酸与欢笑。"要让人间温暖，必须贡献自己的光预热"这是我在这次"三下乡"活动中感悟到的。关心民生问题，了解中山市民幸福度是我们的首要任务，走访调研安信证券与开心农场，俗话说，"民以食为天"。深入了解瓜果蔬菜的安全性对市民的重要性等；下田为庄稼除草，使我深深地体会到了农民日复一日面朝黄土背朝天的艰辛。募捐给予我印象最深刻的就是用自己的实际行动为灾区的孩子们募集一点点善款，也让我感受到了这个社会还是温暖的，还是有很多富有爱心的人，更多的年轻父母从小教育孩子要做一个有爱心的人。慰问敬老院的同时受到了老人们的热情欢迎，也让我们备感欣慰，他们说："很喜欢你们去探望我们，与我们交流谈心。"这句话给了我无形的力量。我们发挥所长，给予老人们留下了很好的大学生形象。作为大学生的我们也以一个大学生的具体行动证明了我们的一切。

这一次的"三下乡"活动的地点是在中山市内，因此我们一些任务比较顺利地完成了。这次活动使我意识到"服务社会，实现自我"是人生的一件乐事。作为一个当代的大学生，一只脚已经踏进了社会，社会是需要我的。暑期社会实践活动给我们提供了一个提前认识社会的平台，它让我们更广泛地拓展自己的知识，开阔视野。社会培养了我，然而我应该为社会做出自己应有的贡献，我们应该为人民干实事。虽然自己的力量很小，但总可以让温暖的花朵灿烂绽放。凡事都要有恒心、细心和毅力，那样才会到达成功的彼岸。兴趣是成功的保障，这次的实践活动对我来说意义非凡，它让我走出了个人的狭隘空间，走向外部的世界；它让我开始新的生活，新的思考，新的未来。

　　这次"三下乡"活动我们每位队员都能相互关心着对方，当我遇到困难的时候总有人鼓励我去战胜它。我们每一个人的心里想的是"我们是一个团队"。一个也不能少一个也不能倒，这次"三下乡"活动我们相信也许人生只有一次。我们每一个人都很珍惜着这短短一周的时间。每天我都觉得自己过得非常充实，非常愉快。总有一种家的气息缠绕在我的身边温暖着我，给我动力让我前进。这也是我参加活动时间最长的一次集体活动，也是最有意义的一次，它让我学习到我缺少的东西。锻炼了我，成熟了我。在我人生回忆中留下了美好金色的一段。

激情七月，名教之行

　　夏天还是一样酷热，暑假也照常开始，唯一不同的应该就是往常待在家中避暑的我们，为响应我校关于暑期社会实践的号召，在2011年7月4日至14日，再次毅然走上了暑期社会实践这条路。时间并不是很长，团队也不庞大，但就是这样一个由11个人组成的实践小分队，克服了各种困难，携着共同的目标，来到了化州市官桥镇名教小学开展了一次大学生的农村支教活动。我们就这样相聚在了一起，同时又分外团结，彼此关照。再次踏上支教之路，纵然有过经验，我心中也忐忑不安，毕竟去的不是熟悉的地方，很多细节方面的事情不甚清楚。临行前一天的晚上，我们进行了最后一次大讨论，队友们聚在一起再一次商讨下乡过程中可能会出现的问题以及各种应急措施，心中关于这次支教的紧张情绪总算有所缓解。

　　7月4日中午，烈日当空，我们的社会实践团队从学校出发了，经过一个多小时的车程，我们终于到达了这次实践活动的地点——名教小学。因为之前已经来过这所小学踩过点了，所以我对这学校也不算陌生，于是就带着我的队友们在小学里以及小学周围熟悉环境。第二天早上，是我们的师生见面会。也许是因为我们的宣传力度不够，当天早上来报到的同学寥寥无几，完全超出了我们的想象，我们当时比较沮丧，但是我们坚信，以后会有更多的学生再过来参加的，所以我们就把各年级的学生暂时分在了一个班。经过短暂的开班仪式，我们各年级的班主任带着各自的学生回到了各自的教室。那是一群穿着朴素却活泼可爱、聪明热情、充满灵气的孩子，所以我们很快就打消了会很尴尬很难和他们沟通的念头，进入了角色，和他们打成了一片。经过一个早上的努力，我们终于按照既定的计划，与学生建立了良好的关系，于是，在下午，我们的具体教学任务开始了。按照我们的计划，我们的课程安排是上午上课，下午是兴趣课程或者学生们的暑假作业辅导课。而我们的兴趣课程，是直接与后期的文艺汇演挂钩的。

我的第一课面对的是四年级的小朋友，本来还有点紧张的我被小朋友火热的激情感化了，课堂上，小朋友们那种充满渴望的眼神又给了我无穷的力量，没想到，这么轻松，我竟能在开学第一课上很不错地按照之前备课的原定方案圆满地完成。我所负责的科目是普通话，因为是面向2~5年级，每一年级其实只有一节课，所以我可以把同一节课讲5遍，但是讲课的方式必须有所不同。因为当我面对三年级的那帮小孩子时，我有点力不从心甚至于欲哭无泪了，我不得不变着法儿来让他们的注意力回到我的课上。我想没有教过小学的人是想象不出那里有着怎样的一群捣蛋鬼的，我在上面讲课，有几个小男生就故意在下面到处乱窜，好不容易把他们哄回座位，下一秒他们又开始闹了……于是，我耐着性子选择无视他们的行为，把"四是四，十是十，十四是十四，四十是四十"的绕口令写到了黑板上，结果他们却突然很团结地把这个绕口令用他们的家乡话绕了出来，我灵机一现："同学们，老师跟你们来做个比赛吧，老师呢，就用普通话来教你们绕这个口令，而你们呢，就用你们的家乡话来教老师，然后看谁学得快，好吗?"毫无疑问，他们此时开始很安分很团结地说"好"。于是我先叫他们自己上黑板上为这些字注上拼音，而接下来的情节发展，自然而然也就回到正轨了……眨眼，两三天过去了，而我们的学生也已经增加到40多位!我们的心，由衷地感到高兴:我们的努力，终于得到承认了!于是，为了教学的方便，各年级也正式分班。

　　说句心里话，在接触这班小孩子之后，我真正感觉到了小学教育的艰巨性与重要性。他们只是小孩子，所以我们根本不能直接照着课本灌输知识给他们，他们也不会真正理解我们苦口婆心的劝导是何物，我们应该做的，是让他们在玩耍中学习点什么。而小学教育，又是他们进入人生课堂的第一节课，所以我们马虎不得，绝不能敷衍了事。这个支教活动里，给我最深的记忆就是，我们每天晚上都花很多的时间去总结，然后讨论讨论再讨论。我们会把发现的问题提出来，然后再一起讨论我们应该要怎么避免再次出现这些问题以及出现时我们该怎么解决等等。我们还一直纠结于对课程的安排上，这次活动之后，我才真正明白了什么叫做"计划赶不上变化"，因为一直到最后一天的课程，我们都不是按照我们原定的课程上课的。因为随着我们接触的频繁以及对学生了解的加深，我们已经完全不能按照我们的意志来强迫学生接受我们一成不变的教学模式了，我们得跟着学生的特点以及兴趣来重新安排我们的课程。我们总是在讨论第二天该给他们上什么样的课、以什么样的方式上才可以让他们更全面、更容易接受和吸收，讨论完了二年级再讨论三年级，诸如此类的，所以我们每夜总是一二点才可以真正躺下，第二天又在6点多就起床去准备要上课的各种材料，苦，但我们毫无怨言，反而觉得很充实，也很快乐。

　　每天的傍晚，我们还对名教小学生源流失的问题进行了调查，粤海小学生源流失的现象已经日益严重，而生源不断流失的问题也严重威胁着该学校的生存和发展。我们通过访问该校领导班子、向该校学生发放调查问卷、走访村委和学生家长，深入了解了不同方面的意见和观点，收集了各种相关的信息。在调查的过程中，我们兵分几路，在学生的带领下，几乎把坡头村的家家户户都访遍了。

此举，得到了该校领导、村委会领导以及村民们的大力支持以及配合，与此同时，我们还了解到家长对孩子们的教育还是非常重视的，这些都让我们很高兴很感动。

这次支教，我收获了无数的友谊与感动；同时，经历一种几乎是完全不同的生活，结识一群完全不同的人，让我对这个世界、这个社会有了新的了解和认知。

首先，我们收获了一份感动，一份与小学生们的友谊。记得要离开的那天，烈日当空，但是很多学生还是过来送我们，守在我们的住处，声声追问何时再来，甚至带着哭声说着那句"不让你走"，但我们还是带着不舍离开了生活10天的名教村，天下没有不散的宴席，所幸我们至今还保持联系。

其次，通过这次社会实践活动，让我明白有时放下身份也是一种美。你把学生当朋友，他们同样也会把你当朋友。因为你怎样对待别人是别人怎样对待你的砝码。而且也会因为这样，他们会更用心去上你的课，因为他们懂得不让你这个朋友失望，他们会懂得尊重你这个课堂时为老师、下课时为朋友的人。

最后，通过这次社会实践活动，我亲身感受到了团队配合的巨大作用，一个人的能力毕竟有限。唯有团队配合才能事半功倍。就拿这次社会实践来说，我们自始至终是以团队的形式进行的，使我亲身感受到了团队的魅力所在。

本以为支教是一种帮助，一种给予，后来发现非也。从某种程度上来说，我们收获的远远大于我们的付出。

感谢学校和学院的关心与支持，感谢我的团队，感谢小学生们以及名教小学的领导老师，感谢这次社会实践，让我体会到了感动，收获到了经验，得到了成长。

有感珠海"三下乡"社会实践

外语系：陈允彦　　指导老师：宋响文

7月19日，晨曦的阳光温热地亲吻每一寸裸露在外的土地，也在2011年外语系"三下乡"团队一行15人的轮廓上镶着一圈淡黄光线，从后面看着他们往前走向乘车点的身影，就如同一群肩披荣耀的将士昂首踏向战场。

乘坐车辆急促响起的发动机轰鸣声宣告了这段旅程的开始，车上每个人的脸上都洋溢着兴奋与期待的表情。在这个队伍里，不乏有经验的队员，也有刚踏上"三下乡"路上的新手。新队员正向有经验的队员学习。整个车厢的气氛热闹非凡。也有对"三下乡"甚是陌生的大一新队员，整个车厢荡漾着欢腾的气氛。

在前往珠海的路上，虽然天空布满了阴霾，而且很快大雨滂沱，但大家的热情并没有受到天气的影响，最终在一路同学们奏起的歌声中我们的目的地——珠海市斗门区坚士制锁企业进入了众人的视野。

人力资源部的工作人员芳姐接待了下乡团队，并对接下来几天的实践流程安排作了简单介绍，整个上午同学们就忙碌打转在安顿住所、员工饭堂就餐和短暂的休息中。

下午的天空依然填充着翻滚浮动的黑色云团，依旧不停飞洒的细小雨点没有浇灭同学们兴奋的旺盛火焰，我们跟随着生产部负责人走进了坚士企业的制作车间，长方形的偌大空间里回荡的各种机器转动发出的巨大轰鸣声如同一场盛大的机器音乐宴会。众人穿梭于一列列有条有序的生产线上观摩着锁件的生产，工人们严谨的神情和娴熟的动作支撑着生产线的运作。我们每人被分配在操作单间上接受工人的指导进行亲手制作，最后带着满手黏稠黄油味和浑身的疲惫回到宿舍，体验了流水线上的艰辛和学会了对待事情的细心谨慎。

翌日清晨，众人与身着橙白工作服的员工进行了半天的锁件组装实践操作，短暂的午间休息后在喷薄着丝丝冷气的接待室里开始与人力资源部门主要负责人的访谈，他们精辟的言辞和爽朗的口吻屡获掌声和笑语，访谈中不仅说到企业文化的影响，还在谈及他们的个人创业经历中向我们分析了当下90后大学生的就业前景和面临的问题。

尔后晚饭前剩下的时间，众人选择了和员工子女幼儿园里叫嚷腾跃的孩子们在嬉笑打闹中度过。

第三天的活动以参观企业园地的大部作为伊始，然后，众人的脚踏入泥泞的农田，挥动镰刀帮助农民伯伯完成了稻米的收割，炙热耀眼的阳光下，众人汗涔涔的衣服无声地宣告付出的努力，闪光灯亮过，我们肩抵肩的灿烂笑容浅浅印在那一瞬间。

随后，位于山顶山上的珠海市十大景点之一的金台寺成为了当天行程的最后一站，嘹亮恢弘的佛教梵乐，庄严庙堂的宁静安详，安抚我们浮躁的心。

第四天的活动安排在附近的夏村进行社会调研和禁止黄赌毒宣传，以两人为一组分散对村中居民进行了问卷形式的访谈，村民豪爽质朴的朗笑解除了同学们刚到之时的紧张，从与村民的聊天里，同学们了解到整个村庄的历史、人口、居住条件等等。

临近傍晚七点半，踏上归程的同学们回到了外语系办公室，虽是一路的疲惫，但是每个人满怀收获的脸上不曾看到一丝的怨言。

幸福这件小事

外语系：冯玉霞　指导老师：葛展奕

　　幸福是简简单单的，只要我们有一双善于发现的眼睛。小小的事情里也洋溢着令人感动的暖暖幸福。

——题记

　　2011年7月19日早上8点45分，满载着兴奋和激动，15颗跳动的心凝聚在一起，怀着共同的希望，开始了为期四天的暑期社会实践"三下乡"活动，踏向了珠海那未知的旅途。

　　短短的4天时间里，我们一起经历着一件又一件的小事，也一起收获着一份又一份的感动和幸福。在那里，我们一起欢笑，一起歌唱，也一起挥洒汗水……

　　难忘我们第一次下厂学习的好奇紧张，面对着一大堆制锁的零件，看着工人们熟练操作的样子，心情是兴奋的，当自己完成配件组装的那一刻，内心充满了胜利感。

　　在那里，我认识了一位阿姨，她告诉我，每天重复同样的，有时甚至是机械性的工作，为的就是养家糊口。生活是什么？就是生下来要努力踏实地活着。一双布满老茧的手，岁月在她的脸上留下无情的痕迹，却磨灭不了一颗追求幸福的心。她感动着我，从她身上我看到了父母的影子，让我明白了感恩。

　　难忘我们的幼儿园支教，在工厂的儿童娱乐园里，有那么一群活泼天真的孩子，他们的父母都是工厂里的员工，每天有两个多小时或者更长时间都会被送到这里照看，因为他们的父母还没办法下班。他们当中有的很开朗，有的很安静，有的很爱哭，有的很淘气，会拉着你的手让你跟着一起跑，也会趁你不注意爬到你背上或抱着你的腿说抱抱，让人倍加心疼……看到他们能开心地笑，是一种暖暖的幸福。

难忘我们在农田里的收割，炎炎烈日下，大家挽起裤脚，挥起镰刀，踩起了原始的收割机，和大叔阿姨们在田里一起挥洒汗水，两个多小时的奋斗，很多人的手上身上被虫子咬了，头发和衣服湿透了，但是都是值得的，我们也更体会到了粮食的来之不易！当大家一起欢笑的那一刻，疲劳和汗水早已被抛至云外……

难忘我们在那里接受的一个小小却特别的素质培训，一个简简单单的指令，两个简简单单的动作，经理说了几遍做了几遍，做不正确就累积俯卧撑的惩罚，考验的是我们对问题的分析，对有效信息的接收传达。不论是对生活、学习，还是工作，细心很重要，信心也很重要，很感谢那位经理。

"三下乡"里，忘不了我们一起没心没肺的大笑，忘不了我们互相搞怪的时刻，忘不了我们深夜交心的感动，忘不了我们相视一笑的喜悦，当大家对着镜头大笑喊茄子的瞬间，暖暖的幸福也在那一刻定格……

难忘……

幸福是件很简单的事，只要我们用心去发现。珍惜拥有的一切，感恩拥有的一切，就是一种简单的幸福。这次的暑期"三下乡"之行，我收获了满满的快乐，因为你们，我感到幸福！

社会实践心得

——相识，相知，相爱

外语系：李丹霞　指导老师：宋响文

此时此刻，天空很蓝，这座城市，依旧那么忙碌，没有因为是假期而停下歇息的脚步，一切都那么匆忙地进行着。看着周遭的种种，我亦背起了行囊，独自去寻找暑期的调味，体验自己奋斗的人生。

走出家门，发现外面的世界，其实有很多选择，味千拉面、必胜客、肯德基、麦当劳、华润万家、永和大王，面试了那么多，不是工作时间不符合，就是等通知。渐渐地才发现，企业需要哪种人才。华润万家的收银员让我有点措手不及，害怕收错钱，害怕刷错卡，害怕数错账。站在收银台前看着经理给我演示的短短十分钟，我就怔住了！她的动作那么利落，那么快速，让旁边的我都来不及呼吸，来不及回过神。我知道我应付不来这份工作，便继续寻找自己梦想中的那份工资与时间成正比的兼职，毕竟，有些工作，薪酬与时间不成比，而且学到的知识也不成比例，所以只好舍弃那些不适合的，找寻更好的、更适合自己的兼职。

咖啡苦与甜，不在于怎么搅拌，而在于是否放糖；一段伤痛，不在于怎么忘记，而在于是否有勇气重新开始。我依旧寻找着，寻寻觅觅，走走停停，终于让我找到了它——深圳市连锁便利店百里臣。成功面试过了店长的问题，接下来就是上岗了。

第一天的工作，让我觉得很轻松，很悠闲，那时的我心中暗自窃喜。可是生活就是那么爱开玩笑，它总会先把甜头给你，然后再让你品尝接下来的苦味。第二天带我上班的是一个同事，他总会告诉我要做某些杂事，我做不好时，总会狠狠地说我一顿。就这样那天下来，没有一分钟是闲的。晚上躺在床上，顿时感到全身的骨头散架了，那么酸，那么痛。

当地球180度转弯，白天就要变成黑夜；当地球继续180度转弯，黑夜又恢复白天。当我们为了一个人180度转弯，我们背对着自己的叹息；当我们为了自己再次180度转弯，其实一切都可以重新开始！渐渐地习惯了在这里的工作，原来当你熟悉了一份工作之后，你就不会有之前的手忙脚乱，也不会有之前的不知所措。蓦然回首，我在这里工作已经快一个月了，岁月无情，日子似流水一般一天天流过。在这里，我认识了善解人意的店长，她总会跟我讲很多工作上的事情，当店里的生意没有很忙的时候，她会很乐意地跟我分享她的事，她的经验。我是多么幸运啊，能在茫茫人海中，找到这份工作，认识你，与你相识，与你相知。在平时的工作中，你是我的导师，在生活上，你却总能与我谈天论道，不需要太多的言语，太多的动作，你总能明白我在想什么，总能在我迷茫的时候给我指点迷津。

一只蝴蝶飞向天空，展示了她所有的美丽，但在美丽的背后，它曾经有过毛毛虫笨拙的爬行，织丝成茧的辛劳，在黑暗之中的等待和化蛹成蝶的痛苦。稚嫩的我能在这短短的二十几天长大成熟，明白更多的为人处事，了解更多的社交礼仪，懂得了做妈妈的辛苦与不容易，都是因为有你的教导，有你的陪伴我学会了更多，学会了一个人的勇敢，学会了在平凡的工作中也能自己制造幸福的调味料，开心的气息。

喧哗的白昼过去了，世界重归于宁静。我坐在灯下，感到一种独处的满足。天天争分夺秒，岁岁年华虚度，到头来发现一辈子真短，发现时间真的那么催人老。看着窗外，淡淡的月光照在草坪上，此时此刻，你在干嘛？你是否也知道我在想念着你，想着最初我们的相识，而后的相知，最后的相爱，我们就这样，分开了。店长的女儿渐渐长大了，她的成长亦见证了我们的相识，相知，相爱。

"惟有楼前流水，应念我、终日凝眸。凝眸处，从今又添，一段新愁"。"纵爱惜、不知从此，留得几多时。人情好，何须更忆，泽畔东篱"。真的很感谢上天，让我与你在这个夏天相识，让我在这个夏天过得并不孤单，并不孤独，并不空虚，你就像我亲爱的妈妈，那样教会了我很多很多。只可惜，我不是什么大文豪，写不出精彩的文字来感谢你，我只能用我最真诚的言语来跟你说声：谢谢！

艰辛知人生，实践长才干

外语系：林雨红　　指导老师：谢淑英

一眨眼我人生最后一个学生时代的暑假就结束了，心中有许多不舍，舍不得的可能是在一起工作的朋友们，舍不得的可能是和大家朝夕相处的日子，更舍不得的是点点幸福，快乐，泪水与汗水。虽然这个暑假让我觉得很累很辛苦，但我从中锻炼了自己，并且学到了很多课堂上学不到的东西，心里还是很满足，觉得很充实，很踏实。

学习不是苦修，更不是要你遵从的清规戒律，锁于书中，研究文字游戏，做个冬烘先生，恐怕只能埋首于纸堆，所以我决定不要浪费这个可贵的暑假，并且做了一系列的规划，也想了几个方案，最后衡量之后就决定这样过我的暑假，也许会很忙，也许会在这个炎热的夏天我会晒得很黑，也许对于我来说很有挑战，也许我会放弃很享受的日子，但是我觉得这是值得的，于是一放假就行动起来了。

这个暑假我接了20多个团，每一个团都有40人以上，各个年龄阶段的人都有，令我觉得印象最深的有三个团，第一次接到政府性的团——公路局的团，第一次接到全部都是老人的团，还有一个是我们经理我的团的那一次，这几次的团对于我来说都有很大的挑战，因为其中有很多的景点我没有去过。虽然对景点不熟悉，我也碰到了一些问题，但是也算挣扎出来了，所以总的来说还算成功顺利的，这一个月中，我发现自己的优势和缺点，我想这是作为一个大二学生得到的最好的礼物。

刚开始从事这个职业发现好像全世界人都呵斥着你，因为什么都不懂，一切的程序都要学习，老总不愿意把团交给你，不放心。司机不愿意和你出车，挣不到钱，到了景点买票的人还得说你几句，程序不对，后来我慢慢地摸索，不断地总结，克服了所有的困难，但是不能没有自己的良心，每次送走客人都得到他们的称赞表扬，不是赚了多少钱，而是那份心情，那份美丽的回忆……

　　记得去江门的团，上车的每一个团友差不多都是58岁以上的老伯伯、老奶奶，我还是第一次带全部都是老人的团，当他们50人上车的那一刻，我就觉得很奇怪，为什么在这一站就上完了所有的客人呢？下一站不是还有几十个吗？后来我才知道他们以为我们的车不到那里，全部都走过来了，他们一边走过来就一边骂我为什么车不停在那里呢？害得他们走了那么多的路，还不断地骂公司不会办事，其实不是这样的，我们公司昨天晚上就跟那个负责人说好接完这一站之后就会到下一站接完所有的人上车，只是那个负责人没有把消息传给那些团友，我作为导游说了对不起，做了解释，但是他们还是在不停地骂，心里很难受，心里想：做好我自己的工作问心无愧就好了，一路上我都是保持微笑，保持一颗热情的心对待他们，也许他们被我感染了，他们也开心起来了，在车上还跟他们玩游戏唱歌，跟他们交流了，我发现他们其实都很好人。一路上我们都玩得很开心，当我们去到那些景点的时候我发现他们都去了两三次，哎哟，还真考验我，我还是第一次去呢，不过还好当时有其他同事，我负责照顾好他们就好了，在车上，玩游戏，讲笑话逗他们开心，继续做好我的工作，哈哈，到了回来的时候我收到了很多礼品，特别喜欢的是那又大又圆的番石榴，我第一次见到那么大的石榴……他们下车的时候还跟我开玩笑说：做我的干女儿吧，或者说做我的媳妇吧，最让我感动的是下车之后那些老伯伯老奶奶除了送我礼物，还说你今天辛苦了，做得很好……听了这些话真的很开心，因为自己的努力得到了别人的肯定，很满足。

这件事也让我明白了，微笑是很重要的，微笑的力量可以感化人的心灵，化解误解，也明白了做每一件事都要让别人占51%，自己只留49%，这也是对应了丁志忠的两个百分点论，这两个百分点像一朵微不足道的浪花，可是日积月累，就会汇成涓涓细流，浇灌给两岸的花草，给别人两个百分点的好处，好像是一道减法，减少了自己所得，但是从长远的眼光看，这是一道加法，少了个人所得，但是赢得了周围人的认同以及尊重和信任，这是值得的。

我总结了一下带团的经验，希望记下来对以后的工作也许会有帮助。

1. 切实做到不亢不卑，要有责任感，在工作上应为客人全心全意服务，但对于一些客人在游览之余，提出过分的要求应婉言谢绝。

2. 成绩要向前看，不要向钱看，金钱不是万能的，有些导游忽略了这些传统，唯利是图，同一些道德极差的司机打成一片，对客人，坑蒙拐骗，结果害了旅行社又害了自己，更为严重的是损害了导游的声誉，这是不可取的。

3. 导游主要在于服务，首先要态度和蔼，文明接待，要想客人购物，一看我们的服务，二看客人需不需要，即使我们服务到位，客人不需要，也不会买的，即使一分钱东西不买，我们也要笑脸面对。

4. 要知道傲慢的态度会使导游和客人产生距离隔阂，会对团队造成极坏的影响，要牢记导游是八大员。服务工作者不论职务高低都是客人服务员，哪怕你是老总！一旦以导游身份上团你就以诚信、品牌、优质的服务赢得客人赞许，你才是一个好的导游、好带头人！

5. 勤奋学习，严禁不懂装懂，一日不学差三天，一月不学就落后，一年不学是文盲导游！导游是杂家，必须天天学。

一个月时间，不但让我学会了很多东西，还认识了很多一起实习的朋友，他们来自不同的学校不同的专业，甚至有的还来自于不同的地区。没有他们的帮助，或许在工作中所遇到的一些困难我将无法解决。这更是让我体会到了团队的重要性，每个人都有他的专长以及不足之处，只有一个团队通力协作，才能克服各种迎面而来的难题。时光如逝，一眨眼，我们已经在这里度过了一个月的光阴，在过去的暑假里，我们可能在家里悠闲地度假，也可能在异地领略祖国山川的峻秀，亦可能在他或她的身旁。然而，我们选择了来到这里，就要无愧于自己的选择，无愧于学校对我们的信任。暑假实习给生活在都市象牙塔中的大学生们提供了广泛接触社会的机会。从中学到了很多书本上学不到的东西，汲取了丰富的营养，"艰辛知人生，实践长才干"。通过开展丰富多彩的暑假实习，使我逐步了解了社会，开阔了视野，增长了才干，并在实习中认清了自己的位置，发现了自己的不足，对自身价值能够进行客观评价。这在无形中使我对自己有一个正确的定位，增强了我努力学习的信心和毅力。我现在作为一名大三学生，即将走上社会，更应该提早走进社会、认识社会、适应社会。通过这一个月的实习，我觉得我在各方面都有了很大的提高。这一个月的实习经历，为我在将来的事业中发展奠定了牢固的基础。

我的雷州义教实践体会

外语系：苏小奋　指导老师：宋响文

2011年暑假，我有幸参加了第十四届雷州大学生联合会义教活动，在这短短的10天，我学到了很多知识，以下是我参加这次义教的心得体会。

在这次义教中，我担任的是高中疯狂英语的班主任，担任班主任要做很多事，特别是在动员大会那天，很早就要起来准备，回想起来，虽然那时候常常会埋怨班主任，但是其实他们很辛苦，真是只有经历过了才知道其中的滋味。第一天下着大雨，但还是很感激有很多同学能够按时到达，看到那么多同学，真的有点欣慰。我教的是高中部，同学们跟我的年龄有点相仿。比较容易相处。在开始的前几天，同学们的热情还是很高的，来参加的人数很多，加之同学们对我的工作也很配合，因此，各项工作都开展得比较顺利，许多工作也得到别人的肯定。但是在接下来的几天里，同学们的人数明显减少。那时候我们班的教员了解到了志愿的情况，不时地强调纪律问题，征求同学们对我们教员的看法，并且向他们获取宝贵的经验，以便我们在接下来的工作中更好地进行。在此期间，我们教员也做了自我反省，从自己身上找出问题。

教员主要出现的问题是：第一，没有在纪律方面下好功夫；第二，与其他教员的沟通过少；最后，没有更好地站在学生的角度想问题。我自身也存在了不少问题，与学生打得太过火热，没有保持好师生关系，也没有跟其他班主任进行交流与学习。因此，在发现了这些问题之后，我也积极改正，争取学到更多我没有掌握的本领。

当然，在这次义教中，联合会虽然取得了不少成就，但是也出现了不少问题。首先是沟通问题，各部门在传达相关通知的时候没有跟自己部门的干事强调清楚，因此在工作的时候出现了不少矛盾，也引起了不少误会，导致在工作的时候出现问题；其次是合作的问题，相关部门只是完成自己部门的工作，没有积极配合其他部门的工作，一些部门出现独立的状态；最后是工作分配问题，在分配工作的时候，没有充分利用资源。很欣慰，虽然出现了一些问题，但是联合会的干事们在发现问题之后都能够齐心协力地解决，在晚会的那一天，领导也肯定了我们这几天的工作，并对我们的活动予以了大力的支持。

在这次义教中，我深深体会到纪律、团队合作与沟通的重要性。首先，要管理好一个班级，纪律扮演了一个很重要的角色。一个再好的班级，没有纪律的约束，它也会变差。良好的纪律是良好学习氛围的基础和保障。无规矩不成方圆，这句话很好地诠释了纪律的重要性，在义教中，我也深深感受到了这一点；其次，是与学生、教员的沟通。作为一名教员，与学生沟通是很必要的。只有充分了解学生们的想法，并且与他们交换自己的想法，才能够更好地解决问题。同时，与教员进行沟通也对我们工作有很大的帮助。我们可以通过沟通去了解不同人处理问题的方式以及他们的教学方式，从而择善从之，改正甚至是完善自己处理问题以及提高自己的教学水平。在这过程中，我们也可以使我们各项工作更好地进行。这个大学生联合会总共有8个部门，但是每个部门都不能独善其身，都应该协助其他部门工作，只有这样，联合会的工作才能更好地开展，才能为下一届联合会做好榜样，提供更多的成功经验。

很高兴能够参加这次的义教活动，在这次的活动中，我收获了友谊，收获了知识。同时，自身也得到了不少的锻炼，心理素质也得到一定的提高。这次的活动让我受益匪浅，感谢雷州大学生志愿者联合会为我提供了这个舞台，希望大学生志愿者联合会会越办越好，也希望大学生们都能够积极地加入这个联合会，为我们的家乡做贡献，服务家乡，锻炼自我。最后，也感谢雷州的父老乡亲，感谢他们支持我们的工作，更感谢部门企业的赞助，对我们的工作更是提供了不少帮助，没有以上这些人的帮助，我们的工作也不会开展得这么顺利。

成长在暑假

机械与自动化工程系：陈兴光　　指导老师：陈丽君

假期来了，唯一跟以往不同就是自己在假期踏上了实践暑假工的道路，下面就让我跟大家分享一下我的心得体会。

虽天气炎热，我毅然踏上了社会实践的道路。想通过亲身体验社会让自己更进一步了解社会，在实践中增长见识，锻炼自己的才干，培养自己的韧性，想通过社会实践，找出自己的不足和与其他同学的差距所在。学校是一个小社会，社会才是一所更能锻炼人的综合性大学。投身到社会实践中去，才能使我们发现自身的不足，为今后走出校门，踏进社会创造良好的条件。为此，我来到了三乡镇的KFC餐厅，以一个餐厅服务员的身份开始了我这个假期的社会实践。

肯德基崇尚团队精神及每一位员工的热忱参与，并致力于为员工提供完善的培训、福利保障和发展计划，使每位员工的潜力得到最充分的发挥，每个新员工都必须进行严格的入职培训。而我作为一个从学校出去参加社会实践的学生，并且接触到对我来说很陌生的服务行业，要想把工作做好，就必须了解这方面的知识，对其各方面都有深入的了解，才能更好地应用于工作中。于是，我的入职培训时间比别人长了好多，但也学习到了好多东西。例如：（1）要克服自己胆怯的心态。作为一个前台服务员，每时每刻都会接触到不同的顾客，从小胆小的我总是不敢大声地跟顾客说"欢迎光临"，不敢大声地询问顾客需要什么餐点，但是，经过几天的尝试，我克服自己内心的恐惧，当我克服了心理障碍的时候，那一切仿佛都变得容易起来，说起"欢迎光临"的时候也跟伙伴们一样大声了。(2)要善于与别人沟通。在学校里也许有老师手把手教你怎么做，但在这里，不会有人会告诉你这些，在你入职培训结束之后，你的培训员不会再教你什么，你自己必须要知道所有的事情怎么去做，都要自己去做，而且要尽自己的努力做到最好。所以我必须融入KFC这个团体中去，善于去和老员工们沟通、交流，这样才能让我的工作更加顺利地进行。别人给的意见，我要听取，耐心、虚心地接受。(3)要不断地丰富自己的知识。打工一途犹如逆水行舟，不进则退，在社会上生存我们不能闭门造车，我们必须不断地增强认识问题、分析问题、解决问题的能力，只有不断地进步，我们才能在社会上有立足之地。(4)要有自信。自信不是盲目的自夸，而是对自己的肯定。没有社会工作经验没有关系，重要的是要坚信自己的能力不能比别人差。每个人的社会工作经验都是积累出来的，没有第一次又何来第二、第三次呢？有自信使我更有活力更有精神。

这次亲身体验让我有了深刻感触，这不仅是一次实践，还是一次人生经历，是一生宝贵的财富。在今后我要参加更多的社会实践，磨炼自己的同时让自己认识得更多，使自己未踏入社会就已体会社会更多方面。

虽然在这假期我没有在我的专业知识、专业能力上有所提升。但是我感觉我懂得了很多书本上没有的东西，假期实践增强了我的办事能力交往能力，让我懂得钱来之不易，让我懂得人要打拼出一片属于自己的天空。也许自己的这次实习就是自己新的开始，也就意味着自己的成熟，我会在以后的工作和学习中，不怕困难，勇于克服，在实践中锻炼自己的能力，努力提高自己，实现自己的理想。

通过这次社会的实践，我学会了自立，懂得了团队在工作中的作用，为以后的工作和学习提供了宝贵的经验和教训，我会以此为起点，以后更加勤奋学习，锻炼自己各方面的能力，努力提高自己的综合实力！

大运，青春无限

机械与自动化工程系：谢清宏　指导老师：陈丽君

来到大学的第一个暑假，就是到深圳去当大运会安保。大运会安保，多么光荣的一份工作，是为祖国，为社会做贡献。

想起当时找这份工作的艰难，刚考完试的那一天，我在网上看到有招聘暑假工大运会安保人员，就马上打电话去报名了。因为是中介在招聘，需要交200块钱的中介费，所以叫了很多同学都不敢跟我去，他们都怕被骗了。后来就只有一个同学跟着我一起去。

这是我第一次去深圳，对深圳一点都不熟悉，一切都是按照中介给我们的地址，然后上网查找路线就过去了。不过我在过去之前还是查过这家公司，结果查到不是骗人的，就收拾行旅准备过去了。

过去深圳的第一天就是到中介公司去面试，接着就是中介公司带我们到广东中安保有限公司去签合同、照相。我们办完手续后就在公司等着经理带我们去宿舍，结果等到晚上8点才到宿舍。那里的住宿环境很差，一百多人一个宿舍，两个人睡一个床位，还是睡床板的。当天，有个上铺的人刚睡下去不久，结果床架断了塌下来，幸好没伤到人。第二天，我们12个人被调到盐田区去了，那里的住宿环境还好，是10人宿舍，每人一个床位。我们刚到那里放下行李，队长就叫我们去集合开会，给我们说了好多规矩。

去到那里的前5天，我们都是在培训，每天都集合好几次。培训的内容大部分就是我们军训时学过的，所以也不是很难。还有就是出去踩点，熟悉我们工作的路线，那几天太阳都很大，把我们都快晒中暑了。上班的前一天，公司还召开了动员大会，参会的人员有武警、公安、南方电网的工作人员。

对于大部分安保人员而言，这份工作可谓既枯燥又辛苦。我是一名特殊的安保人员，整条路线只有我一个人值班，每天从早上8点开始到这里值班，要连续12个小时。

在深圳30多度的气温下，我只能一个人孤独地守在这里，唯一的任务就是防止拾荒者盗窃南方电网的供电设备。虽然我每天什么都不用做，但一天12个小时一个人守在那里，连个可以说话的人也没有，这种寂寞才是最为辛苦之处。

虽然如此，不过还是从另一个侧面体现出了大运安保之严格认真。其实不仅我们的工作是如此，整个深圳市内的安保人员也都在大运期间体现出了很高的责任感与友好的服务。

大运会是全世界大学生运动员的一个盛大聚会，为了带给全世界大学生一届不一样精彩的运动会，坚守在大运会安保系统上的每一个人都付出了他们最大的努力与坚持，换来的是第26届世界大学生夏季运动会在深圳能够顺利举办。深圳警方全员出动，力保大运安全。开幕式当天，深圳市社会治安平稳，秩序良好，没有发生重大刑事、治安案件及交通、火灾事故，圆满完成了深圳大运会开幕式各项安保工作。

我从工作中也学习到了人际交往和待人处事的技巧。在人与人的交往中，我能看到自身的价值。人往往是很执著的。可是如果你只问耕耘不问收获，那么你一定会交得到很多朋友。对待朋友，切不可斤斤计较，不可强求对方付出与你对等的真情，要知道给予比获得更令人开心。不论做是事情，都必须有主动性和积极性，对成功要有信心，要学会和周围的人沟通思想、关心别人、支持别人。打工的日子，有喜有忧，有欢乐，也有苦累，也许这就是打工生活的全部吧。我不知道多少打工的人有过这种感觉，但总的来说，这次的打工生活是我人生中迈向社会的重要一步，是值得回忆的。

　　作为大学生，我们要了解社会，深入基层，深刻地学习党和国家的方针政策，学习科学发展观，实践科学发展观，为促进我国国民经济的发展和中华民族的伟大复兴做出应有的贡献。此次实践之行，给了我学习实践的机会，我们作为国家的后继力量，只有懂得全面发展自己，把理论与实际相结合，才能更好地投入到祖国的建设中去，才能对得起养育我们教育我们的祖国。

社会，成长的大课堂

老有所养，老有所终。自古以来就是人类社会追求的一种美好愿景。不过世界变得很快。在工业化、城市化和人口老龄化的三重打击下，中国传统家庭养老的保障功能正在逐渐弱化，社会保障正在并已经成为了养老保障的重要方式。当前，社会转型过程中的中国广大农民也正在面临"老无所养，老无所依"的困境，新型农村社会养老保险制度欲为农民撑起一把"保护伞"，那么，社会和制度能承担起这个重任吗？

这次，我调研的是一个村的老人赡养问题，调查新型农村养老保险的认识情况及村民现生活情况。

经调研发现，留在家里的年平均收入都不算很高，超过50%是在5000元以下的，这对于在农村的普通家庭来说勉强能过得去。他们的这些收入也超过50%是来自在家里务农。子女的问题，超过70%的人都有两个或两个以上子女，并且成年了，有能力的子女都有超过69%的出到外头打工了，这些外出打工的子女一般都没超过30岁，而留在家里照顾老人的都是一些年长的却未到养老年龄的长辈。

对于新型农村养老保险的宣传和认识，过半的村民都不了解也不知道是什么回事。只有一小部分通过电视、互联网等途径知道一些。但对于"新型农村养老保险确实能缓解广大农民的养老压力"这一说法普遍处于中立态度。对于政府颁布农保这个政策来照顾年长者，大家都普遍赞成这样做，这样能减轻他们的养老压力。

　　此次调研真正使我受益的，莫过于更进一步加深了对自身的理解和社会的变化，也明确自己在未来的努力方向。自身的缺陷与不足，所学与所用的差距，这些必须通过实践得以完善。而一切的理论知识并非毫无依据、纸上谈兵，因为只有运用到实践中去，它们才能发挥真正的意义。更因为实践是检验真理的唯一途径。

　　在实践中我们能检验自己的学习和对社会的认识成效，检测自己的缺陷，以便日后学习有个侧重点。这一点在此次社会实践中我感受颇为深刻。如今用人单位对应聘者的素质和能力要求越来越高是不争的事实，更是当今就业形势严峻的深刻写照。现阶段我们能做的无疑是牢固书本知识，同时主动走进社会，积极在实践中学习工作经验，不断丰富自身履历。

　　社会实践的结束并不意味着个人使命的完成。社会是学习和教育的大课堂，在那片宽阔的天地里，我们的人生价值得到了体现，也为将来更加激烈的竞争打下更为坚实的基础。这些都是我在本次实践过程中收获的经验，我必将永远铭记在心。

论大学生"三下乡"社会实践活动

余嘉强

摘要：大学生按照"受教育、长才干、做贡献"的原则，开展文化科技卫生"三下乡"社会实践活动，有利于帮助大学生了解国情、社情、农情和民情，认识成长的正确道路，促进综合素质的提高，符合马克思主义认识论的要求。在新形势下要努力创新大学生"三下乡"社会实践活动。

关键词：大学生；三下乡；社会实践；活动

大学生"三下乡"社会实践活动（简称"三下乡"活动）已开展多年，各高校按照"受教育、长才干、做贡献"的原则，结合基层经济社会发展实际，发挥知识技能优势，开展各类文化科技卫生服务活动，在提高"三下乡"活动组织的科学化水平、完善工作的长效机制方面不断深化和创新。参加"三下乡"活动的同学们在实践中虚心学习，利用自己的专业知识为人民群众服务，自己也在活动中得到了锻炼。

一、"三下乡"活动的意义和作用

（一）"三下乡"活动促进了大学生综合素质的提高

1."三下乡"活动为将来走上工作岗位打下良好的基础

"三下乡"活动是推动大学生学习、实践中国特色社会主义理论体系，使其入心、入脑的有效手段，是培养大学生创造精神的有效载体。"三下乡"活动的开展，提高了同学们的组织协调能力、独立思考能力和分析解决问题的能力，为将来走上工作岗位打下良好的基础。同时在"三下乡"活动中，同学们也发现了自身存在的缺点和不足，在以后的学习中，会加倍努力，不断完善自我，以适应社会的需要。"三下乡"活动得到大学生的广泛支持和积极参与，它在服务基层和在大学生自身成长成才方面具有重要意义，已经成为大学生学习、生活的一个重要组成部分。

2．"三下乡"活动是大学生锤炼意志的熔炉

艰辛知人生，实践长才干。古往今来许多成就一番事业的人，无不经过社会实践的历练和艰苦环境的考验。百折不挠的意志、顽强拼搏的精神、宽广包容的胸怀、乐观向上的心态，都需要经历实践的磨炼才能形成。基层一线、特别是落后地区虽然条件艰苦，却是培养优秀品质和坚定意志不可或缺的重要环境。"三下乡"活动是大学生步入社会的试水石，大学生到那里去经历风雨，接受考验和挑战，砥砺品质、磨炼意志、锤炼作风，有利于提升了能力素质，更好更快地成长为国家需要的人才。

3．"三下乡"活动有利于认识自身肩负的使命和责任

"三下乡"活动有利于大学生开阔视野、丰富阅历、广泛学习人民群众的经验和智慧，不断提高实践能力和创新创业能力。进一步坚定崇高的理想信念，增强全心全意为人民服务的宗旨意识，增进对祖国的热爱和对人民群众的深厚感情，有利于大学生在实践中熏陶思想情操、充实精神生活、提高道德境界，认识自身肩负的使命和责任。

（二）"三下乡"活动符合马克思主义认识论的要求

毛泽东同志说："人的正确思想，只能从社会实践中来。"就人的认识过程和认识规律而言，一个正确的认识，不是以接受书本上的结论为终结。只有把书上的理论运用于实践之中，加以验证，加深

理解，"通过实践而发现真理，又通过实践而证实真理和发展真理"，才能形成正确的认识和正确的信念。否则，从书本上得到的知识，就成了"无源之水，无本之木"。因此，思想政治教育必须遵循认识规律，重视理论联系实际，引导学生走与实践结合的道路，才能取得良好的效果。过去，我们的思想政治教育工作较多采用"课堂理论灌输，校园引导转化"，理论容易脱离实际，学生得到的只是书本知识和抽象的理论，思想政治教育没有取得满意的效果。大学生中比较普遍的弱点是：不能正确认识自我，与人民群众在思想、感情上存在差距；不善于从我国实际出发研究历史，分析现实。实践证明，解决这些问题，光靠课堂理论教学是不够的，必须把课堂学习与社会实践结合起来。组织学生参加"三下乡"活动，恰恰是帮助他们克服这些弱点的有效途径。大学的教学计划虽然也安排了政治理论课程，但由于学生缺乏社会经验，又脱离社会实践，一遇风浪，就容易产生动摇和困惑。大学生"三下乡"活动以社会为课堂，它弥补了单一学科课程的许多不足，使大学生在与社会的互动中避免了理论脱离实际的局限性，有利于增进大学生对社会的了解。大学生在社会大课堂所学到的东西，是课堂教学所不能代替的。"三下乡"活动将宽广的科学文化知识视野与深入的社会实践调查研究紧密结合，促进了理论与实践的良性互动。大学生走出校园，走向社会，将书本知识和社会现实结合在一起，已成为社会实践活动最基本也是最主要的目标。书本知识和实践能力如同鸟之两翼，走理论学习与社会实践相结合的道路，历来是青年锻炼成长的有效途径。实践是认识的源泉，人民群众是最好的老师。大学生将书本知识与基层经验结合起来，有利于从实践中汲取营养、检验知识、丰富阅历。大学生走近人民群众，虚心向人民群众请教，才能在实践中认识自身与社会需要之间的差距，看到知识和能力上的不足，增强解决实际问题的能力。"三下乡"活动之所以深受大学生的欢迎，能较好地解决他们深层次的思想问题，从根本上来说，是弥补了过去思想政治教育脱离实际的缺陷，符合认识规律的结果。过去不少大学生不理解老师在课堂上讲到的"只有社会主义能够救中国"这个真理，通过"三下乡"活动，不再觉得这句话是政治教材上的抽象概念了，由此还产生了从实践到理论的飞跃，得出了"只有中国特色社会主义才能发展中国"的结论。"三下乡"活动是理论认识转化为正确思想，形成坚定信念的桥梁，符合马克思主义认识论的要求。大学生在"三下乡"活动中宣传、实践中国特色社会主义理论体系的同时，也进一步加深了对其含义的理解。

（三）"三下乡"活动能帮助大学生认识成长的正确道路

社会也是一所大学。正如同学们所说："在学校里，我们是大学生，但在社会上，我们还是小学生，需要在现在以及将来的实践过程中不断学习，不断历练。"对大学生而言，社会是另一所丰富而深奥的大学，而"三下乡"活动正是一个预演的舞台。大学生虽然有较高的文化素养，但这只是具备为人民服务的一个条件，他们能否把知识献给祖国和人民，能否成长为社会主义事业的可靠接班人，很重要一条就是要看他能否投身于伟大的社会主义建设实践，与人民群众相结合。向实践学习、向人民群众学习是马克思主义的重要观点，是时代发展和国家振兴的现实需要，是促进大学生成长成才的重要途径，是培养中国特色社会主义合格建设者和可靠接班人的必然选择。人民群众是社会实践的主体，是推动历史前进的根本力量，这是唯物史观的基本观点。大学生要成长为堪当国家建设重任的栋梁之材，必须在人民群众的实践中经风雨、见世面，只有促进大学生向人民群众学习，才能更好地帮助大学生认识国情、丰富阅历、磨炼意志、增长才干，为将来走上社会、成就事业打下坚实基础。

当代大学生接受了比较全面系统的学校教育，有比较深厚的科学文化知识基础，思想活跃，接受新事物的能力和开拓创新能力都比较强。同时，他们的社会阅历、实践经验相对不足，缺乏对基层一线和人民群众的深入了解，只有尽力补上社会实践这一必修课，才能尽快成长成才。人民群众是社会实践的主体，从长远看，大学生迟早是要加入劳动者行列的。但是，在真正成为劳动者之前，他们在立场、观点、思想感情上与人民群众还有一定的距离，因此他们还存在一个转化的过程。参加"三下乡"活动，向人民群众学习，与人民群众相结合，是完成这一转变的重要途径。在人民群众身上蕴藏着中华民族博大精深的精神内涵，是大学生成长的精神源泉和前进动力。大学生参加"三下乡"活动，接触人民群众，直接了解人民群众在社会主义建设中艰苦奋斗的创业精神，体验人民群众的思想感情，吸取精神营养，有利于培养他们热爱人民群众的思想，培养劳动观念；有利于树立人民群众是历史的创造者，从群众中来，到群众中去的观点；有利于正确认识自我，克服"骄傲自大、眼高手低，大事做不来小事又不愿做"的毛病。在个人与社会之间找到结合点，促进世界观的转变。与人民群众相结合，在社会实践中磨炼，在实践中学知识，练本领，在服务社会、服务人民中实现自己的人生价值，这正是大学生成长的正确道路。虚心向人民群众学习，又积极运用先进科学文化知识帮助当地群众解决实际问题，提高他们的科学文化水平，在社会实践中有所作为。到基层去，到农村去，到人民群众中去，和人民群众零距离接触，在实践中不断学习、提升自我。通过"三下乡"活动向实践学习、向人民群众学习，积极投身于人民群众的实践，增强实践观念和对人民群众的深厚情感，为国家发展特别是欠发达的边远地区发展贡献青春、智慧和力量，是时代赋予大学生的历史使命和光荣责任。确立成长成才的正确方向，把个人的成长成才与国家的发展和人民群众的需要紧密结合起来，在为人民服务的生动实践中实现个人价值。

（四）"三下乡"活动有利于大学生了解国情、社情、农情和民情

了解历史和把握国情，是认识、思考和解决我国社会问题的依据。我国的国情是农村户籍人口和农村土地都占全国人口和土地面积的大部分，曾是数千年的农业大国。当代大学生绝大多数具有真诚的爱国热情，但他们的弱点之一是不甚了解国情。"三下乡"活动是让大学生了解国情、社情、农情和民情的极好机会。同学们通过"三下乡"活动，了解到中国的昨天和今天，既熟悉发达地区人民开拓进取精神，又了解欠发达地区人民艰苦创业精神，使他们对祖国有一个全面深刻的了解，从中感受到党的十一届三中全会以来的党的路线方针政策给神州大地包括农村带来的巨大变化，感受到中国特色社会主义理论体系的正确。了解到人民群众改变我国落后面貌的强烈要求和在党的领导下坚定走中国特色社会主义道路的决心，激发他们的爱国主义热情，激发他们建设祖国、振兴中华的社会责任感和历史使命感，增强他们为全面建设小康社会而勤奋学习、刻苦锻炼的自觉性。大学生只有把自己与祖国的事业紧密联系在一起，才能适应时代的要求，自己的青春、智慧和才干才能得到有效的发挥。"三下乡"活动首先是对大学生自身能力的锻炼，然后是尽可能地去了解社会，只有在了解社会的基础上，才能最终服务社会。"三下乡"活动是大学生了解国情、社情、农情和民情的最好课堂。今天的大学生，基本上是从学校到学校，对农村、企业、社会和人民群众缺乏切身的了解。基层是最能反映国情的地方，也是教育服务社会最应关注的领域。大学生运用所学知识，到那里去开展支教、支农、支医和扶贫工作，有利于深刻了解国情、社情、农情和民情，增进同人民群众的血肉联系，把成长的根深深植入祖国的沃土，增强奉

献意识和责任意识，亲身体会祖国建设的日新月异，更好地为祖国建设出力。

二、努力探索"三下乡"社会实践活动的新路子

新时期"三下乡"活动的内容已由单一性走向多样化，活动形式由零散组合走向系统规划，活动层次由初级走向深层，活动阵地由游击式走向基地化，活动水平由普通型走向特色化。我们要在实践中努力探索"三下乡"活动的新路子。

（一）要把"三下乡"活动纳入到教学计划中

社会实践是教学工作的有机组成部分，是大学教育中的重要一环，一次成功的社会实践不仅对学生走向社会积累了宝贵的经验，而且，一份有价值的实践报告对于决策部门也将起到参考的作用。由于受传统办学模式、办学理念的影响，使学校与社会、社会实践与教学工作有形或无形地割裂开来。过去"三下乡"活动未列入教学计划，一般由团委、学生管理部门组织落实，且带有随意性，使活动的严密性、指向性、实效性受到制约，其教育功能难以发挥。事实上，"三下乡"活动已经突破了高校原有的学科课程体系，具备了活动课程的部分重要特征，具有育人的功能。基于"三下乡"活动在培养新型人才过程中的重要作用，随着"三下乡"活动育人功能的日益凸显，以现代课程观为指导，按课程标准来规范，系统地开展"三下乡"活动显得越来越重要。近年来，部分高校尝试把"三下乡"活动纳入学分计算中，但仅仅这样做不等于就建立了活动课程，作为活动课程，"三下乡"活动应该有明确的课程目标，缜密的课程计划，充实的课程内容，相应的课程实施，后续的课程质量评估和相应的课时保障，其核心要求是在不排斥学生主体地位的基础上，使活动有较强的可控性，从而指向明确的育人目标。因此，高等学校必须建立起规范化的实践教育系统，建立包括组织、领导、考核、总结、

奖励、管理与评估在内的大学生"三下乡"活动新体制。把"三下乡"活动纳入学校素质教育的整体格局中，并作为实施大学生素质拓展计划的重要内容，列入教育目标，进入教学计划，有明确的教学目的、教学监督，作为计划内的教学环节，在教材研究、教师配备、经费投入、教学方式与教育理论的研讨、教学评价等诸方面落实配套措施，充分发挥其教育功能。

（二）创新"三下乡"活动形式

创新是"三下乡"活动不断发展的重要推动力量。虽然每年的大学生不同，但是"三下乡"活动形式一般难有改变，要创新活动的形式，将相同的主题内容放入一个新的载体中，提高活动的社会参与度和时代感，使教育过程成为同学们自觉参与、自我教育、自我提高的过程。要适应形势变化和学生的接受特点，使活动既富思想性、教育性，又富吸引力、感染力。要出新招、求实效，防止形式主义，让学生充分获得表达爱国情感的机会，在实践中真正体验祖国前行的脚步。"三下乡"活动要与机制创新紧密结合，进行积极探索。一是加强基地建设。二是完善导师制。鼓励专业教师和党政管理干部、辅导员等参与学生社会实践活动，采取"团队申报、教师自荐、部门选派、团委委派"相结合的方式，在活动前选题、活动中实施、活动后提炼等方面给予实践团队全方位指导，确保各团队实践活动的有效开展。三是突出学生的主体地位。由学生自行或组团设计活动方案，经各学院初选后，学校团委按照学生个人、普通团队、重点团队三类分别评选出校级优秀方案，有效提高学生参与"三下乡"社会实践活动的积极性、主动性和创造性。

（三）通过"三个紧密"结合，不断深化"三下乡"活动

1. 与社会观察紧密结合

"受教育"是"三下乡"活动的主要宗旨之一，而把参加社会实践

与引导大学生进行正确的社会观察结合起来，大学生深入农村、企业、社区、革命老区等地，通过社会调查、参观考察，从历史和现实、理论和实践、成就和经验相结合的角度，了解和思考我国经济社会发展的历程和巨大变化，帮助大学生形成更理性、更深刻、更稳定的思想认识，进一步坚定走中国特色社会主义道路的理想信念。

2. 与专业学习紧密结合

如今"三下乡"活动趋同，很大一部分原因是因为一些实践并没有结合大学生自身的专业优势。将社会实践与学生专业教育有机结合，既以所学理论指导实践，又在实践中验证理论，提高了社会实践的专业性和针对性，使学生的专业知识得到了检验，专业能力得到了提升。专业色彩突出的活动内容和形式，使参与的学生在实践过程中大大增长了才干。在实践中验证了书本知识，也发现了自身专业学习的不足。

3. 与就业创业紧密结合

就业创业是大学生成长发展的核心需求，也是党和政府及社会关注的焦点。进一步发挥实践优势，培养大学生的社会化技能、提高大学生就业创业能力是新形势下深化"三下乡"社会实践活动的主要方向。将就业创业见习、社会化技能培养融入社会实践过程中，有效促进了大学生就业创业能力的提升。不断拓宽、延伸社会实践基地的功能，使其同时成为就业创业见习基地。

"三下乡"活动不只是高校学生自己的事，也不单是学校的事，它需要社会各界来共同推动，努力形成全社会关心、支持和参与"三下乡"活动的生动局面。要从建设中国特色社会主义的高度，充分认识开展"三下乡"活动的重要意义。要增强"三下乡"活动的吸引力和实效性，突出活动重点，构建长效机制，坚持从实际出发，不搞形式主义，要持之以恒地坚持下去，使"三下乡"活动朝着健康的方向发展。要紧密结合学校的实际和当前的形势，与时俱进，开拓创新，不断总结，不断完善，让大学生在"三下乡"活动中得到锻炼和提高。社会实践是个大舞台，我们起舞，不会落幕；社会实践是一生的长征，我们启程，没有终点。

参考文献

［1］钟志奇. 大学生"三下乡"社会实践活动与高校活动课程开发[J]. 重庆教育学院学报. 2005.2

［2］秦晓松，吴振辉. 实践"三个代表"搞好高校"三下乡"活动[J]. 经济与社会发展. 2004.4

［3］团宣. 大学生暑期"三下乡"社会实践活动在创新中发展 [N]. 中国青年报. 2009-10-20